本书得到河北省教育厅重点研究基地河北大学政府管理与

财政支出对城镇化发展的影响研究

—— 基于日本经验与中国实践

Research on the Impact of Fiscal Expenditure on the Development of

URBANIZATION

Based on the Experience of Japan and the Practice of China

李晓鹏 / 著

中国财经出版传媒集团

经济科学出版社
Economic Science Press

图书在版编目（CIP）数据

财政支出对城镇化发展的影响研究：基于日本经验与
中国实践/李晓鹏著．—北京：经济科学出版社，2021.9
ISBN 978 - 7 - 5218 - 2819 - 1

Ⅰ．①财…　Ⅱ．①李…　Ⅲ．①财政支出 - 影响 - 城市
化 - 发展 - 研究 - 中国　Ⅳ．①F812.45 ②F299.21

中国版本图书馆 CIP 数据核字（2021）第 172854 号

责任编辑：宋艳波
责任校对：蒋子明
责任印制：王世伟

财政支出对城镇化发展的影响研究
——基于日本经验与中国实践
李晓鹏/著
经济科学出版社出版、发行　新华书店经销
社址：北京市海淀区阜成路甲 28 号　邮编：100142
总编部电话：010 - 88191217　发行部电话：010 - 88191540
网址：www.esp.com.cn
电子邮箱：esp@ esp.com.cn
天猫网店：经济科学出版社旗舰店
网址：http://jjkxcbs.tmall.com
北京季蜂印刷有限公司印装
710×1000　16 开　15.5 印张　230000 字
2021 年 9 月第 1 版　2021 年 9 月第 1 次印刷
ISBN 978 - 7 - 5218 - 2819 - 1　定价：68.00 元
（图书出现印装问题，本社负责调换。电话：010 - 88191510）
（版权所有　翻印必究　举报电话：010 - 88191586
电子邮箱：dbts@ esp.com.cn）

序言

　　城镇化是工业化与信息化的载体，是现代经济社会发展的基本特征与必由之路。日本城市化发展已在 20 世纪末基本完成，且经验良多，能够为中国城镇化发展提供有益借鉴。中国现代城镇化发展始于改革开放，城镇化率由 1978 年的 17.9%快速提升至 2019 年的 60.6%，成绩斐然。但相比于成熟工业化国家近 80%的城镇化水平，中国仍有较大发展空间。与此同时，在经济增速放缓及前期积累的城镇化问题集中释放的背景下，中国当前及未来城镇化发展也面临新的挑战。无论从前期理论研究还是从世界发达国家城镇化发展实践来看，财政支出对城镇化的健康发展都具有重要作用。中国改革开放后工业化与城镇化的快速发展离不开财政支出的推动作用，但中国城镇化发展中的某些问题，部分也由财政支出问题所致，并且多数城镇化问题也必须通过财政支出手段予以解决。面对市场机制本身的缺陷与中国部分制度问题的阻滞，迫切需要通过优化财政支出与革新财政支出机制来解决中国当前及未来所面临的城镇化问题，以推动城镇化健康可持续发展。

　　本书核心点是研究财政支出对城镇化发展的影响。在思路与结构安排上，首先对核心概念进行多维度分解，将财政支出分解为财政支出规模、财政支出结构、财政支出分权及财政支出城乡分配四个维度，将城镇化分解为城镇化效率、城镇化质量、城镇空间形态与城乡关系四个维度，进而确定两个核心概念相应维度之间的多个重要关系作为重点研究对象。本书将对日本城市化发展特征及城市化发展中财政支出作用的多维度分析作为研究起点，并在日本经验启示的基础上确定研究方向与研究框架。在中国实践方面，本书采用发展实践概述、理论与数理分析、实证分析的研究脉络，主要研究内容与结论包括以下五个方面。

第一，日本在第二次世界大战后城市化发展速度较快，人口城市化水平较高，城市空间布局经历由失衡到均衡的序贯增长过程，城乡关系状况良好。第二次世界大战的前后实践总体表明，日本城市化发展与财政支出规模间存在相互促进的正相关关系，但一定时期内财政支出规模的过大或过小都将对城市化发展产生负面影响。日本第二次世界大战前生产性财政支出水平极高，第二次世界大战后城市化高速增长期生产性财政支出占比缓慢下降，在城市化后期消费性或民生性财政支出显著增加。第二次世界大战前财政集权致使城市空间发展极化；第二次世界大战后日本市町村的财政分权态势较为均衡，城市化空间形态也呈现先"聚"后"散"的序贯特征，大中小城市发展整体较为均衡。日本财政支出对农业发展、农村工业化与农业兼业经营、农村基本公共服务改善都起到了重要作用。日本经验对理论分析框架的建立及对中国从财政支出方面推进城镇化健康发展提供有益启示。

第二，在公共产品非过度拥挤状态下，公共产品供给有助于经济集聚水平提升，经济集聚水平提升也会提高公共产品供给效率。在实际中表现为在住房保障、教育、医疗、基础设施、收入分配与福利公平需求方面，财政支出规模与城镇化发展的相互促进关系。财政支出规模、经济集聚与劳动力城乡转移的空间经济数理模型分析发现，财政支出规模与经济集聚或城镇化之间存在倒"U"型关系；基于 1982～2018 年中国省级面板数据，对中国财政支出规模对城镇化效率的影响分别进行静态面板与动态空间面板模型计量分析，实证结论与理论分析结果一致。

第三，财政支出结构的适时调整能够从提高经济增长水平、更好地满足居民公共产品偏好结构、改善收入分配差距与福利不公平状况、提升城镇空间综合承载力四个方面推动城镇化质量与效率的提升。财政支出结构与劳动力城乡转移数理模型分析发现，由公共资本效率与公私产品偏好结构变化所推动的财政支出结构调整对劳动力城乡转移决策及流动均衡具有重要影响。基于1982～2019年中国全国数据构建时间序列协整模型计量分析得出，财政支出结构中服务性支出比重与城镇化质量间存在倒"U"型关系；进一步的省级面板数据计量模型分析得出了财政支出结构中各类服务性财政支出对城镇化质量的具体影响。

第四，财政分权能够通过财政激励、财政竞争与提升地区公共产品供给效率三个方面提升城镇化效率，但也会因财政资源分配差距产生的"马太效应"而导致城市发展出现两极分化。财政分权、城镇空间形态与城镇化效率的数理模型分析发现，在公共产品拥挤条件下，财政分权程度会对城镇化水平产生倒"U"型影响，并在土地拥挤假设下得出城市群形态是城镇空间布局的最优形态。对中国直辖市、副省级城市、地级市与县级地区各层级城市财政自给率与财政支出分权指数的核算结果发现，层级越高的城市财政自给率与财政支出分权指数越高，人口的平均流入规模越大。基于2007～2019年中国省级面板数据构建的动态面板模型与分位数模型回归结果显示，财政支出分权有助于常住人口城镇化水平的提升，并且城镇化水平越高，该边际影响越大。

第五，财政支出能够扩大城乡市场规模，支撑乡村产业发展，促进乡村地区公共服务水平提升。但实践中常常因城乡财政配置结构失衡而导致城乡发展差距扩大。财政支出、农业产出与城乡收入变化数理模型分析发现，当城镇存在公共投资而乡村没有时，农业产出会减少，城乡收入差距会拉大；而当公共资本存在并按适当比例向乡村农业转移时，不仅会提升农业产出水平，还有助于缩小城乡收入差距。基于1997～2019年中国全国数据对数平均迪氏分解（LMDI）分析发现，财政农业支出对农业产出增加具有正向影响。基于2007～2019年中国省级面板数据固定效应模型分析发现，财政社会保障与就业支出在不同时期对城乡公共服务均等化的影响有所不同。基于2007～2019年面板校正标准误固定效应模型实证分析结果发现，财政支出相对规模的增加、服务性财政支出与生产性财政支出的增加均能够有效缩小城乡收入差距，财政农林水事务支出占比与城乡收入比之间虽呈负相关关系，但并不显著。

研究未尽是做学问的遗憾更是动力。财政支出对城镇化发展影响的理论与实证研究仍有继续深挖的潜力与必要，这也将成为我未来较长一段时间内的工作目标，希望能与各位读者同仁交流学习。感谢孙健夫教授对文章提出的深入且具有建设性的指导意见，感谢父母、爱人为我提供了充足的写作空间。同时也要感谢经济科学出版社及编辑老师对本书出版所付出的辛苦与努力。

李晓鹏

2021 年 7 月 7 日于保定市图书馆

目　录

Contents

第一章

绪　　论

第一节　研究背景与意义

一、研究背景

马克思曾深刻地认识到"对传统社会来说，社会整体变迁意义上的进步莫过于城市社会取代农业社会"[①]。城镇化，与工业化相伴而生，是工业革命后世界经济发展在空间形态上的基本趋势和特征。世界城市化率由工业革命初期（1800 年）的 3% 左右，提升至 2019 年的 55.71%（其中 OECD 国家城市化水平已达 81%）。世界经济发展历史表明，城镇化作为工业化、信息化的载体，是经济持续发展的强大引擎，是产业结构转型升级的重要抓手，是解决"三农"问题与推动农业现代化的重要途径，是区域协调发展的有力支撑[②]，是现代经济社会发展的必由之路。日本是东亚地区继欧美之后率先完成工业化与城市化的国家，2019 年的城市化率更是高达93.8%；日本在资源禀赋、文化背景、政府参与程度等方面与中国具有相似性，其成功经验对中国具有重要指导意义。中国城镇化进程始于改革开

---

① 《马克思恩格斯全集》第 20 卷，人民出版社 1971 年版，第 41 页。
② 中共中央、国务院 2014 年印发《国家新型城镇化规划（2014～2020 年）》，中央人民政府网站，2014 年 3 月 16 日。

放，1978～2019年中国城镇化率从17.9%提升至60.6%，年均提高1.04个百分点，涉及约5亿人由乡向城转移，这是人类城镇化历史中绝无仅有的巨大成就。

从世界发达国家经验与中国发展实践来看，中国城镇化发展仍有较大空间，原因有三个方面：第一，中国当前城镇化水平（约60%）与世界发达国家（约80%）相比仍有较大差距，速度放慢但趋势不变；第二，乡村可转移人口总量虽有所下降，但绝对规模依然庞大，在较大的城乡收入与城乡公共资源差距作用下，乡城人口转移势差仍会长期存在；第三，规模巨大的农民工市民化问题依然严峻，需要在较长时期内逐步消化解决。与此同时，中国城镇化发展又面临新的背景与挑战，具体包括：（1）中国经济由追赶期向自适应发展期转变，非农经济吸引农业劳动力转移水平逐步进入自然增长期；（2）快速的工业化进程、激烈的体制转轨与特有的人口结构转换导致前期积累的城镇化问题开始集中凸显；（3）区域发展不平衡、城乡关系修复困难等问题对城镇化深度发展的制约程度日益加深；（4）以农民工市民化、基本公共服务均等化为核心的人口城镇化问题多、任务重。在此背景下，迫切需要创新政策手段以推动中国当前及未来城镇化的健康发展。

从日本经验与中国实践可知，政府及财政行为在推动城镇化健康发展过程中的作用举足轻重。财政是生产性与消费性公共产品的供给主体，是实现经济增长与居民效用水平提升的重要贡献者，其在维护收入与社会公平和区域经济均衡发展方面也发挥着重要作用。中国改革开放后工业化与城镇化的快速发展离不开财政的积极推动作用，但中国城镇化所产生的问题，部分也由财政问题所致；并且多数城镇化问题也必须通过财政手段解决，如最为核心的人口城镇化或农民工市民化滞后问题，在当前户籍制度约束趋近于零的情况下，其本质上是财政支出不足与不同主体市民化成本分担问题；如城镇内部公共服务供给短缺与供给不均等问题的实质是财政支出结构失衡问题；如城市体系与空间布局两极分化、大中小城市发展不均衡问题很大程度上是由财政分权体制不合理所致；再如城乡发展关系失衡与城乡基本公共服务差距过大问题的实质也是财政资源城乡分配不公平问题。面对市场机制本身的缺陷与中国部分制度问题的阻滞，迫切需要总结日本经验，通过优化财政支出与革新财政支出机制来解决中国长期积累的城镇化问题，以推动当前及未来中国城镇化的健康发展。

二、研究意义

中国在快速的工业化与城镇化过程中累积了很多影响经济发展质量、社会公平与民生改善方面的问题，并且城镇化在促进产业结构转型升级、推动农业现代化、扩大内需与构建"双循环"新发展格局方面具有不可替代的作用；而财政支出对城镇化发展具有巨大影响。因此，深入研究财政支出对城镇化发展的微观理论关系与宏观关联关系具有重要的理论与现实意义。

就理论意义而言，主要包括：第一，厘清了财政支出规模、公共产品供给与经济集聚、城镇化发展之间的理论逻辑关系，丰富了财政在空间经济理论中的应用；第二，深入分析了财政支出结构的城镇化效应及其对劳动力城乡转移的影响，为研究劳动力流动提供了新的视角；第三，在公共产品拥挤假定下深入分析了财政分权对城镇空间形态及城镇化效率的影响，丰富了财政分权理论的应用场景；第四，构建了财政支出影响城乡关系的理论分析框架，并从生产性财政支出角度分析了城乡收入差距扩大与缩小的原因，丰富了城乡关系的理论内容。

就现实意义而言，主要包括：第一，对日本城市化发展实践及财政支出在日本城市化发展中的作用进行了系统分析，有助于借鉴国际经验改进中国财政支出政策；第二，有助于深入认识中国改革开放后财政支出规模与城镇化发展之间的相关关系，为实践中财政支出规模的收缩与扩张提供判断依据；第三，有助于从财政支出结构角度认识中国城镇化过程中出现的质量问题，为从财政支出结构调整方面提升城镇化质量水平提供新的路径参考；第四，通过深入分析财政分权对城镇化空间布局的理论与实际影响，为优化中国城镇空间布局提供新的财政导引路径；第五，有助于全面认识财政支出对城乡关系发展的作用，为制定改善中国城乡关系的财政支出政策提供理论与经验支撑。

4

第二节　文献综述

一、日本工业化进程中的财政支出与城市化问题

（一）日本工业化特征

日本是继欧美之后少数几个较早且较快实现工业化的国家，且有其独有的发展特征。严立贤（1998）从资本形成与市场规模扩张角度分析了日本工业化模式的转换与帝国主义的形成原因。日本工业化特殊的发展路径与其资本原始积累特征密切相关。张季风（1990）将日本明治维新以后的资本原始积累过程描述为"一个对外疯狂掠夺和对内残酷压榨的过程"，并将日本的资本原始积累特征总结为以下几个方面：第一，主要依靠国家政权、自上而下强力推行，而非像西方国家那样以自由资本主义的方式实现；第二，在资本有机构成提高与资金积累的同时并未造成相对激烈的农民劳动力无产化现象，农民与土地的分离并不彻底；第三，资本原始积累与产业革命同时进行，且时间较短；第四，由于资本原始积累与封建政治有着千丝万缕的联系，日本的资产阶级长期具有一定程度的封建性。"二战"以后日本的工业化模式在美国的干预下发生重大转变，但重工业优先发展的工业化路径被重新确立。郑有国、高文博（2016）在中日工业化道路比较研究中详述了"二战"以后日本工业恢复与加速发展的历程，经济自由化改革、朝鲜战争特需生产推动日本经济加速恢复、以煤炭工业为中心发展重点工业，以引进技术与资本实现重化工业发展等。侯力、秦熠群（2005）认为日本工业化早期轻工业的发展为资本积累与工业劳动力储备奠定了基础，第一次世界大战至第二次世界大战以前军需工业的过度膨胀导致工业化畸形发展，"二战"后重化工业的快速发展推动了日本工业化最终实现。就制度方面来说，速水佑次郎、神门善久（2009）认为能够建立一个有效学习西方科学技术的经济制度是日本工业化快速发展的重要动

因。纪录片《大国崛起》将日本早期的工业化过程描述为一种有别于经济自由主义的发展模式，即历史学家所称的"统制主义经济模式"，就是在保留资本主义基本性质的条件下，以国家为主导的经济运行方式推动工业化快速发展。这种"统制主义经济模式"即便在战后恢复与工业化快速发展时期依然存在。这种特殊的工业化模式与资本原始积累路径对日本的城市化发展与财政支出特征产生重要影响。

（二）日本城市化发展

由于特殊的历史背景与资源禀赋条件，日本的城市化道路与西方发达国家显著不同。高佩义（2004）对包括日本在内的发达国家的城市化状况进行对比分析，发现日本的城市化完成速度远高于其他发达国家，并将"二战"以前发达国家（包括日本）广泛存在的殖民地作为解释其城市化起步早、发展快、质量高的重要原因。就日本城市发展路径与空间形态来看，山田浩之（1980）总结了发达国家的城市化过程，即绝对集中的城市化时期、相对集中的城市化时期、相对分散的郊区化时期、绝对分散的郊区化时期、绝对分散的逆城市化时期、相对分散的逆城市化时期。周牧之（2001）转引日本学者今野修平的观点，将产业革命以来的近代城市化划分为城市化阶段、特大城市化阶段和特大城市群化阶段。浜野洁等（2015）将日本"二战"以前产业结构变化带来的就业结构变迁作为城市化的发展推动力量，并发现 1920～1940 年四大工业圈都市人口规模及其占全国人口的比重均在不断增加，进一步描述了 1955～2001 年东京、名古屋、大阪三大都市圈的人口转入超过数变化情况，发现总体呈现增加（1964 年以前）后下降的变化趋势。日本纪录片《欲望经济史》介绍了 1972 年田中角荣的《列岛改造论》，旨在通过建设新干线和高速公路连接地方与都市，并在全国范围内重现配置工厂，以解决城市过密化和地方过疏化问题。许庆明等（2015）基于日本、韩国相关城市群人口集聚密度与产业结构变迁情况分析发现，城市群总体呈现核心城市人口密度高于非核心城市的空间梯度形态，其实质是区域经济发展水平与产业结构高度化差异的反映。何志扬（2009）将日本城市化进程大致分为四个阶段，即城市化准备阶段（明治维新阶段至 20 世纪 20 年代)、基本实现城市化阶段（20 世纪 20 年代至 20 世纪 50 年代)、实现高度城市化阶段（20 世纪 50 年代至 20 世纪 70 年代）和城市化的继续发展与完善阶段（20 世纪 80 年代以来)，并将日本的城市化道路概括为 "以政府调控和高度紧凑的大城市为主要特征" 的城市化道路。耿明斋、村上直树等（2017）介绍了 "二战" 以后日本经济的变迁、城市化的发展、人口的迁移、地区经济发展、城市化对农业发展的影响、国土开发规划情况及东京首都圈的现状与演变等内容，并从城镇化的演进过程、人口管理制度、产业结构变化、都市圈发展、公共服务均等化、人口流动及土地制度等方面对中日城镇化进行了详细的对比分析。

（三）日本财政支出状况

受 "统制主义经济模式" 的影响，日本财政支出在工业化与城市化发展过程中始终发挥着重要作用。岸田俊辅（1980）较为宏观地概述了明治维新以后日本财政发展的基本状况，主要包括近代国家创立时期（1868 ~ 1889 年)、明治后半期（1890 ~ 1914 年)、从大正到昭和初期（1914 ~ 1931 年)、从东北事变到战争结束阶段（1931 ~ 1945 年)、从经济混乱到独立时期（1945 ~ 1958 年)、高度增长期（1958 ~ 1970 年）及转变时期（1971 ~ 1978 年）的主要财政政策实践历程，并将个别时期财政支出规模增长的原因解释为公共资本、公共事业及社会保险等需求增长所致。浜野洁等（2015）认为 20 世纪 20 年代城市化推动了地方政府财政（尤其是都市财政）的支出快速增加，激发了公共资本的扩张速度，并列示了 1914 ~ 1936 年日本财政出于各种政策目的的支出（中央政府、地方政府）规模与支出结构的变化情况。夏子敬（2014）研究发现日本的财政支出呈现出四点特征：一是财政支出相对规模（占 GDP 比重）相对较小；二是生产性财政支出占比较高；三是地方财政支出所占比重较高；四是实行财政资金有偿分配。庞德良、夏子敬（2014）估计了日本财政支出相对规模、财政生产性支出相对规模与财政消费性支出相对规模的产出弹性，并以此为基础计算出各自相应的边际贡献，结果发现，在 1969 ~ 2011 年样本期间内，日本财政支出对总产出的影响不显著，生产性财政支出对总产出的影响为负，消费性财政支出对总产出的影响为正，且前两者对产出的边际贡献为负，而消费性财政支出对总产出的边际贡献为正，并得出了在既定财政支出规模情况下财政支出结构应该向消费性财政支出方面倾斜的结论。日本纪录片《欲望经济史》介绍了田中角荣将1973年定位"福祉元年"，通过建立老人医疗免费制度、高额医疗费制度及提高养老金发放额等提升社会保障制度的保障水平；财政支出结构的调整成为当时财政支出规模快速扩张的重要原因。从财政分权角度来看，周强（2019）认为日本具有政治上高度集权、财政体制上分散型集权的特征，三级政府事权划分清晰，财政收入上中央大于地方，但支出上地方大于中央。耿明斋、村上直树等（2017）发现在财政支出方面，存在地方圈更加依靠大城市圈或者中央政府扶持这一现象。另外，江瑞平（1990）的研究认为，"二战"前日本财政支出具有明显的城市偏向及沉重的税收负担，对农业发展产生负面影响，但"二战"后国家财政开始对农业减税增支，财政支出成为农业投资增长的重要组成部分和推动力量。

二、城镇化动力机制、发展规律与中国实践

（一）城镇化动力机制、时间规律与空间特征

首先，从城镇化相关理论研究来看，早期的威廉·配第（William Petty）、亚当·斯密（Adam Smith）及马歇尔（Alfred Marshall）从劳动分工角度认识和解释城市的出现，并强调城市发展对乡村农业生产的依赖。新兴古典经济的代表人物杨小凯进一步将交易效率引入分工与专业化一般均衡模型，揭示了城市化发展的必然趋势及城乡均衡最终实现（杨小凯，2003）。城市与乡村最大的不同在于承载的产业不同；在配第定理（即产业间收入相对差异的描述性规律现象）与费舍尔三次产业分类法基础上，克拉克（Clarke）用40多个国家和地区不同时期三次产业的劳动投入产出资料总结归纳出劳动力总是从第一产业向第二产业转移，进而向第三产业转移的规律，即配第 - 克拉克法则（Clarke，2020），从侧面实证了产业结构演进

对城市化发展的推动作用。发展经济学奠基人张培刚在分析农业与工业发展基本特征的基础上，从农业与工业化互动视角揭示了资源要素配置的变化规律及基本动力（张培刚，2016），为从工业化角度解释城市化提供了一种综合性思路。就从城乡关系角度认识城镇化发展而言，刘易斯（Lewis）、拉尼斯（Ranis）、费景汉（Fei）、乔根森（Jorgenson）等从城乡二元经济视角解释农业劳动力向非农转移的基本规律（蔡昉，2015）。另外，空间经济学的迅速发展也为从空间角度认识城镇化发展提供了新的思路；从冯·杜能（Von Thünen）到克鲁格曼（Krugman），空间经济学家们从经济集聚角度分析了产业空间布局及要素空间流动的基本规律（藤田昌久等，2011），并且随着理论与实证研究的深入，其理论解释力得到了普遍认可。

从城镇化发展的时间特征来看，发展趋势大致符合"S"型（诺瑟姆曲线）形态，从城镇化发展的时间路径来看，联合国（1974）利用两期数据递推法推导出描述城市化发展时间路径规律的"S"型曲线，即"诺瑟姆"曲线（李恩平，2014）。国内学者（陈彦光、周一星，2007；王建军、吴志强，2009；魏后凯，2014）又将"S"型划分为初期起步发展阶段（小于30%）、中期快速发展阶段（30%~70%）和后期稳定发展阶段（大于70%）。在此基础上，李恩平（2014）在不变城乡人口增长率差的设定下，不仅推导出城市化水平路径呈"S"型曲线、速度呈倒"U"型曲线、加速度呈斜"Z"型曲线，而且还说明了在可变人口增长率差设定下三种路径的调整形态。城镇化发展的"S"型路径在理论与实践上已经得到充分验证，只是不同经济体所呈现的时间跨度与变化速度有所差别。从表象上来看，所谓的"S"型曲线只是城市人口占比由接近0逐渐增加至接近1的过程中必然出现的增长速度先增加后减少的现象；这是以工业化一定发生且不会发生倒退为前提的。而具体的城镇化时间路径（如时间跨度、变化速度与均衡状态）受多方面因素影响，可能呈现出不同的形态特征。

从城镇化的空间特征来看，城镇化最终将呈现以城市群为主体、城乡融合发展的空间形态。大城市往往通过经济集聚的循环累积作用不断提升自身参与地区与国际分工的成本优势，因此在城镇化发展过程中会呈现大城市超先增长的基本规律（高佩义，2004；魏后凯，2014；孙斌栋等，2019）。随着大城市的经济溢出及其自身发展的集聚不经济问题的出现，再加上政府对区域均衡发展的偏好，城镇化发展往往会呈现"城市群"式的空间形态（藤田昌久等，2011；宋洁等，2018），通过城市群内及城市群间的协同发展提升城市经济集聚正效应（赵娜等，2017）。城镇化的一般规律表明城乡关系会经历一个由"分"到"合"的过程；基于部分国家工业化发展实践，西蒙·库兹涅茨（Simon Smith Kuznets，2015）总结得出收入差距随工业化的推进呈现先扩大后缩小的倒"U"型变化关系；刘易斯（1954）也将该发展关系表述为城乡由"二元"向"一元"的转变过程。这种最终的融合是以乡村产业振兴（农业现代化）及城乡产业融合发展为基础的。

（二）关于中国城镇化发展实际的相关研究

对中国城镇化进程中面临的现实问题的研究主要集中在以下几个方面。

一是关于城镇化水平的衡量问题。王晓丽（2013）从乡城转移人口市民化角度修正了常住人口城镇化率，认为其高估了中国实际的城镇化水平；朱宇（2012）基于国际通行规则与城乡界限淡化的现实背景，认为中国城镇化存在低估城镇化广度和深度的问题。

二是关于城镇化速度争论。简新华、黄锟（2010）在比较分析西方发达国家相应阶段城镇化速度之后，基于实际判断标准（城镇化是否健康），认为中国城镇化速度大体适当。

三是剖析城镇化人口增长构成方面。王放（2004；2014）分别以"四普""五普""六普"数据对城镇人口增长结构跟踪分析发现，1990～2000年（2000～2010年）行政建制变化、乡城人口转移、城镇人口自然增长三大因素的影响占比分别为52%（29.3%）、31%（57.4%）和17%（13.3%）。

四是对未来中国城镇化发展水平的预测。魏后凯（2014）采用综合预测法（曲线拟合法、经济模型法与城乡人口比增长率法预测结果的平均值）计算得出 2020 年、2030 年、2040 年、2050 年中国城镇化率将分别达到 60.34%、68.38%、75.37% 和 81.63%；乔文怡等（2018）通过构建中国城镇化系统动力学模型，模拟预测中国 2035 年和 2050 年城镇化水平将分别达 71%~73% 和 76%~79%。

五是土地城镇化问题。张凯煌等（2020）认为中国土地城镇化问题日趋严重，通过建立两层线性模型对 2005 年和 2016 年全国具有代表性的 102 个城市土地城镇化影响因素进行研究发现，要素投入、公共服务、人口集聚、区域经济发展差异等因素在不同时期不同层面（省与市）对土地城镇化的影响有所不同，且土地城镇化进程逐步由政府主导向经济驱动转变。

六是城镇化质量评价问题。魏后凯（2014）从城市发展质量、城镇化推进效率与城乡协调程度三大方面对中国 286 个地级及以上城市 2010 年的城镇化质量水平进行评价发现，城乡协调发展指数 < 城市发展质量指数 < 城镇化推进效率指数；在城市发展质量指数中，社会发展质量指数 < 经济发展质量指数 < 空间发展质量指数。苏红键（2021）从城乡融合发展、城市内部融合、城市体系优化与人地协调发展四个方面对全国及各省城镇化质量进行分类与综合评价。

七是农民工市民化问题。国务院发展研究中心课题组（2011）认为现有的城乡二元结构正在向城镇居民、农村居民和城镇农民工三元结构转变，并将农民工市民化过程的实质看作城市居民公共服务均等化的过程；魏后凯（2014）以 2011 年数据对农民工市民化公共服务支出成本进行测算；简新华、黄锟（2020）认为中国"十四五"时期应该开展农民工市民化攻坚战，并将其作为实现高质量新型城镇化的主要任务。

八是城镇化空间格局问题。李凯等（2018）基于 1982~2010 年四次人口普查数据研究发现，东高西低的城镇化空间格局不断强化，人口省间流动更加活跃，迁移方向仍表现为明显的"向海性"。另外，还有包括城镇化路径、城镇化的土地利用效率、城镇化制度建设、人口老龄化与城镇化等方面的研究。

三、财政支出规模、经济集聚与城镇化

（一）政府与市场关系

城镇化作为经济集聚的现实形态，是市场与政府作用下工业化发展的必然结果。财政支出与城镇化关系探讨需要对政府与市场关系有正确的认识。政府与市场，究其本质都是人类竞争稀缺资源的重要方式；政府以权利为资源竞争准则，市场以交换价格为资源竞争准则。虽然政府与市场关系从来都不只是个经济问题，但仅通过经济分析便能展现出政府与市场之间较为复杂的竞合关系——竞争是资源配置主体间的对抗，合作是基于资源配置效率的相互补充。在人类社会历史实践中，"应当承认，亚当·斯密和卡尔·马克思以及他们所创立的学说，代表了两个极端。当今世界，大部分国家的政府职能都介于这两个极端之间，大多数国家既不是纯粹的自由经济，也不是完全的指令经济，政府职能比亚当·斯密及其信徒所限定的更加广阔，但也不像指令经济国家那样无所不能"（维托·坦茨，2016）；瓦格纳曾表明政府经济与私人经济的相互配合对经济社会发展至关重要（理查德·A. 马斯格雷夫，2015）。政府与市场关系是历史的、动态演进的，其各自作用范围（受复杂的内生与外生因素影响）经常处于相互转化之中。中国的政府与市场关系（基于政治基础、发展阶段等）有其自身的特殊性；"有效市场"与"有为政府"是中国建立中国特色社会主义市场经济体制的历史经验；有效市场需要有为政府的支撑，尤其在社会主义初级阶段，政府在实现集体目标（如赶超）、市场建设、均衡发展、公平保障与弥补市场失灵等方面发挥着不可或缺的作用。

（二）公共支出规模变迁

早在 19 世纪 70 年代，阿道夫·瓦格纳（Adolph Wagner）从欧洲、美国、日本等主要发达国家和地区的政府支出变化趋势中总结得出"国家活动范围不断扩大"与"公共支出不断增长"的结论，并从交易与社会秩序

维护的复杂性、需求结构的演变及公共投资需要等方面解释公共支出增长的原因（金戈、赵海利，2019）。相较于瓦格纳的无约束增长，皮科克（Peacock，1961）假定公众存在一个"可容忍的税收负担"约束，且该主观约束会在面临集体危机时变得"松弛"，政府通过危机中公共支出的"替代效应"与危机后的"审视效应"实现公共支出规模的梯度上升。在公共部门之外，鲍莫尔（Baumol，1967）运用两部门非平衡增长模型发现产出增长部门人力成本的上升对产出不变部门具有成本传导效应（即"鲍莫尔成本病"），其中就包括进步部门人力成本的上升对政府（服务）支出增长的影响；并且贝里和洛厄里（Berry and Lowery，1984）使用美国1948～1979年政府服务相关数据检验了"鲍莫尔成本病"对政府支出增长的确有正向影响。尼斯坎南（Niskanen，1971）假设官僚机构在税收预算约束下追求预算最大化，但由于官僚机构对公共产品的提供（成本）具有（不对称）私人信息，导致公共产品供给水平总是超过社会最优规模而导致公共支出膨胀。相比于以上研究，更为主流的观点（Musgrave，et al.）认为公共支出规模不断增长的直接原因在于现代化进程中政府职能的不断丰富与扩张，其扩张路径大致为：提供公共品（亚当·斯密）、基于市场失灵的资源配置职能（新古典经济）、基于经济效率的收入再分配职能（Schmoller et al.）、经济稳定（凯恩斯主义）及后来的经济发展（Barro et al.）职能；职能的扩张要求政府参与更多的经济与非经济事物，公共支出的规模也会随之增大。对于公共支出规模增长问题，坦齐（Tanzi，2005）的观点具有启发性。他认为政府行为始终是个人行为的增进或补充，公共支出的增长并不是不可避免的，而是由人们对私人部门处理某些问题缺乏信心而推动政府扩张的观念变化引致的。但这种观念变化有其客观条件的支持，也可以说公共支出规模受制于更大范围成本收益的博弈与权衡。而这些不断产生的"私人难以解决的问题"与经济的空间集聚形态关系密切，公共支出在集聚经济中的重要作用及经济集聚对公共支出的客观需求共同构成了公共支出规模不断扩张的重要原因。

（三）公共产品、经济集聚与公共支出

基于空间临近的生产集聚会通过技术外溢促进生产效率提高，经济活动密度大、集聚度高的地区更容易实现专业化，有利于生产率的提升（Ciccone，1996）。公共产品私人提供会导致严重的供给不足；当公共产品服务范围因经济集聚而扩大时，公共产品的集体供给能力与供给效率会得到提升。藤田昌久（2017）以城市规模与城墙人均成本之间的关系为例，分析得出人口集聚有利于公共服务的提供、地方性公共产品的易获得性是现代城市形成的重要因素的结论。关于公共产品供给对人口流动影响方面，蒂布特（Tiebout，1956）在地方政府能够提供与消费者偏好相适应的公共产品和社区居民可自由流动的假设下，认为消费者与投票者（或纳税者）将根据自己的偏好类型迁往提供不同公共产品规模与结构的社区，社区的差异与数量越大，消费者对公共产品的偏好就实现的越充分；就现实状况而言，相比于城市社区之间的差异，城乡之间公共产品供给总量与结构的差异更为明显，因此也就成为农村居民由乡向城流动的重要原因。在现实世界中，地方性公共产品通常是以公共设施的形式提供的，旨在向地区内居民提供多样化服务（Tiebout，1961；Teitz，1968）；在匀质空间假定下，由于消费者交通成本的存在，公共设施布局在城市中心通常是最优的，消费者将权衡所需承担的运输成本与土地级差成本大小均匀分布在城市公共设施周围。进一步的理论研究包括：鲁斯（Roos，2004）运用只对地区内固定要素征税的两区域模型说明了地方政府可以通过公共产品供给提升本地区劳动力集聚水平，并且在这种激励下，各地方往往存在公共产品过度供给和次优集聚现象；布拉德（Brad，2015）建立了一个城市地区关于贸易品与非贸易服务的垄断竞争模型，证明了新体育设施的提供与对体育社团的补贴有利于产生地方集聚效应，且集聚效应的规模取决于对体育设施和体育服务的消费者数量。公共支出是公共产品供给的前提；针对公共支出与纯公共产品征税问题存在一个亨利·乔治定理，其内容为"任意给定城市纯公共产品支出水平，当且仅当人口规模能最大化城市居民效

用水平时，总和级差地租等于公共支出"①；虽然该征税方式在现实中难以实现，但该定理深化了公共产品与城市集聚规模间相互关系的认识。因此，在公共产品非拥挤条件下，公共产品（及公共支出）与经济集聚存在相互促进作用。

（四）财政支出效应与城镇化发展

财政支出（或公共支出）的经济增长效应是推动城镇化发展的重要力量。阿罗和库尔茨（Arrow and Kurz，1970）将公共支出以存量公共资本的形式融入企业生产函数和消费者效用函数，构建了一个包含公共支出的外生经济增长模型，论证了公共支出对经济增长的积极作用。以此为基础，巴罗（Barro，1990）进一步将公共支出（依其功能）划分为生产性公共支出与消费性公共支出并分别（对应）纳入企业生产函数与消费者效用函数，扩展出了一个研究公共支出的经济增长效应的内生增长模型，为后续相关研究开辟了一个新的、基础性的分析框架。金戈（2014）拓宽了这一研究框架，将公共支出依照产出弹性和消费弹性大小分为纯生产性、纯消费性和生产—消费混合型公共支出，探讨了多种类型公共支出（及其最优配比关系）促进经济增长和社会福利改善的作用机制。在比较有代表性的实证研究方面，巴罗（1991）基于48个国家1970~1985年的数据，将政府支出划分为投资性支出与消费性支出，实证发现虽然公共消费性支出会提高居民福利水平但会导致经济增长率下降，而公共投资性支出对经济增长存在一种先升后降的作用关系；关于同类型的实证研究，样本与方法选择不同，所得结果也有所差异。财政支出不仅会对当地经济产生直接作用，还会对地区经济产生空间溢出效应（Boarnet，1998；曾淑婉，2013）。宋丽颖、张伟亮（2018）基于中国2007~2015年省级面板数据构建空间计量模型对财政支出总额及其构成对经济增长的空间溢出效应进行研究，结果发现各省财政支出总额对本省经济增长具有显著促进作用，但对其他

---

① ［日］藤田昌久等：《集聚经济学：城市、产业区位与全球化》，石敏俊等译，格致出版社2017年版，第114页。

地区具有明显的负向作用。曾淑婉等（2015）基于中国 1998～2011 年省级数据，采用动态空间面板模型实证分析了财政支出规模对区域经济差异的影响，结果发现财政支出规模越大越有利于缩小区域经济差异，表明财政支出在区域均衡发展中具有重要作用。除了财政支出的经济增长效应推动城镇化发展外，财政支出通过提供教育、医疗及公平福利等公共服务对城镇化的推动作用正变得越来越重要，具体综述内容将在下节详细展开。

四、财政支出结构、城镇化与城镇化质量

（一）公共支出结构一般规律研究

对公共支出结构变迁动因的分析主要集中在以下几个方面。（1）政府及财政职能的演进对公共支出结构变迁具有重要影响。推动财政职能扩张的重要贡献者马斯格雷夫（1959）用公共经济学概念将财政职能扩展至"资源利用与收入分配"①；这使得公共支出的外延变得更宽且有弹性，公共支出结构的具体内容、生成规则等也因此发生较大变化。（2）经济发展阶段转变引致公共支出结构调整。该观点的主要代表马斯格雷夫和罗斯托（Musgrave and Rostow）认为，不同的经济发展阶段对公共支出的需求结构有所不同，如经济起步阶段对生产性支出的需求较高，经济成熟阶段对消费性支出的需求较高；经济发展推动公共支出结构演变。（3）公共支出结构源于合作行动中人们的个体偏好结构。收入及供给水平变化会导致个体偏好结构发生变化，并通过低效或高效的集体选择机制引起公共支出结构作出适应性调整；个体偏好结构和集体选择机制对公共支出结构的生成与演进具有重要作用（刘玮，2012）。关于公共支出结构的演变趋势，马斯格雷夫和罗斯托较早从经济发展不同阶段对政府支出需求变化角度分析了公共支出结构变化的规律。马斯格雷夫（1969）将政府消费支出看作相较于基本需求更高层次的需求，并认为公共消费支出占比会随着经济社会的

---

① Richard Abel Musgrave. *The Theory of Public Finance：A Study on Public Economics.* New York：McGraw-Hill，1959，pp. 2.

发展而有所提高；罗斯托（1971）的分析则较为具体，认为随着经济进入成熟期，公共支出结构将会从狭义基础设施投资逐步向医疗、教育及社会福利服务方面支出转移，并且用于"收入维持和福利再分配"的转移性支出将在大众高消费时期大幅增长。更为客观细致的研究来自维托·坦齐（Vito Tanzi，2005），在其《20世纪的公共支出》一书中描述分析了1960年与1990年17个工业化国家公共支出结构的变化，结果表明：无论政府规模大小如何，实际中公共生产性支出占比趋于下降，公共消费性支出与转移支付支出占比却在快速增加。另外，也有部分学者研究了公共支出结构合理性的认识与评价问题。公共支出结构的合理性是公共部门资源配置效率的核心内容；公共资源总量约束下的支出项目间存在竞争关系，任何偏离公共需求结构的资源配置都将导致公共部门效率损失（卢洪友，2006）。在评价依据方面，相比于缺乏操作性的帕累托最优标准，沙（Shah，1998）提出更具操作性的"回应性"标准，即只要政府提供的公共产品能够有效满足居民的需求偏好，则公共部门的资源配置便处于偏好匹配的均衡状态；换言之，居民需求偏好的满足程度是公共支出结构是否合理的判断标准。

（二）生产性财政支出、经济增长与经济集聚

财政支出结构是指各类财政支出的组合形式和比例关系，反映的是政府公共资源的配置重点与方向，并根据经济社会发展阶段动态调整。基础设施是财政支出的重要内容；基础设施的外部性及其对经济增长的贡献已经被大量理论与实证研究证实（Romp，2005；刘生龙，2010；罗知等，2018）；尤其是交通与电信基础设施在扩大市场规模、提升竞争效率与降低交易成本方面的积极作用，对经济增长的贡献更为显著（郑世林等，2014；罗知等，2018）。覃成林等（2014）在经济集聚模型中设置了可达性指标以分析高铁对沿线城市经济集聚水平的影响，实证结果表明，高铁能够显著提升沿线城市经济集聚水平，可达性每提高1%，城市集聚水平增加约0.8，但高铁也扩大了沿线城市间的经济集聚水平差距。艾小青等（2020）运用空间杜宾模型检验了中国2005~2016年286个地级以上城市

交通基础设施经生产性服务业发展对经济集聚产生的影响，研究结果显示：交通基础设施有助于提升经济集聚水平，交通基础设施与生产性服务业发展表现出明显的空间差异性与空间梯度性，对经济集聚产生异质性影响。随着城市化的发展，交通基础设施与生产性服务业的经济效应开始由集聚向扩散转变；交通基础设施、生产性服务业的多样化与专业化发展受制于城市规模约束，即专业化对中小城市作用更为显著，多样化对大城市作用更为显著。另一种较为常见的生产性财政支出是财政补贴。财政补贴是支持产业发展与升级的重要手段（黄先海等，2015）。金戈（2014）在罗默（Romer）、巴罗（Barro）和萨拉－马丁（Sala-Martin）研究的基础上构建了研究最优政府补贴与经济增长的理论分析框架，分析包含资本外部性条件下分散均衡的福利性质，并考察了多种补贴方案及不同方案下最优补贴路径的存在性问题，说明了最优补贴对于实现帕累托最优的积极作用。童健（2017）理论研究发现政策性补贴能够促进经济增长，但过度的政策性补贴（超过一定阈值）会对经济增长产生抑制作用；实证结果进一步表明，低、高技术密度政策性补贴与经济增长水平之间存在倒"U"型关系，并且低技术密度补贴与高技术密度补贴的影响具有差异性（高技术部门政策补贴产出效率更高）。综上所述，生产性财政支出在不同的经济发展阶段及不同的支出方向对经济增长、经济集聚作用有所不同，展现了经济系统对财政支出结构需求具有动态的、结构演化的特征。

（三）公共服务类财政支出与城镇化

随着经济发展与城镇化水平提升，生产性财政支出占比会呈下降趋势，消费性或服务性财政支出占比会逐渐增加，这是财政支出结构演变的经验特征。李猛（2016）通过对1960年以来大国经验分析发现，随着城市化率的提高，财政支出中的经济事务占比呈现波动下降的趋势；当城市化率超过55%后，经济事务占比的平均值和中位数也都呈现出较为严格的递减趋势。城镇化发展催生了更多教育类公共产品的需求。从生产角度来看，随着城镇经济日趋服务化、知识化，以教育为基础的人力资本积累在经济发展中日益重要；布莱克和亨德森（Black and Henderson，1999）认为教育能够加速人力资本积累，并通过提升企业生产率、城市发展效益及经济增长水平等推动城镇化的发展。从需求角度来看，教育需求是人类高层次需求，也是实现更高层次需求的基础；齐燕（2020）研究发现由农村家庭对优质教育资源追求推动的教育城镇化已成为中国城镇化的重要形式。郑强、杨果、苏燕（2020）采用熵值法对中国新型城镇化发展水平进行测算，进一步的实证研究发现，在全国层面，由于民生财政支出的城镇偏向性导致城乡公共服务差距拉大，民生财政支出对新型城镇化产生了抑制作用；在区域层面，民生财政支出对新型城镇化的影响具有明显的区域异质性，即沿海地区民生财政支出对新型城镇化产生了正效应，内陆和沿边地区则产生了负效应。罗兰（Roland，2000，2002）研究发现，基础设施投资、教育、医疗、社会保障等方面的支出可以在改善不平等的同时促进经济增长。童健（2017）研究发现通过公共教育支出缓解动态不平等及社会保障支出降低动态不平等，避免收入差距扩大，可显著调节收入不平等与经济增长间的关系；公共消费支出对静态、动态不平等的调节作用存在区域性差异，即东部地区社会保障支出、公共教育支出均能够显著降低静态不平等，而中部和西部地区公共教育支出能够显著降低动态不平等，社会保障支出却对静态不平等的作用不再显著。中国的财政支出结构调整困难有其深层次制度原因。白重恩等（2004）认为财政分权体制下的地方保护主义与财政竞争会引发财政支出结构出现一系列"偏向"问题，不但扩大了区域经济间的发展不平衡，而且损害了整体资源配置效率。因此，财政支出结构的及时调整，一方面可以通过加速经济增长与经济集聚来推动城镇化发展；另一方面通过增加消费类财政支出提升城镇居民公共效用水平，对城镇化水平提升与质量改善也会产生积极作用。

五、财政分权、空间经济效率与城镇化

（一）财政分权与中国财政分权

对财政分权的理论研究集中于公共产品供给与配置效率、财政分权的

激励与约束、财政分权的经济效应三个方面。第一代财政分权理论（以政府追求社会福利最大化为假设前提）重点关注公共产品供给配置效率，兼有对财政分权的激励与约束问题的讨论。例如，蒂布特（1956）认为居民自由跨区流动选择税收与公共产品组合以最大化自身效用，社区政府间的竞争将促使公共资源配置实现帕累托最优，并且该"用脚投票"机制对地方政府权力形成有效制约；斯蒂格勒（Stigler，1957）和奥茨（Oates，1972）认为相较于中央政府，地方政府具有信息优势，能够更充分了解辖区居民的需求偏好及公共产品成本信息，并且辖区居民也更容易通过政治投票决定公共产品的种类与数量，因此地方政府能够显著提升公共产品供给与配置效率。第二代财政分权理论（以政府自利与政府间利益冲突为假设条件）重点关注财政分权的激励与约束问题和财政分权的经济效用问题。例如，布伦南和布坎南（Brennan and Buchanan，1980）基于更加现实的假设条件，强调财政分权的激励和约束作用，既可促使地方政府更加注重辖区居民需求满足，又能对地方政府的自利行为形成有效制约，进而提升公共产品提供效率；再如温格斯特（Weingast，1995）、蒙蒂诺拉等（Montinola et al.，1995）、钱颖一和温格斯特（1997）、钱颖一和罗兰（1998）等将现代企业治理理论应用于政府治理中，提出市场维护型财政联邦主义理论，同时强调财政分权对地方政府行为的激励与约束作用，认为财政分权引致的财政激励与承诺机制会促使地方政府更好地维护与促进市场化发展，进而有助于经济增长。不过，也有一些研究认为财政分权的作用并不总是积极的，如蔡和特里斯曼（Cai and Treisman，2005）、杨其静等（2008）、陶然等（2009）、蔡欣怡（2011）、琼斯（Joanis，2014）等对财政分权理论进行了有益批判。

对中国财政分权的研究重点关注财政分权效应、政府间财政资源均衡及公共池问题。从财政分权的经济增长效应方面来看，以温格斯特和钱颖一为代表的第二代财政分权理论的开拓者们试图通过市场维护型财政联邦主义理论来解释各级政府行为及中国经济高速增长背后的制度动因；进一步的数理关系研究发现财政分权与经济增长之间存在倒"U"型关系（Oates，1999；Xie，Zou and Davoodi，1999；贾俊雪，2015）；基于中国不同时期及不同财政分权指标表达的实证研究，部分得出中国财政分权对经济增长具有积极促进作用（Ma，1997；Lin and Liu，2000；乔宝云，2002；Jin，Qian and Weingast，2005），也有部分研究得出了财政承包制时期财政分权对经济增长具有负向影响，分税制改革以后财政分权对经济增长具有正向影响（张晏和龚六堂，2005；周业安和章泉，2008；贾俊雪，2015；贾俊雪和晁云霞等，2020）；同时，也有部分研究揭示了中国财政分权导致"重增长、轻民生"的发展模式难以转变（乔宝云、范剑勇和冯兴元，2005；平新乔和白洁，2006；贾俊雪，2015）。从公共池问题方面来看，财权与事权不匹配导致各级政府财政资源分配出现纵向失衡，致使低级别政府更加依赖地方债务、财政转移支付等公共池资源；这将持续软化地方政府预算约束，割裂地方公共产品成本收益联系，诱使地方政府将更多本地公共产品成本通过公共池渠道外溢给其他地区居民（Weingast，Shepsle and Johnson，1981；Rodden，Eskeland and Litvack，2003；贾俊雪，2015）。

（二）最优城市规模与城镇空间形态

随着经济的增长，一国或地区生产和人口集中度呈倒"U"型曲线变化关系，即经济空间形态先集中后分散（Williamson，1965；Hansen，1990；Davis and Henderson，2003）。由于要素空间分布非匀质，要素、产品、成本的非无限细分，要素、产品的交易与流动有费用及工业化产业新空间特征（相较于农业），导致经济活动在"不完美"市场因素的作用下呈现空间上的集聚形态；经济集聚的影响因素主要包括：规模经济、交易费用、外部性、公共部门与公共服务、消费者多样性化偏好与垄断竞争（藤田昌久，2017）。经济集聚并非没有限度，大城市的居民承受着更高的生活成本，包括更高的房价和更长的通勤时间、噪声与环境污染等（Fujita and Ogawa，1982；Moon，2018）；因此，有效城市规模反映的是生产和人口的集聚所产生的更高的生产效率与更高生活成本之间的平衡关系（Davis and Henderson，2003）。当城市规模不断增大，导致过度拥挤，企业生产平均成本会快速上升，个别产品或要素（如土地、公共产品、空间垄断价格等）边际效用水平过高而导致居民整体效用水平受损；结果是企业与居民倾向与在临近大城市的空间范围内建立新的城市，以降低受制于空间的要素成本，随之而来的劳动者将在新的城市形成新的集聚效应的释放与因果循环，直至达到符合城市专业化分工的城市体系空间效率最优的城市规模（藤田昌久，2017），这就是城镇化进程中的城市序贯增长规律。亨德森和维纳布尔斯（Henderson and Venables，2009）通过建立有关城市形成与发展的序贯增长模型，阐明了城市发展依初始规模由大到小顺次扩大至最大规模的序贯发展机制；库波斯（Cuberes，2011）将"物资资本投资的不可逆"看作是导致城市序贯增长的主要原因。国内学者余壮雄、张明慧（2015）对中国城镇化发展中城市序贯增长机制作了深入研究；其构建的城市序贯增长数理模型揭示了城市发展优势随城市化发展从最大城市依次向规模次之城市序贯转移的"接力赛"过程；并以此为基础，采用中国"城市自由竞争"时期 2003～2013 年数据对城市序贯增长假说进行检验；实证结果表明，城镇化效率与城市规模的关系随着样本的后移从早期"左低右高"的"U"型结构逐步扁平化并向倒"U"型结构转化，城镇化优势逐步从特大城市向大城市甚至中大型转移，并从效率角度指出，中国当前新型城镇化发展的重点应定位在 250 万～700 万人的中大型与大城市，避免小城市与特大城市过度发展带来效率损失。由此可知，随着城镇化水平的提升和处于城市阶层顶端的城市陆续到达临界规模，城镇化的发展重点将逐步向中型甚至小型城市转移。

（三）财政分权的空间效应

财政分权对实现公共产品的有效供给是必要的。布坎南（1965）用俱乐部理论解释了公共服务供给的分权化问题，其核心是"内在化筹资"与"拥挤"间的权衡，即每个俱乐部需收取由新增用户引起的"拥挤"费用，使俱乐部内公共产品用户规模维持在"最优水平"；城市可以被看作一个公共产品"消费俱乐部"。但财政分权在提升公共产品供给效率的同时，也会引起有关发展均衡的问题。财政分权的经济增长效应、经济资源分配结果的"马太效应"及政治权力分配差异最终会表现为空间经济发展差异，这在不同城市层级发展上体现得尤为明显。地区公共产品的有效供给是城市发展的重要构成要素之一，而财政分权体制下的各规模层级城市所能获得的财政资源总是呈现一定程度的非均衡性（Rumbach，2016）。布伦南和布坎南（1980）认为辖区间的财政竞争理论上能够有效约束地方政府自利行为，但现实中该机制很难发挥作用或作用有限；原因在于，在多级政府框架下，较高层级政府会通过合谋控制更多的财政资源，而只给予较低层级政府较大的支出自主权，并以转移支付的形式弥补其财力缺口（Grossman，1989；Ehdaie，1994）。对中国这样一个特殊的、处于经济转轨时期的国家而言，地方政府有能力也有充足的动力利用公共政策手段引导资源和要素流动，财政权利在各级政府间的分配将对经济效率与空间经济布局产生重要影响。何艳玲、赵俊源（2019）用"差序空间"概念解释了中国政府在城市空间塑造中的作用，认为中国具有等级性的城市体系是由自上而下的行政赋权构建起来的，通过行政分权、区划和属地管理来协调不同层级城市间及城市内部不同区域间的关系，使政府层级与城市空间层级显示出一致性，并在空间上呈现出由"中心向外围"依次递减的态势；与此相应，公共资源也呈现由"中心向外围"逐次递减的态势，形成差异化的功能定位与资源分配空间形态。叶林、杨良伟（2018）以中国为研究对象，理论分析了财政分权对城市扩张的作用机理，并实证得出省级收入分权（2000～2015年面板数据）和省内财政支出分权（2000～2009年面板数据）对城市扩张均有显著的正向推动作用。阎川（2018）的研究更具启发性，在理论分析中国区域内政府间财政收支责任分配对区域工业产业集聚的影响的基础上，通过中国省区面板及地级市面板数据实证研究发现：（1）中国区域内政府间财政支出责任下移，对区域工业产业集聚具有显著的正向推动作用；（2）提高公共服务水平和减税都有助于提高区域工业产业集聚水平，区域内政府收支责任下移程度越高，提高公共服务水平与减税越有助于促进区域工业产业集聚。因此，在中国纵向权利配置的行政管理体制下，财政权利的配置关系将对各级城市与地区的发展水平产生直接影响。

六、财政支出与城乡关系

亚当·斯密（2011）曾对于城乡关系有过深刻论述："要先增加农村产物的剩余，才谈得上增加都市"，"都市的富益与发达，都是乡村耕作改良事业进步的结果"。这是城乡关系理论研究的起点。张培刚（2016）进一步指出农业与工业在要素互动与发展互促中的协同关系。刘易斯（1954）以乡村农业劳动力无限供给为前提揭示了农村剩余劳动力由低边际产出部门（农业）向高边际产出部门（工业）转移的基本规律。杨小凯（2003）开创的新兴古典经济学理论从分工与专业化的角度解释了城乡差异及其发展趋势：城镇的专业化与生产力水平虽高于农村，但随着要素的自由流动与交易效率的提升，城乡二元结构将会被完全及平衡的分工取代，城乡二元结构也会随之消失。更具创新性研究来自在空间经济学的扩展，藤田昌久（2011）在其《空间经济学》一书中理论分析空间集聚产生的基本规律，冯·杜能的"孤立国"理论、克鲁格曼的"中心—外围"模型等为解释城乡经济的空间发展规律提供了新的思路。

现实中空间经济的发展似乎总是面临着集聚效率与区域平衡的矛盾（丁嵩，2017），而这一矛盾表现得最为直观的点就是城乡经济发展状况的冷热不均。基于部分国家工业化发展实践，库兹涅茨总结得出收入差距随工业化的推进呈现先扩大后缩小的倒"U"型变化关系。在该经验事实与基本国情基础上，中国学者从制度视角（蔡昉，2003；孙华臣等，2019）、金融视角（胡宗义等，2010；温涛等，2020）、要素视角（马红旗等，2017；龚明远等，2019）及财政视角深入分析了中国城乡收入关系演变趋势的原因。具体在财政制度及行为对城乡收入关系影响的研究主要集中在财政城市偏向（高彦彦，2010；雷根强，2012）、公共服务（姜晓萍等，2017；李丹等，2019）、社会保障（吕承超，2017）、财政分权（李伶俐等，2013；王能等，2016）、土地财政（吕炜等，2015）、转移支付（雷根强等，2015）等方面。为重点分析财政支出对城乡融合发展的效应及影响，以下将对财政支出对城乡收入关系、农业现代化发展、乡村公共服务发展三方面的相关文献进行述评。

（一）财政支出与城乡收入差距

城乡收入差距解释了中国居民总体收入差距的较大部分（胡晶晶等，2013；罗楚亮，2017）。通过合理配置财政资源，调节初次与再分配结果是改善城乡收入状况的主要手段。理论上而言，财政支出对城乡收入差距的影响取决于财政资源规模及其在城乡间的分配情况，并且不同发展阶段的不同财政规模及其城乡分配结构对城乡收入差距的影响也有较大差异。从财政支出规模来看，温桂荣等（2015）基于1978～2013年时间序列数据分析得出财政支出规模对缩小城乡收入差距短期不利但长期有利的结论，即王全景（2018）提出的财政支出规模与城乡收入差距间存在倒"U"型关系；并且，孙文杰等（2016）在考虑正的空间溢出效应条件下，指出财政支出与城乡收入泰尔指数间仍存在倒"U"型关系。从财政支出结构效应来看，不同财政支出项目对城乡收入差距的影响有所不同，且由于选取数据与使用方法的不同，因此实证结果存在方向性不同。例如，陈安平等（2010）采用动态面板数据分析得出财政农业与科教文卫支出能够有效缩小城乡收入差距；张又文（2014）通过对城乡收入差距分解得出财政农业支出缩小了城乡收入差距，但科教文卫支出及社会保障支出却对城乡收入改善具有负面影响；陈昕等（2016）以北部湾经济区与西江经济带为样本分析得出医疗卫生与农林水利事务支出缩小了城乡收入差距，但教育与社会保障支出显著扩大了城乡收入差距；罗艳（2018）则从更为综合角度论证了中国民生财政支出对城乡收入差距缩小的积极作用。

财政分权直接影响政府行为激励，对城乡收入差距有较大影响。但基于中国发展数据的研究结论并不完全一致。部分研究表明财政分权对城乡收入差距改善具有负面影响。例如，赖小琼等（2011）以中国1978～2009年时间序列数据为样本研究发现，财政分权在长期和短期均不利于城乡收入差距的缩小；贺俊等（2013）通过构建内生增长模型及中国省际面板实证分析发现，财政分权会导致中国城乡收入差距拉大。也有部分研究得出了差异化的结论，例如，余长林（2011）基于1994～2008年中国省际面板数据分析得出，中西部地区财政分权对城乡收入差距缩小的影响不显著，但东部地区该影响是显著的；李雪松等（2013）利用 1985～2010 年时间序列数据分析得出，财政分权短期内会加剧城乡收入差距，但长期会缓解城乡收入差距；而杨林等（2018）则通过协整与岭回归方法研究发现，财政分权对城乡差距的影响依赖于城乡社会保障的差异程度，当城乡社会保障资源配置差异的基尼系数小于 0.38 时，财政分权水平的提高有助于缩小城乡收入差距。就地区差异来看，靳涛等（2014）通过对中国省际面板数据分析发现，东部地区财政分权和财政支出结构有利于城乡收入均衡，而中西部则出现相反的情况；郭平等（2015）运用三阶段 DEA 模型对中国 2010～2013 年地方财政调节收入差距的效率进行了实证研究，结果发现总体地方财政调节城乡收入差距的综合效率较低，东部、西部地区的平均综合效率始终高于中部地区；这从另一个侧面反映出财政支出规模与结构对城乡收入差距的影响在不同的发展阶段（东部、中部与西部）是不同的。

（二）财政涉农支出与农业现代化发展

农业在现代产业结构中的相对弱势与其在国民经济中重要地位间的落差需要政府干预予以弥合（孙文基；2013），财政涉农支出对农业现代化发展具有重要推动作用（Fan et al.，2000；李焕章等，2004；金芳等，2020），有助于农业增产与农民增收（欧阳强斌，2018）。财政支农对农业现代化发展的积极作用首先体现在生产要素的供给上：（1）财政支农通过弥补农业基础设施（公共产品属性）供给不足增加私人要素投入的边际产出，推动农业增产与农民增收（谢小蓉等，2014）；（2）财政农业科技类支出是推动农业技术进步的重要力量，对农业生产率持续提升具有长期支撑作用（陈鸣等，2019）；（3）由财政资金推动实施的农民职业教育培训等人力资本提升项目能够有效提升乡村产业创新活力，是实现农业增产、农民增收的长期保障（温涛等，2018）；（4）财政涉农项目支出能够引导农业信贷、农业保险等金融资本支持农业现代化发展（张林等，2019）。从财政的农业产业结构调整效应来看，中国长期实施的增产导向型财政支农政策在推动农业增产的同时也在一定程度上造成了农产品产量、库存量和进口量"三量齐增"的供给侧结构性矛盾（欧阳强斌，2018）。受制于农业产业特征，合理的财政涉农支出对农业产业结构调整尤为重要。自中国供给侧结构性改革战略实施以来，农业供给侧结构性改革已初见成效。实践证明，财政支农政策对农业产业结构优化具有积极作用，但由于农业生产安排期较长，优化效应具有明显的滞后性（姚林香等，2017；郭永清等，2019）。在农业产业结构高级化发展方面，财政支出通过差异化（按生产率高低等级）资源配置结构与农业科技投入推动农业产业结构向高端跨越，并且在实证上存在空间溢出效应（金芳等，2020）。需要指出的是，虽然财政涉农支出对农业现代化发展的作用是积极的，但也存在支出规模不足（金芳等，2020）、支出结构不合理（王悦等，2014）及资金管理体制低效等问题（杜辉，2019），这寻致财政涉农支出效率有待提高。

（三）财政支出、城乡基本公共服务均等化与城乡关系

增加农村公共产品供给可以有效降低城乡收入差距（解垩，2007）。城乡基本公共服务差距是城乡实际收入差距的重要组成部分（罗艳，2018），基本公共服务对收入再分配与初始分配的影响大而深远（朱盛艳等，2019），如李丹等（2019）运用静态和动态面板回归模型研究发现，城乡教育差距、医疗卫生差距及社会保障差距会显著扩大城乡收入差距，并且发现西部地区城乡教育和社会保障差距对城乡收入差距的影响最为显著。基本公共服务作为人权保障的重要内容，已成为国家保障公民权利的义务，促进公共服务均等化，公共财政是最为重要的政策工具（曹爱军，2014）。杨迎亚等（2020）利用中国家庭追逐调查数据实证证明了城乡基本公共服务均等化对家庭相对贫困缓解有着显著的正向作用。

从中国城乡公共服务现实差距来看，俞雅乖（2009）详细研究了义务教育、社会保障、公共卫生和基础设施四个方面城乡差距的具体表现，如义务教育差距主要表现在投入、师资水平上，社会保障差距主要表现在养老、医疗与最低生活保障方面，公共卫生差距主要表现在投入与医疗资源

分布上，基础设施差距主要表现在道路与饮用水上。在发展趋势上，范逢春等（2018）以2006～2015年省际面板数据为样本研究发现中国城乡基本公共服务均等化水平有显著提升，但近期研究，如朱云飞等（2020）构建了评价省际城乡基本公共服务状况的指标体系，发现中国多数省份乡村公共服务水平仍较低、城乡公共服务差距依然较大。中国农村公共服务长期落后于城镇的原因，有工业化发展基本规律的作用，有城乡二元结构制度安排和农民公共服务表达欠缺的因素，但更为重要的是由于财政长期的城市偏向政策所致（吴业苗，2013），这也是公共财政职能缺位的表现（吕炜等，2012）。具体从财政视角分析，刘成奎（2014）认为财政分权较大程度上决定了地方政府财政能力，地方政府城市偏向影响了其财政能力与资源配置结构，并通过实证分析发现地方政府的城市偏向不利于城乡基本公共服务均等化的实现；肖育才等（2020）也认为中国财政分权体制扭曲了地方政府行为激励，导致城乡基本公共服务供给差距的产生；黄麟（2011）认为城乡公共服务不均等的原因在于二元财政支出形式、地方分税制不健全和财政转移支付制度不完善等方面。

七、文献评述

从国内外关于财政支出对城镇化发展影响的相关文献综述可见，该问题仍然存在系统、深入的研究空间，主要体现在以下几个方面。（1）现存文献对日本城市化及城市化发展中财政支出作用的研究较为零散，且时间阶段选择重"二战"后而轻"二战"前，缺乏较为系统（多维度）、全面的梳理与挖掘。（2）对城镇化发展的动力机制、发展规律及中国城镇化发展特征的研究较多，但从财政支出角度研究城镇化发展的理论与实证文献并不多，而从多维度财政支出角度研究多维度城镇化问题的文献更是鲜见。（3）对财政支出规模对城镇化发展作用的分析多以经济增长效应为媒介，缺乏从空间经济视角对二者作用关系的理论分析，且实证研究的时间跨度较窄、样本数据较不充分，理论深度与实证代表性有待进一步挖掘。（4）对财政支出结构对城镇化质量方面的实证研究较为充分，但理论研究不够深入，且实证研究缺乏多数据类型、多指标表达的对比分析，研究结论差异较大。（5）多数文献集中于对财政分权的经济增长效应方面的研究，对财政分权对城镇空间形态及城镇化效率影响方面的研究极为少见。（6）从财政支出角度研究城乡关系的文献并不鲜见，但理论分析不够深入，实证研究中的方法与数据类型有待更新。

因此，本书在全面分析日本城市化发展特征及城市化过程中财政支出所起作用的基础上，对中国改革开放后财政支出对城镇化发展的影响进行深入研究。该研究有助于系统认识财政支出对城镇化发展的理论与实际影响，对从财政支出角度推动城镇化健康发展具有重要意义，也是对现有文献的有益补充。

第三节　研究思路、框架、方法及主要创新点

一、研究思路

本书核心点是研究财政支出对城镇化发展的影响。在论文思路与结构安排上，首先对核心概念进行多维度分解，将财政支出分解为财政支出规模、财政支出结构、财政支出分权、财政支出城乡分配四个维度，将城镇化分解为城镇化效率、城镇化质量、城镇空间形态与城乡关系四个维度，进而确定两个核心概念相应维度之间的多个重要关系作为重点研究对象。本书研究的起点是对日本城市化发展特征及城市化发展中财政支出的作用进行系统多维度分析，并在日本经验启示的基础上进一步确定研究方向与研究框架。在中国实践各章的行文安排或写作思路上，首先对本章节核心概念的实际情况与发展历程进行概括性描述，其次在理论分析的基础上建立数理经济模型对核心概念之间的关系进行深入的逻辑分析，最后依据中国改革开放后的相关数据对核心概念间的宏观关系进行实证研究，并提出相应的政策建议。

二、研究框架

(一) 研究内容

论文共分为九章。

第一章为绪论,内容包括研究背景、研究意义、文献综述、研究思路、研究框架、研究方法和主要创新点。

第二章为相关概念与理论,主要包括对概念的界定及对相关理论的介绍与评述。

第三章旨在全面认识日本工业化与城市化的发展实践及其特征。第一部分概括描述了明治维新时期至 1990 年日本的工业化发展历程。第二部分描述了日本城乡人口的变化关系,并将城市化发展划分为准备阶段、启动阶段、加速阶段、平稳与完善四个阶段。第三部分从户籍管理制度、社会保障制度、住房保障制度及教育制度四个方面分析了日本在人口城市化方面的特征。第四部分描述分析了不同城市化阶段日本城市空间形态的演变,即不同规模城市的发展顺序与城市圈的发展特征。第五部分从城乡收入关系变化、农业发展状况及农业兼业经营三个方面分析了日本不同时期城乡关系演变特征。总体来看,日本的城市化发展道路相对成功(主要是"二战"后),城市化进程中经常出现的问题被有效消解或规避;这在很大程度上可归功于日本较为成功的财政支出制度与政策。

第四章旨在全面剖析日本城市化从启动期到稳定成熟期(1920~1990年)财政支出各方面的实际状况,以期对财政支出影响城镇化发展理论分析框架的建立及对中国发展实践提供有益启示。第一部分概述了日本财政制度的沿革及特征。第二部分详细分析了日本城市化发展中的财政支出作用,具体包括城市化进程中财政支出规模变迁、城市化进程中财政支出结构的演变特征、财政分权对城市空间形态与城市化效率的影响、财政支出对城乡关系(农业发展、农业兼业经营、农村基本公共服务)发展的影响四个方面。第三部分从财政支出规模、财政支出结构、财政分权及财政资源的城乡分配四个方面归纳出日本经验对理论分析框架的建立及对中国从财政支出方面推进城镇化健康发展的有益启示。

第五章旨在从理论上分析财政支出规模与城镇化效率之间的关系，在实证上说明中国财政支出规模对城镇化效率的影响。第一部分概括地介绍了中国改革开放后城镇化的规模、速度、省际及地区差异，并同时对财政支出的一般变化趋势、城镇化相关财政支出（如住房保障投入与农民工市民化财政支出成本核算）进行了描述性分析。第二部分首先从抽象的理论概念入手分析了公共产品与经济集聚的互动关系，其次通过现实中的实践内容（如住房保障需求、教育服务需求、医疗服务需求等）分析了城镇化发展过程中财政支出的必要性，最后构建数理模型分析了财政支出对经济集聚、劳动力城乡转移与城镇化效率的影响。第三部分基于中国 1982～2018 年省级面板数据，通过建立静态面板模型与动态空间面板模型对中国财政支出规模对城镇化发展的影响进行计量分析，结果显示财政支出规模对城镇化效率的影响呈现非线性倒"U"型关系，与理论分析相吻合，且与日本实践经验类似。

第六章从理论与实证上分析财政支出结构对城镇化质量与效率的影响。第一部分首先从常住与户籍人口城镇化率、土地城镇化状况和农民工市民化状况三个角度对改革开放后中国城镇化发展质量进行概括性介绍，同时对全国财政支出的结构特征及变化趋势进行描述性分析。第二部分首先逻辑分析了财政支出结构的经济增长效应、公共产品偏好结构效应、收入分配及福利效应、城镇综合承载力提升效应；其次通过建立财政支出结构与劳动力城乡转移数理模型证明了由公共资本效率与公私产品偏好结构变化所推动的财政支出结构调整对劳动力城乡转移决策及流动均衡具有重要影响。第三部分基于 1982～2019 年全国数据构建时间序列协整模型，得出了财政支出结构中服务性支出比重与城镇化质量间存在倒"U"型关系；基于 2007～2014 年的省级面板数据模型分析得出财政支出结构中的教育支出、医疗卫生支出对城镇化质量提升均产生了负面影响，并且社会保障与就业支出并未对城镇化质量提升产生显著影响。

第七章从理论上分析财政分权对城镇空间形态与城镇化效率的影响，

实证上研究中国财政支出分权对城镇空间形态与城镇化效率的影响。第一部分分别对中国财政分权制度改革历程及财政分权实际状况的变化趋势、城镇化空间布局的政策演变及城镇化空间布局的变化趋势进行了概括性分析说明。第二部分在逻辑分析财政分权的城镇化空间效应的基础上，构建了公共产品拥挤条件下财政分权、城镇空间形态与城镇化效率的数理模型，结果显示财政分权程度会对城镇化水平产生倒"U"型影响。第三部分首先核算了各层级城市（直辖市、副省级城市、地级市与县级地区）的财政自给率与财政支出分权指数，发现城市层级越高财政自给率与财政支出分权指数越高，人口的平均流入规模越大；其次依据2007~2019年省级面板数据构建动态面板模型与分位数回归模型，结果显示财政支出分权有助于常住人口城镇化水平的提升，并且城镇化水平越高，该边际影响越大。

第八章从理论与实证上分析财政支出城乡分配对城乡关系各方面的影响。第一部分首先对中国改革开放后城乡关系发展历程、重要指标的变化趋势及形成原因进行概括性分析；其次从农业发展与城乡基本公共服务均等化两个维度描述性分析了城乡融合发展对财政支出的现实需求。第二部分首先从市场规模扩张效应、风险补偿与生产导向作用、收入与福利公平效应、城乡财政支出结构效应四个方面理论分析了财政支出的城乡融合发展效应；其次建立多种假定情况下财政支出、农业产出与城乡收入变化数理模型，发现财政支出在城乡之间的分配关系会带来农业产出与城乡收入差距的变化。第三部分首先运用对数平均迪氏分解法（LMDI）实证了财政农业支出对农业产出增加具有正向影响；其次以财政社会保障与就业支出为例，采用面板数据固定效应模型分析发现，财政转移性支出在不同时期对城乡公共服务均等化具有不同影响；最后采用面板校正标准误固定效应模型实证分析了财政支出规模与结构对城乡收入差距的现实影响。

第九章总结了之前章节的研究结论，并根据中国当前及今后发展中面临的问题，提出了从财政支出方面推进城镇化健康发展的政策建议。

（二）研究框架图

本书研究框架如图 1-1 所示。

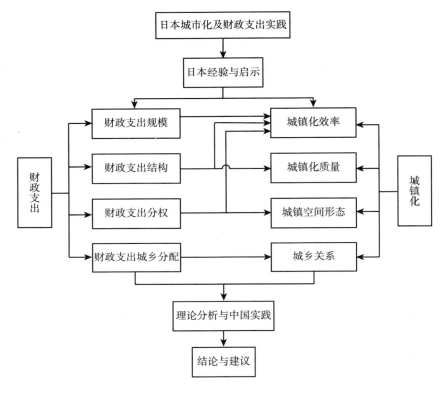

图 1-1　研究框架

三、研究方法

1. 文献研究的方法

本书通过对国内外有关公共产品、经济集聚、财政支出、公共支出、财政支出结构、公共支出结构、财政分权、城镇化、城镇化质量、城市体系、城镇化空间布局、城乡关系、农业现代化、城乡基本公共服务均等化、城乡收入差距、农民工市民化等方面的文献进行归纳和总结，挖掘重点研究对象的理论关联点，在先前研究者研究的基础上寻找新的研究点，同时借鉴、甄别与选定符合自身研究实际的理论与实证研究方法。

2. 规范分析与实证分析相结合的方法

本书研究在规范分析中使用了空间经济模型、比较静态分析模型等，在理论分析前提下设计符合理论逻辑的数理模型，对核心解释变量之间的关系进行规范性分析。在实证分析中使用静态面板数据模型、动态面板数据模型、动态空间面板数据模型、时间序列协整分析模型、对数平均迪氏分解法等分析方法，力求在作用机理与典型事实、理论发展与实践经验之间建立良好的一致性。

四、主要创新点

第一，将财政支出规模、财政支出结构、财政支出分权及财政支出城乡分配（财政支出维度）与城镇化效率、城镇化质量、城镇空间形态、城乡关系（城镇化维度）相关联，并根据日本经验及中国城镇化发展当前面临的现实问题构建财政支出影响城镇化发展的多维度分析框架，保证研究的理论严谨性、系统性及实践针对性。

第二，将财政支出引入传统的迪克西特－斯蒂格利茨垄断竞争空间经济模型，并获得有价值的分析结果。根据理论分析需要，建立财政支出结构与劳动力城乡转移模型，财政分权、城市空间形态与城镇化效率模型，财政支出、农业产出与城乡收入变化模型。对数理模型的设置在合理经济抽象与经济假设下力求精简，既吸收前人模型设计的重点与亮点，也根据自身研究对象提出了有新意的处理方法，并取得了具有良好经济意义的分析结果。

第三，在实证研究方法上选用了适用且较为前沿的动态空间面板计量模型、时间序列协整分析模型、动态面板模型等计量方法，对问题进行多角度、多方法、多数据类型实证分析，以保障经验研究的全面性与准确性。

第二章

相关概念与理论基础

第一节 相关概念

一、城镇化

在英语语系中，城市化是城市动词化的派生词汇，最早由西班牙规划师塞尔达于 1867 年在其著作《城市化概论》中首次提出，其经济学含义是指由于社会分工而引起的人口由农村向城市集聚的过程。城市的出现并不必然由"城市化"概念来描述，城市化内涵的彰显肇始于工业革命后"城市规模的扩大和城市数量激增"，主要是展现出一种较为激烈的社会分工和（产业和空间）人口转移过程。根据中国城镇化理论与政策研究发轫阶段的基本国情，政府政策文件将世界通用的"城市化"概念表述为"城镇化"，理由是从政策指导上（在中国有大量建制镇的情况下）缓解当下及未来可能加剧的城市间结构性矛盾，规避世界发达国家城市化发展中遇到的各种问题，努力实现大中小城市及建制镇的均衡发展。"城镇化"凸显了小城镇在中国产业、人口转移中的重要作用，是一个涵盖更为广泛的"城市化"概念。

城镇化不是只表征"城镇"发展的局部概念，而是一个涉及工业化、信息化和农业现代化的全局性概念。单从经济角度来说，城镇化是"伴随工业化发展，非农产业在城镇集聚、农村人口向城镇集中的自然历史过程"[①]；其经济内涵是产业结构由农业向非农产业转变、劳动力（及其他生产要素）配置由农业向非农产业转移、经济活动空间形态由分散（农业产业形态）向集聚（非农产业形态）转变、消费需求由传统（匮乏与单一）向现代（丰富与多样）转型、经济社会治理由小范围自治向大范围公共治理转变。中国对城镇化内涵的认知在理论与实践的相互作用下也经历了一个由浅到深的过程，在概念上体现为由"城镇化"向"新型城镇化"的跃升。早期对城镇化的理论研究大多与经济增长相关，在实践中也过多强调城镇化对经济增长的作用，其经济效率维度被置于核心地位。随着中国城镇化进程进入新阶段，加之前期发展过程中出现与积累的颇多问题，以"以人为本"和"均衡发展"为核心要义的新型城镇化概念逐渐被重视："以人为本"体现人的城镇化这一城镇化的本质要求，"均衡发展"旨在要求处理好城乡关系、城镇空间布局及城市内部结构等关乎发展均衡的经济社会问题。为强调一般性，在中国实践部分选用"城镇化"（而非"新型城镇化"）概念，而在日本经验分析部分采用国际通用的"城市化"概念。

基于城镇化概念的丰富内涵，研究中注重从城镇化效率维度、质量维度、空间形态维度与城乡关系维度四个方面进行综合考察。城镇化效率通常是指城镇化发展的规模（或水平）与速度，具体指的是城镇常住人口的相对规模及其扩张速度。城镇化质量特指人口城镇化水平，其具体内涵是表明转移人口能够获得既有城镇居民同等公共服务水平的程度，在中国实践中主要关注农民工市民化问题。城镇空间形态指的是大中小各规模城镇的空间发展与竞合关系，包括行政等级关系、序贯增长关系、城市集群关系等方面内容。城乡关系是指城镇化发展过程中城镇与乡村之间的要素互动关系、产业关联关系、公共资源分配关系等，并最终体现为城乡间居民收入与福利水平的失衡或均衡关系，即实践中的城乡"二元结构"关系抑或是城乡融合发展关系。

---

① 中共中央、国务院 2014 年印发的《国家新型城镇化规划（2014~2020 年）》。

二、财政支出

某些经济学概念的界定往往服从于研究目的，即便是研究对象相似，但研究目的不同，研究范畴与重点不同，对概念的使用也会不同。公共支出、政府支出、财政支出就是这样一组相似的概念。布坎南对公共物品的定义为认识以上几个概念勾勒了大致的轮廓，"任何由集团或社会团体决定，为了任何原因，通过集体组织提供的物品或劳务，都被定义为公共的；这一范围广泛的范畴既包括了某些萨缪尔逊及其他人所说的'纯集体的'物品，也包括了其他物品和劳务，其'公共性'程度从零到100%不等"（布坎南，1992）。因此，公共支出通常是指"公共部门执行政策履行职能的全部成本"（金戈等，2019）；公共部门（具体外延边界并不清晰）大致包括政府及公共法人机构。"公共支出"强调的是依托于公共经济学理论的"公共"属性，而与其类似的"政府支出"与"财政支出"概念更倾向于突出"政府"作为独立主体的行为与作用；但由于在实证研究中"公共支出"与"政府支出"在统计上的可操作性较差，因此，常用"财政支出"概念（尤其在中国"财政支出"概念应用较为广泛）来表示公共行为与政府行为所要支付的成本。

财政支出在研究内容上被分解为财政支出规模、财政支出结构、财政支出分权及财政支出城乡分配四个维度。财政支出规模指的是财政支出整体规模的绝对或相对大小，通常用财政支出的绝对数额或财政支出占国民生产总值的比重来表示，反映的是政府参与资源分配的程度大小。财政支出结构指的是财政支出的具体内容（可以是具体的类目，如国防、教育、医疗卫生等；也可以按照性质分类，如生产性财政支出、消费性财政支出及转移性财政支出等）及其相对关系，反映的是政府行为目标或关注重点的变化。财政支出分权描述的是各级政府在财政支出方面的分权程度，即在地区内本级财政支出占各级财政支出总和的比重，反映的是各级财政支出独立性大小。另外，在城乡关系部分也关注了财政支出城乡分配方面内容，主要包括财政在农林水事务与乡村公共服务方面的支出状况。

第二节 相关理论基础

一、政府与市场关系理论

城镇化作为市场价格机制作用下经济集聚的现实形态，是市场经济条件下工业化发展的结果。对财政支出与城镇化关系的探讨应以政府与市场关系分析为理论前提。西方经济学的开拓者亚当·斯密从市场角度将政府（君主）描述为市场的守护者与辅助者（提供国防、司法与公共设施等），该思想成为西方经济学理论中现代政府与市场关系的逻辑起点。后逐步被总结发展为广义市场失灵理论，并作为现代政府存在的理论依据，具体包括：第一，狭义市场失灵，如信息不完全、垄断、公共产品及外部性等问题；第二，经济资源分配不公平；第三，经济社会发展不稳定。与此相适应，政府职能也随之扩展为效率、公平与稳定。而政府职能的扩张引发了对政府失灵问题的担忧。刘易斯曾指出"政府的失败既可能是由于它们做得太少，也可能是由于它们做得太多"（蔡昉，2019）。政府失灵指的是政府在干预经济活动时，由于"自身行为缺陷而使资源配置无法达到帕累托最优"的现象；具体内容包括"行政低效率、财政赤字、以权谋私、官僚主义，以及政府机构的自我扩张等"（维托·坦茨，2016）。政府失灵的原因在于：第一，对政府活动执行者的行为方式假设存在偏差；第二，由信息不完全引起的委托代理与道德风险问题导致政府执行效率较低；第三，政府经济行为会对私人经济活动产生不同程度的挤出效应；第四，各种利益团体通过过度的政治权利分配方式"绑架"政府而使得政府规模过度扩张或政府行为出现偏差。因此，市场失灵与政府失灵问题成为划定政府和市场边界的两难选择。

从本质上来说，政府与市场都是人类竞争稀缺资源的重要方式，政府以权利为资源竞争准则，市场则以交换价格为资源竞争准则；二者既有合作的一面，也有对抗的一面。两种资源竞争规则会产生两种倾向：第一，过多资源由市场配置（"经济达尔文主义"）会产生诸多社会公平问题；第二，过多资源由政治权利配置又会引起较大的效率损失；而两者"恰到好处"的规则咬合不但在现实中难寻，而且在理论上也难以获得。保罗·萨缪尔森曾坦言"无法从逻辑上推出政府应发挥多大作用"，并且现实中也不存在政治与经济意义上的最优政府支出水平。政府与市场关系作为整个经济社会动态演化系统的一部分，影响其关系特征的有经济因素也有非经济因素，有外部因素也有结构演变的内部因素。世界各国的差异表明二者之间没有一个普世的划分标准，更多的是一个实践问题，而最重要的是能够形成一种政府与市场可进可退的调节机制，并能够根据经济社会的共同目标做出及时且适当的调整，从而使得整个经济社会系统平稳而高效的向前发展。因此，在推动城镇化发展过程中，财政支出尺度的拿捏，既要参考国际经验，也要考虑自身特征及发展阶段，并努力建立起财政支出进退调节机制，以最大限度地改善政府与市场关系。

二、财政支出理论

（一）公共产品与外部性

公共产品与外部性理论是公共支出理论的基石。公共产品理论起源于密尔、西季维克和庇古对灯塔例子的讨论（张五常，2014）。相较于私人产品，公共产品在经典价格机制作用下会出现消费拥挤或供给不足类市场失灵问题，无法实现完全竞争条件下的帕累托最优状态；这是公共产品由政府或社会团体提供与管理理论基础。公共产品大致可分为具有非竞争性与非排他性的纯公共产品、具有非竞争性和排他性的俱乐部产品（布坎南）、具有竞争性和非排他性的公共池塘资源产品。从实际意义上说，绝对的非竞争性与非排他性是不存在的，非竞争性往往是在消费品某一使用范围中存在，非排他性通常是以排他成本的相对大小为判断依据。对公共产品的理论研究主要集中在以下三个方面：一是公共产品内涵与外延的界定及其供需特征的分析；二是公共产品应由谁提供及其判断依据；三是公共产品定价与成本分担机制。需要强调的是，公共产品的系列问题是多因素关联与动态演化的，对公共产品的分析应从总体上把握以下几个方面：一是公共产品多维消费属性分析；二是基于公平与效率的社会福利函数特征及其演化规律认识；三是公共产品私人提供的社会福利损失估计；四是相比私人供给公共提供方式成本（如公共选择成本等）与福利改善收益比较。

当经济当事人的行为以不反映在广义交易价格之中的某种方式影响其他当事人时，就会产生外部性，而外部性的存在会导致资源配置低效率。马歇尔在讨论制造商在工业区位中的有利条件时首次以"外部经济"的概念对外部性进行了局部描述，而后其学生庇古在其《福利经济学》著作中将外部性划分为"外部经济"与"外部不经济"，并创造性地使用"社会净边际成本"和"私人净边际成本"对外部性进行定义与分析。外部性产生的根本原因在于行为影响的多维属性、产权界定困难与交易费用的广泛存在，即一种行为会产生多种维度的影响，每种维度影响的产权界定有时客观上存在困难，但更多的是由于交易费用的存在而使得产权确定与市场交易不可行。对外部性问题的解决方法有三种：第一，通过产权界定实现外部性的市场交易；第二，通过外部性提供者与接受者的"合并"使得外部性内部化；第三，更为传统与通用的做法是通过政府干预行为，如对正外部性的提供者予以补贴、对负外部性提供者予以惩罚，实现外部性关联主体间成本收益的大致平衡。因此，公共产品理论与外部性理论成为公共支出或财政支出理论基石。

（二）公共支出规模与结构

公共支出规模首先是以经验研究的形式发现其不断扩张的演变规律，并以"瓦格纳法则"描述这一现象；之后以该经验现象为研究对象，产生了许多具有解释力的理论。第一，市场规模的扩大与人口集聚程度的提升极大增加了市场交易与社会活动规则的复杂性，进而需要更多的公共支出来维护经济与社会活动的正常运行。第二，具有较高需求收入弹性的文教娱乐、医疗等公共服务偏好会随着实际收入水平的提升而快速增加，相应的公共部门支出规模也会随之增加。第三，新产业的孕育需要公共投资提供风险补偿，新产业的大规模扩张通常也需要新的公共产品供给与之相适应，即产业的更新迭代会推动公共支出规模扩张。第四，政府职能由公共产品供给到资源配置、收入再分配再到经济稳定与经济发展职能的不断扩张，是推动公共支出规模不断扩张的直接原因。第五，"可容忍税收负担"会因社会危机的周期性出现而变得"松弛"，公共支出规模会产生类似"棘轮效应"的梯度上升。第六，官僚机构倾向于在税收预算约束下追求公共预算水平最大化，并且拥有公共产品供给成本的私人信息，导致公共产品供给水平总是超过社会最优规模而导致公共支出膨胀。第七，人们对私人部门处理某些问题缺乏信心，政府供给成为一种次优选择，这种观念的增强也成为公共支出规模扩张的重要原因。第八，选举政治、经济与政治极化强化了公共支出的政治属性，使得公共支出规模易升难降。公共支出规模扩张与城镇化水平提升呈现经验的一致性关系。

公共支出结构的相关经验研究发现，公共支出中生产性支出占比趋于下降，而消费性与转移支付性公共支出却逐步增加。具体来说，公共支出中狭义的基础设施投资占比逐步减少，医疗、教育及社会福利等服务方面的支出占比逐步增加，并且用于"收入维持和福利再分配"的转移性支出在大众高消费时期增长较快，这是公共支出结构演变的一般趋势特征。推动该公共支出结构演变趋势的动因包括以下几个方面。第一，个体偏好结构与或强或弱的集体选择机制对公共支出结构的生成与演进具有基础性的推动作用；随着经济发展与居民收入水平的提高，居民个体偏好结构会发生变化，并通过低效或高效的集体选择机制推动公共支出结构做出适应性调整。第二，从宏观角度上来看，不同经济发展阶段对公共需求的内容有所不同，进而引致公共支出结构发生变化，如经济起步阶段对生产性公共支出的宏观需求较高，而经济成熟阶段对消费性与转移性公共支出的宏观需求较高，经济发展会推动公共支出结构的演进。第三，政府及财政职能的演进推动了公共支出结构的变迁；随着政府与财政职能的扩张与结构性演变，公共支出的规模范围、具体内容及生成规则等都会随之发生变化。因此，财政支出结构对城镇化发展的影响一定要放在公共支出结构自身一般演变规律中来考察。

（三）财政分权理论

　　财政分权指的是经济体内不同层级政府间财政职责、财政收支权利划分与平衡的过程，与其意思相近的西方概念为"财政联邦主义"。财政分权体制通常包括财政收入责任安排、财政支出责任安排及政府间转移支付制度三部分。第一代财政分权理论以规范的公共产品理论为基础，依据新古典经济学基本分析框架，遵循帕累托效率与社会公正两大准则，采用个人主义与理性选择假设，通过规范分析法探讨市场经济中政府职能的分配与合作问题，如蒂布特（Tiebout）对地方公共产品供给的分析，其认为在居民以"用脚投票"实现社区间自由流动假定下，地方政府公共产品可以实现资源最优配置且能够维持社区最优规模；再如奥茨（Oates）运用一般均衡模型分析得出，在等量提供公共产品的条件下，部分公共产品地方政府提供要优于中央政府提供。为弥补第一代分权理论在解释发展中国家问题时的不足，第二代财政分权理论应运而生。第二代财政分权理论以公共选择理论为基础，结合信息经济学、制度经济学、机制设计理论及预算软约束方面内容，在地区居民福利最大化与政治官员预算最大化目标存在偏差的情况下，深入研究了政治激励及其效应问题，并对财政分权下政府帕累托效率实现机制进行了分析，如温格斯特将软预算约束与财政联邦主义结合起来，以市场维护型联邦主义概念解释了转型国家中央与地方关系特征的形成原因。

　　财政分权的经济学底层逻辑是知识分立、资源禀赋差异与剩余分配激励，区域性的地方政府拥有较为独立且不能被更高层级政府所尽知的关于偏好、生产、分配等方面的详细知识，区域性地方政府拥有不同于其他地方的可供生产、分配与经营的独特的资源禀赋，地方政府独立经营所带来的剩余分配（如财政扩张与政治获得）能够对治理责任者产生积极有效的激励。但即便是在市场经济与民主政治体制下，财政分权程度也并非没有限度，任何一个完全主权政府都需在财政集权与分权程度上做出符合自身实际的权衡，而这种权衡所涉及的因素极其宽泛，包括经济、政治、社会等方面。单就经济角度来说，财政集权与分权程度的权衡需考虑其是否有利于地方经济的持续发展，是否有利于地方与全域公共产品供给效率与供给水平的提升，是否有利于维护全域市场统一，是否有利于促进地区间均衡发展。因此，财政分权会因地区差异、发展阶段不同等产生不同的形态与演变路径。财政分权不仅会影响区域间财政资源分配，还会直接影响地区内财政支出规模与支出结构，对地区经济发展与城镇化推进影响重大。

三、城镇化相关理论

（一）经济集聚理论

经济集聚的发生总是和经济增长与社会分工的深化相联系。经济集聚理论旨在解释空间经济差异问题，具体包括要素流动、产业区位选择、城市体系结构演化、国际贸易等与空间相关的经济问题。由于要素空间分布非匀质，要素、产品、成本的非无限细分①，要素、产品的交易与流动有费用及工业化产业新空间特征（相较于农业），完全竞争条件下的竞争均衡在空间上"不可能"，即价格机制在空间经济中局部失灵，并最终导致经济活动在"不完美"市场因素的作用下呈现空间上的集聚形态。经济集聚的影响因素主要有以下几个方面。第一，规模经济。无论对于单个厂商还是整个社会生产而言，规模经济产生的原因（内部与外部）在于生产规模扩张加深了生产分工，弥补了生产要素非无限细分带来的偏离既定技术条件下最优要素生产比例所带来的边际产出递减损失，是经济走向集聚的核心推动力量。第二，交易费用。主要是指运输费用和信息费用（如交易搜寻），在空间上都与距离相关；交易费用对要素与产品价格及市场规模影响重大，决定了市场经济活动的空间形态与边界，是集聚经济形态产生的必要条件。第三，外部性。产生于经济主体间的"非市场"互动，包括正的与负的外部性；经济集聚正的外部性来源于消费者或居民的社会交流

---

① Koopmans（1957：154）指出：如果我们认识不到人、住宅、工厂、设备和运输的不可分割性，那么城市区位问题，以至于小规模的乡村区位问题，都难以得到理解。转载自 ［日］藤田昌久等：《集聚经济学：城市、产业区位与全球化》，石敏俊译，格致出版社 2017 年版，第 12 页。

倾向和生产者集聚（包括专业化集聚与多样化集聚）带来的信息外溢，负的外部性主要指集聚带来的环境、拥挤等问题。第四，公共部门与公共服务。公共服务往往空间上固定且存在最低成本阈值，只有在较多的消费者集中使用付费（公共部门可有效降低集体决策与个体决策的冲突成本）时供给才有可能，并且公共服务一旦供给，其边际社会成本极低（在某范围内），正外部性较强。第五，消费者多样性化偏好与垄断竞争。在存在交易费用情况下，多样化偏好倾向会促使消费者向企业聚集区集中；存在规模经济的企业会通过多样化生产与策略性价格机制竞争有限的市场资源，使垄断竞争成为企业集聚的一种特征。经济集聚理论主要研究的问题包括：第一，最优城市规模问题；第二，城市的区域结构，如单中心城市与多中心城市问题；第三，要素移动，如劳动力迁移；第四，产业集群与产业空间协同等。随着理论研究的深入，经济集聚理论的研究范围也在不断扩展，尤其对城镇化的研究而言，经济集聚理论能够提供有效的分析框架。

（二）城镇化理论

城镇化的本质是现代工业化过程在空间形态上的表现。关于城镇化的发展动因主要有以下几个方面。第一，从分工的角度解释城市的出现和城镇化的发展，包括马克思的社会分工理论，威廉·配第、亚当·斯密及马歇尔等的劳动分工理论，杨小凯的引入交易效率的分工与专业化理论。第二，从产业转换与劳动力转移角度解释城镇化过程，如克拉克在配第定理与费舍尔三次产业分类法的基础上，经验总结了劳动力总是从第一产业向第二产业转移，进而向第三产业转移的转换规律（即配第—克拉克法则）。第三，从农业与工业化互动角度解释城镇化的发展，如发展经济学奠基人张培刚认为农业为工业提供粮食、原材料及农业转移劳动力，工业为农业生产改良及农产品需求市场扩张提供支撑。第四，从空间经济角度解释城镇化发展，如克鲁格曼等从经济集聚角度分析了产业空间布局及要素空间流动的基本规律。

城镇化时间路径大致呈现"S"型特征，而具体的城镇化时间路径特征（如时间跨度、变化速度与均衡状态）则受多方面因素影响。第一，农产品生产与贸易能够在多大程度上支撑农业就业人口向非农业转移。在不考虑农产品国际贸易条件下，农业生产水平发展越快，从农业产业析出的剩余劳动力越多，城镇化发展速度就越快，均衡状态下的城镇化水平越高。在存在农产品国际贸易的条件下，基于比较优势的农产品国际贸易可以有效解除地区农业对非农业的硬约束，通过地区工业品与国际农产品交易，实现地区农业就业人口向非农业转移，推动区域内城镇化水平快速提升。第二，生产技术条件能够在多大程度上支撑工业化的快速发展。充足的生产技术条件，包括自主研发与国际知识溢入，可以使工业生产中劳动边际产出长期保持在较高水平，通过工农业边际产出"势差"吸引农业就业人口向非农产业转移；该"势差"越大、越持久，城镇化速度就越快，均衡状态的城镇化水平就越高；反之，一旦出现工业生产技术条件趋紧，非农产业的劳动力拥挤便会使得城镇化过程放缓。第三，有效市场规模及其扩张速度能够在多大程度上支持非农产业的持续发展。有效市场规模及其扩张速度取决于市场交易制度完善程度、公共基础设施供给水平、收入分配结构对最终消费需求的制约程度、国际贸易畅通程度；市场交易制度越完善、公共基础设施供给水平与收入分配结构越合理、国内产品越容易走向国际，有效市场的规模就越大，需求引致的非农生产就越能吸引更多的农业转移就业人口，城镇化水平就越高。第四，乡村人口年龄结构及变化趋势在多大程度上制约着农业就业人口向非农业转移。城镇化过程中的人口迁移是以就业转移为主，劳动年龄人口占绝大比重；若乡村人口中劳动年龄人口占比较高，则城镇化速度往往较快，如城镇化或工业化的早期阶段；若乡村人口中老龄人口占比较高，则城镇化速度将会放缓，如城镇化或工业化的后期阶段；若某地区出现老龄化（相对于工业化）提早到来，城镇化的速度与均衡水平均会受到较大的负面影响。

城镇化进程在空间形态上呈现出序贯增长与城市群发展特征，究其原因有以下几个方面。第一，早期经济集聚效应的持续释放会使得大城市优先发展的效率更高，而随着大城市最优规模临近，中小城市与大城市协同发展的空间效率会更高。第二，对于集聚经济而言，并非所有产业之间都会产生较大的集聚效益，即明显的协同效应只会在部分产业之间出现，非相关产业并不过分依赖既有产业存在；当集聚不经济成本过高时，该类非相关产业会率先搬离核心集聚区。第三，经济集聚会加剧企业对劳动、土地等区域性资源的同质化需求竞争，导致该类生产要素成本的快速上升（如土地价格），并需支付过高的因空间垄断而产生的各种费用（如物业成本），这将不断吞噬经济集聚所带来的正收益。第四，适度集聚会有效降低公共物品分担成本，但过度集聚带来的"消费拥挤"会导致公共物品消费越过非竞争性边界，降低区域内消费者效用水平，并且公共物品供给成本也会因区域内生产要素的过度竞争而上升。第五，基本的多样化需求（如学校、医院、商场等）可以在某单一区域通过企业空间垄断竞争实现有效的供需循环，即基本需求的供需循环存在一个最小空间单元，这就使搬离核心集聚区不会对效用水平造成较大影响。第六，交通、通信设施的完善松弛了运输成本约束，但各产业对核心市场的依附又使其需尽可能靠近大城市；协同效应较强的产业不断向同一城市集中，最终形成以大城市与周边小城市协同发展的城市群经济。

（三）城乡经济关系理论①

城乡关系是工业化与城镇化发展进程中的不可忽视的重要议题。现代城乡经济关系的演变源于农业与工业的互动，张培刚在其《农业与工业化》一书中揭示了农业与工业的依存关系：农业为工业提供粮食、基础原材料和农业转移劳动力，并且对工业区位选择产生影响；工业发展是农业改良（包括农业机械化、规模化生产和农作方式的调整）的必要条件，是农产品需求总量扩张与结构演变的动力所在。刘易斯的二元经济理论从劳动力转移角度揭示了农村剩余劳动力由低边际产出部门（农业）向高边际产出部门（工业）转移的基本规律，有效地解释了从"马尔萨斯贫困陷阱"阶段向"新古典增长"阶段过渡时期的经济增长问题。由杨小凯开创

---

① 摘编自笔者前期研究成果：《中国的城乡经济关系：逻辑、演进、问题与对策》，载于《云南社会科学》2019 年第 1 期。

的新兴古典经济学派从分工与专业化的角度解释了城乡差异及其发展趋势，杨小凯－赖斯模型证明了交易效率的提高会推动分工由低水平向高水平演进，并且会出现一个非对称的分工转型阶段：城镇的专业化与生产力水平高于农村，但随着要素的自由流动与交易效率的提升，城乡二元结构将会被完全且平衡的分工取代，城乡二元结构也会随之消失。在空间经济学框架中，经济在约束条件下的集聚倾向构成了城乡空间经济形态演变的动力源；具有代表性的是克鲁格曼的相关研究，其在严格的假设条件下运用中心—外围模型描述了制造业"中心"与农业"外围"的空间经济关系，为解释城乡经济的空间发展规律提供了新的思路。

从最根本的城乡经济关系来看，城乡经济关系可以表述为城乡之间经济要素流动和经济功能耦合的状态，源于城乡功能的差异性、互补性与可协同性；它既是一种产业经济关系，也是一种区域经济关系。同时，城乡经济关系也是一个历史的、不断演进的过程，不同发展阶段的城乡经济关系表现也不同。城乡经济关系的逻辑可从以下五个方面分析。第一，农业生产剩余足以支撑城镇非农就业人口不断扩张的农产品需求，非农产业（工业与服务业）的发展能够有效助推农业生产剩余的持续增加。第二，城镇空间布局能够有效带动乡村非农产业的发展与乡村居民非农收入的提高。第三，城乡之间存在统一高效的要素与产品市场。第四，乡村生产要素具有较强的参与收入分配的能力。第五，城乡经济关系的演进表现为城乡经济发展内容及其空间分布的演化过程，其演进的逻辑符合经济增长的基本规律：技术进步与要素禀赋变迁（内生与外生）。因此，城市与乡村均是经济系统的重要组成部分，二者相互促进，也相互制约。

第三节　财政支出影响城镇化发展的理论分析框架

对财政支出影响城镇化发展的分析从财政支出规模效应、财政支出结构效应、财政分权空间经济效应及财政支出城乡关系发展效应四个方面展开。为保证各维度理论分析的连贯性与可读性，该部分只对理论分析框架进行总括性说明，下文各相应章节会有更为全面、更为深入地分析。

（一）财政支出规模效应

财政支出能够有效推动经济增长与市场规模扩张，并满足居民公共需求偏好。从理论上来说，一是生产者生产函数中私人资本与公共资本的"适当组合"能够有效提升产出水平，消费者效用函数中私人消费品与公共消费品的"适当组合"能够有效提升消费者效用水平，其经济学理论基础为边际替代率递减规律，因此适当规模的公共产品供给是经济增长与福利改善不可或缺的组成部分。二是更多要素的经济集聚促使公共产品供给成本下降及公共产品供给更加多样，并会因公共产品非完全的竞争性与排他性而使公共产品的经济与社会效用充分释放，公共产品的边际投入会获得持续增加（在某限度内）的边际产出。从实践上来说，财政支出规模增加能够从经济增长（城乡收入差）与福利改善（城乡公共服务供给水平差）方面促进劳动力由乡向城转移。同时，城镇化的发展也会引致公共需求规模的扩张，主要包括基础设施需求、住房保障需求、教育需求、医疗卫生需求、收入分配与福利公平需求等方面内容；基础设施能够有效扩大市场规模、降低交易成本、增加经济集聚"向心力"、降低经济集聚"离心力"；关乎社会公平正义且存在强烈（或正或负）外部性的住房保障、教育、医疗、再分配等方面公共需求的满足程度，对城镇化能否健康可持续发展具有重要影响。因此，财政支出规模的适当扩张对城镇化健康、可持续发展具有重要作用。

（二）财政支出结构效应

不同的城镇化发展阶段对财政支出结构的要求不同，不同的财政支出结构对不同城镇化阶段的发展效用也有所不同。（1）就生产性财政支出与消费性财政支出的相对变化而言，适当的生产性财政支出对推动经济增长与居民收入水平提升具有积极作用，适当的消费性财政支出对提升居民效用水平具有积极作用；在工业化与城镇化早期，经济增长与收入水平是劳动力由乡向城转移的最主要原因，而在工业化与城镇化的中后期阶段，公共消费品在居民需求偏好中的相对重要性上升，也成为乡城劳动力转移的重要决策因素；因此，财政支出结构由生产性向消费性转换对城镇化的深度发展具有重要意义。（2）就生产性财政支出与消费性财政支出的内部演变而言，生产性财政支出不断由传统基础设施投入向新基础设施投入转变以适应经济增长新需求，而消费性财政支出逐渐由公共设施支出向教育、医疗等高端需求转变以适应城镇居民偏好结构的演变。（3）由于价格机制存在分配缺陷，财政支出需根据不同类目的利益归宿差异与发展实际适时调整财政支出结构以平抑收入差距与福利不公问题，这一点在城镇化发展后期尤为重要。（4）随着城镇成为经济生活的主要承载地，财政支出结构中维护与提升城镇综合承载力方面的支出会不断增加，以减少城镇化发展空间约束。因此，财政支出结构的适时调整对城镇化高水平、高质量发展具有重要意义。

（三）财政分权空间经济效应

财政（或公共）资源是经济社会发展的重要推动力量，财政资源的空间配置会对经济发展空间布局产生重要影响。财政支出的空间经济效应主要体现为财政支出分权对区域经济发展的影响。财政分权的经济学底层逻辑是知识分立、资源禀赋差异与剩余分配激励，区域性的地方政府拥有较为独立且不能被更高层级政府所尽知的关于偏好、生产、分配等详细知识，区域性地方政府拥有不同于其他地方的可供生产、分配与经营的独特的资源禀赋，地方政府独立经营所带来的剩余分配（如财政扩张与政治获得）能够对治理责任者产生积极有效的激励。基于行政等级的各层级城镇可获得的财政资源差异会对城镇空间经济效率、农业劳动力转移效率及城镇空间形态产生重要影响。（1）在经济集聚效应持续快速释放且未达到拥挤边界时，财政资源向区域大城市倾斜是发展地区经济、"锚定"地区生产要素、实现虹吸与防止反虹吸的重要手段，能够有效防止劳动力外流，推进地区城镇化快速发展。（2）当地区大城市出现土地、公共产品及城镇承载力"拥挤"时，财政资源过多集中在大城市会对地区整体经济效率、劳动力转移水平等造成负面影响，并会导致"大城市病"与小城镇凋敝萎缩并存的城市体系总体失衡问题。因此，适时的（城镇间）财政分权能够高效适应城镇序贯发展的规律，有助于城镇空间形态的健康发展和城镇化效率的进一步提升。

（四）财政支出的城乡关系发展效应

在工业化与城镇化发展进程中，合理的财政支出是弥补市场城乡资源配置极化、改善城乡经济社会关系的主要手段。（1）财政支出能够改善乡村及连接城乡的道路、公共交通、电力及通信等基础设施状况，扩大城乡要素与产品市场规模、降低市场交易成本，使城乡需求充分释放、实现城乡产品双向流动，并且使乡村要素资源能够在更大市场范围被定价、流通。（2）财政支出能够从生产要素供给、经营风险补偿与生产外部性补偿三个方面激励与扶持乡村农业与非农产业发展，主要包括财政涉农支出（农机购置与推广补贴等）、财政主导或参与合作的乡村文旅开发支出与涉及生产的基础设施支出（要素供给）、涉及乡村小微经营主体的普惠金融补贴（经营风险补偿）、对私有经营主体的贫困带动补贴（外部性补偿）等。（3）财政支出是缩小城乡收入与福利差距的主要手段，一方面通过初次分配提升乡村要素参与市场竞争的能力，另一方面通过财政倾斜增加乡村公共基础设施、教育、医疗、社会保障等公共产品供给，逐步实现城乡基本公共服务均等化，改善城乡社会发展关系。但仍需注意的是，受制于财政支出规模约束、农业相对重要性下降、农民政治权利表达能力差及行政性资源配置偏向性等因素，再加上以快速的城镇化、非均衡发展与涓滴效应理念解决"三农"问题的偏向性认知颇强，导致城乡财政资源分配会出现阶段性偏差，使财政支出对城乡关系的影响出现不确定性。

第三章

日本城市化发展多维度分析

　　他山之石，可以攻玉。作为后发国家，国际经验始终是指导中国经济社会发展的重要参考。日本是东亚率先实现工业化与城市化的国家，充分认识日本的工业化与城市化历程，对中国城镇化道路选择具有重要指导意义。选择日本作为经验分析对象的原因有五个方面：一是自然禀赋条件相似；二是文化背景相似；三是工业化发展历程相似；四是都具有较高的政府参与程度；五是中国改革开放后也一直将日本经验作为指导本国发展的重要参考。由于中国 1978 年城镇化水平为 17.92%，与日本 1920 年 18% 的城市化水平较为相近，故将对日本的研究起点设置为 1920 年；1990 年日本城市化水平已达 77.4%，处于城市化后期平稳发展阶段，另外考虑到之后宏观经济环境的变化，故将研究终点选定为 1990 年。① 该部分在概括性描述日本工业化发展历程的基础上，从日本城市化发展概况、人口城市化状况、城市空间形态变迁及城乡关系演变四个维度对日本城市化发展实践进行详细剖析，为后续研究作铺垫。

---

　　① 具体研究时点或跨度会根据行文需要及可获得数据的实际年份有所变化；第四章的研究时期与本章相同。另外需强调的是，虽然日本"二战"前体制在经济发展中属于"非正常"时期，但"非正常"时期所体现出的财政支出的"非常规"，对深入了解财政支出对城市化的影响也是一种重要补充。

第一节　日本概况及工业化发展历程

（一）　日本概况

日本地处亚洲东部，与中国隔海相邻，由本州、北海道、四国、九州四个主岛和多座小岛组成，国土面积 37.7 万平方公里（约相当于中国国土面积的 1/25）。山地、丘陵占国土面积的 4/5，其余 1/5 分散着面积较小的平原。可居住面积仅占其国土面积的 21%，耕地面积仅占其国土面积的 14%。国内矿产资源匮乏，对外依存度极高。日本行政区划分为两个层级：一是都（东京都）、道（北海道）、府（大阪府、京都府）、县（43个），级别相同，无行政隶属关系；二是市、町、村，亦互无行政隶属关系。从当前人口与经济规模来看，2019 年日本总人口约 1.26 亿人，国内生产总值 50817.69 亿美元，人均国内生产总值 40246.88 美元，是世界第三大经济体，属于高度发达的资本主义国家。

（二）　日本工业化发展历程

从世界工业化进程来看，日本工业化处在欧洲、美国之后的第二梯度、亚洲地区的第一梯度。在幕藩体制后期，经济比较发达地区出现了家庭手工业类资本主义萌芽，具有资产阶级色彩的藩地诸侯、武士、改革派商人及基层农民初步形成了"倒幕派"的阶级基础。1853 年，美国"黑船开国"事件及一系列不平等条约的签订，激化了改革派与德川幕府之间的矛盾，"倒幕运动"席卷全国，并最终使明治天皇得还"大政"，由此开启的"明治维新"时代，奠定了日本近现代工业化发展的基础。明治时期，日本政府通过"版籍奉还""废藩置县"逐步加强中央经济与政治集权，推动土地私有制改革以解放农业生产力，积极引进吸收西方先进文化与科学技术改造与发展本国工商业，并通过大力发展教育事业为工业化发展积蓄力量。日本农业的快速发展（1877～1919 年农业生产年均增长率为 1.8%）产生了三种效应：第一，中央直接从土地获得货币地租，大量农业剩余向国家财政集中，为军事工业与垄断产业的快速发展提供了资本的原始积累，如明治中后期军事支出占政府经费的 30%～40%，使日本迅速具备了对外扩张的能力；第二，半封建的土地私有制使得地主从佃农农业产出中获得大量地租收入，成为农外轻工业投资的重要资本来源，以食品、纺织为主的现代私人企业开始出现，如 1877～1900 年食品与纺织业对制造业的贡献程度分别为 40% 和 35%；第三，农民收入水平与消费能力有所提升，为工业制品提供了较大的国内市场，资本主义扩大再生产循环得以初步形成。另外，战争对日本工业化发展具有重要影响。明治时期，日本武装侵略中国与朝鲜，通过系列不平等条约（如《马关条约》《江华条约》等）大肆掠夺金银、资源、农产品等，并获得巨额战争赔款，单就甲午战争期间从清政府获得的赔款总额就达 2.315 亿两白银，相当于日本当年国库收入的 4 倍（张季风，1990）。

日本通过侵略战争获得的金银储备提升了其国际经济地位。在继续扩充军备的同时，大力修筑铁路，经营电信事业，创建八幡制铁所，大量购进西方先进工业器械，使日本产业结构向重工业部门发展。进入 20 世纪以后，服务于战争和远洋贸易，日本重工业和化学工业发展迅猛，例如，1931～1936 年日本钢铁生产额增长 4.3 倍，运输工业增长 3.4 倍，1937 年重工业和化学工业占工业生产总值的 54.8%。在此期间，日本工业化模式发生重大转变：第一，大量低价农产品进口严重冲击了国内农产品市场，在固有租税与土地制度下，农民生活困苦，农业生产发展缓慢，如 1919～1938 年农业生产年均增长率仅为 0.77%，国内消费市场扩张速度放缓；第二，前期资本积累及对外经济掠夺使国内资本具备了扩大再生产与转移再生产的能力；第三，对国外市场与国内固定资产投资的依赖，促使日本形成了以军事扩张和发展重工业相互支撑的工业化模式。日本"二战"前重工业优先的工业化模式扭曲了国内经济结构（如 1944 年重化工业在工业中所占比重已高达 79%），并以大规模战争的方式给东亚及国内人民带来了深重的苦难；但从另外一方面来看，日本"二战"前重工业发展也为"二战"后日本深度工业化与经济腾飞奠定了基础。

第二次世界大战初期，日本国内经济遭受重创，主要状况为：第一，农业减产、农产品海外进口受阻产生严重的粮食危机；第二，物资短缺与货币滥发造成严重的通货膨胀；第三，因执行占领政策而取缔的战时居于核心经济地位的军需生产与军需市场极大削弱了日本的经济恢复能力；第四，军需工厂大量裁员及军人复原等致使城市出现大规模失业。面对如此严峻的经济社会问题，日本经济却在"二战"后十年迅速恢复。以 1934～1936 年为 100，日本产业生产指数从 1946 年的 39.2 上升到 1952 年的 131.8，基本恢复到 1937 年的水平，其主要原因在于：第一，占人口比重较高的城市人口的生产欲望与消费欲望依旧强劲；第二，前期积累的人力资本与知识储备依然存在；第三，战争中工业受损但并未伤及根本，生产能力犹在；第四，以自耕农为主体的彻底的土地私有制改革极大地刺激了农业生产，1951 年农业生产就已恢复到"二战"前水平，对稳定农业就业与消除粮食危机作用重大；第五，央行紧急金融对策在降低通货膨胀水平的同时支持金融体系稳定与工业生产投资恢复；第六，由于美国占领政策由削弱转向扶持，加之朝鲜战争对日本军需产业的紧急输血，使日本经济得以运用旧的战时工业体系在较短时间内恢复，如从 1950 年开始国民生产总值连续三年超过 10%。但随着朝鲜战争的结束，日本工业体系长期面临的过分依赖军事重工业和轻重工业结构不合理问题再次显现。

旧工业体系对经济长期发展的制约使日本政府开始推动工业体系转型：由服务于军需的重工业倾向体系转向服务于基本生产生活的重工业倾向体系。从 1956 年开始，日本大力引进西方先进技术装备，逐步建立起钢铁、石油化工、造船、机械、电力、汽车、家用电器等一大批资本密集型企业；依靠旧军事重工业体系基础、人才技术积累及政府对企业设备更新改造投资的金融与财政支持，并在贸易保护政策维护下，基础工业企业快速成长，如 1955～1964 年，化学工业、金属工业的生产额增长 4 倍，机械工业增长 7 倍，重工业和化学工业产值占整个工业产值的比重由 40% 上升至 60%。1973 年石油危机以后，日本产业结构向"节约能源型、技术密集型、高附加价值型"转变，并且紧随工业品消费需求变化，在精密仪器、自控机床、应用软件、存储芯片、半导体元件、机器人等领域取得新的优势，如制造业中高技术产业产值所占比重由 1981 年的 17% 上升到 1992 年的 31%。产业结构逐步向服务化、高级化演变，1990 年服务业占国内生产总值的比重达 59.8%，成为国民经济的主导产业。城市化水平逐步提升，1990 年城市化率已高达 77.34%。农业实现日本特有的小规模现代化经营，虽然农业增长水平较低，但兼业经营的农民收入水平与城市居民相当，城乡实现高水平融合发展。

第二节　日本城市化发展概况

日本的城市化与发端于明治维新的工业化相伴而生，日本也是继欧美之后第一个进入近代工业化与城市化的国家。日本用 120 年的时间将城市化水平从 1898 年的 11.75% 提升至 2019 年的约 93.8%，城市人口相应从 533 万人增加到 11892 万人（见表 3-1），城乡人口占比变化趋势如图 3-1 所示。

表 3-1　　　　　　　1898~2019 年日本城市化历程

年份	总人口（人）	市部人口（人）	郡部人口（人）	城市化率（%）
1898	45403041	5334563	40068478	11.75
1903	48542736	6809976	41732760	14.03
1908	51741853	8299744	43442109	16.04
1913	55131270	8999264	46132006	16.32
1918	58087277	10842857	47244420	18.67
1920	55963053	10096758	45866295	18.04
1925	59736822	12896850	46839972	21.59
1930	64450005	15444300	49005705	23.96
1935	69254148	22666307	46587841	32.73
1940	73114308	27577539	45536769	37.72
1945	71998104	20022333	51975771	27.81
1947	78101473	25857739	52243734	33.11

年份	总人口（人）	市部人口（人）	郡部人口（人）	城市化率（%）
1950	84114574	31365523	52749051	37.29
1955	90076594	50532410	39544184	56.10
1960	94301623	59677885	34622465	63.28
1965	99209137	67356158	31852979	67.89
1970	104665171	75428660	29236511	72.07
1975	111939643	84967269	26972374	75.90
1980	117060396	89187409	27872987	76.19
1985	121048923	92889236	28159687	76.74
1990	123611167	95643521	27967646	77.37
1995	125570246	98009107	27561139	78.05
2000	126925843	99865289	27060554	78.68
2005	127767994	110264324	17503670	86.30
2010	128057352	116156631	11900721	90.71
2015	127141000	118874292	8266708	93.50
2019	126785797	118925077	7860720	93.80

资料来源：根据《日本历史统计》（1886~2002年）、《日本统计年鉴》（2015年）和快易数据网计算、整理得出。

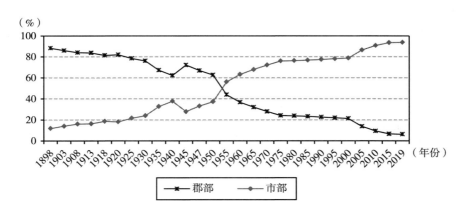

图 3-1 1898~2019 年日本郡部人口占比与市部人口占比的变化

资料来源：根据《日本历史统计》（1886~2002年）、《日本统计年鉴》（2015年）和快易数据网计算、整理得出。

从城市化演进的总体情况来看，日本的城市化进程大致可分为以下四个阶段。

（一）城市化准备阶段（明治维新时期至 1920 年）

明治维新以前，日本属于典型的具有亚细亚农业生产特征的农业国家，农业产值占比高达近 80%。城市只是作为贵族、官僚及少数商人的统治与消费场所。明治维新打开了国际交流与学习的大门，日本资本主义工商业得以较快发展；动力机械的引进（包括早期的蒸汽机械与后期的电力机械）显著促进了轻工业的发展，并随着技术消化与积累，工业中重工业占比逐渐提高。在此期间，非农产值占比由 1880 年的 32.9% 提升至 1920 年的 66%，非农就业人口由 1872 年的 15.1% 提升至 1920 年的 44.2%，劳动力由乡向城的流动逐步开启。非农产业发展加速了经济与人口向城市集聚，如"市町村"中"市"的数量由 1888 年的 37 座增加至 1920 年的 83 座，并出现了工业化程度较高的东京、大阪、名古屋等人口规模近百万的城市。

（二）城市化启动阶段（1920～1950 年）

1920～1950 年期间，日本虽然历经了 1929 年全球经济大萧条和长达 8 年的世界战争，但工业化进程却在快速推进；非农产业产值由 1920 年的 66% 提升至 1940 年的 81.9%，后因战争下降至 1950 年的 74%；非农就业也由 1920 年的 44.2% 增加至 1940 年的 59.6%，后因战争下降至 1950 年的 51.4%。战争时期激增的军事物资需求极大地促进了重工业发展，工业中重化学工业净产值占比由 1920 年的 20.7% 快速增加至 1940 年的 70.8%；而重工业对轻工业发展形成部分"挤出"，1920～1930 年农业劳动力转向非农产业的数量为 184.8 万人，而 1930～1940 年则减少至 125.6 万人；工业化与城市化在"统制经济体制"下出现了一定程度的背离。同时"市町村"中"市"的数量由 1920 年的 83 座增加至 1950 年的 254 座，其中 10 万人以上的大城市人口增长尤其显著，并且现代化城市基础设施建设逐渐被政府重视。

（三）城市化加速阶段（1950～1975 年）

日本"二战"后惊人的工业化发展速度是该阶段城市化加速发展的主

要推动力量。借助前期重工业存量资本与知识技术积累，在政府有力、有序的产业政策推动下，日本工业化发展迅猛并日渐成熟。1955～1973年日本经济年均实际增长率达9.2%，非农产业产值占比由1950年的74%增长至1975年的93.3%，非农产业就业占比由1955年的58.96%提升至1975年的80.07%。城市化水平由1950年的37.29%快速增加至1975年的75.9%，年均增长近1.54个百分点。农业劳动力转移速度与规模达到高峰，1956～1975年农业劳动力转向非农产业就业人口达1325.6万人，其中尤以1961～1965年为高。城市空间布局出现新特征，城市数量由1950年的254座增加至1975年的644座，形成以东京、大阪、名古屋为中心的三大城市群；1960～1970年三大城市群城市化率以年均2.51个百分点增长，远高于全国平均水平。

（四）城市化平稳发展与完善阶段（1975年至今）

1975年以后，日本逐渐进入后工业化时代，城市化水平也渐趋平稳（其中2000～2010年城市化率的异常增加源于市町村"平成大合并"），1975～2000年城市化率年均仅增长0.11个百分点。1975年以后，由于劳动力与土地成本升高，大量工业企业向城市周边农村地区及海外转移，城市工业对转移和新增劳动力的吸纳能力逐渐降低。1975～2000年第二产业占比由39.4%震荡下降至32.8%，而第三产业占比由56.0%稳步上升至68.5%，第三产业成为吸纳城市新增就业的主要产业。1975年以后，日本城市化的空间形态出现了分散化趋势，随着交通设施便捷化及中小城市基础设施的完善，部分居民开始从大城市迁至卫星城和地方性中小城市；净转入三大都市圈的人口开始随经济发展形势的好坏出现周期性的增加与减少，但以大城市为核心的较为分散的都市圈形态成为长期趋势。

第三节　日本人口城市化发展实践

农业转移人口市民化（即人口城市化）难题是工业化与城市化发展到

一定阶段必然出现的现象。相比于西方发达国家，日本在人口城市化方面有着较为出色的表现。以下将从户籍管理制度、社会保障制度、住房保障制度及教育制度四个方面说明日本在促进人口城市化方面所做的积极探索。

（一）户籍管理制度

明治维新后至第二次世界大战以前的日本户籍管理制度主要功能在于人口管理与控制，具有封建性，在城市化早期对人口流动形成一定程度的制约，也曾出现农业转移人口在城市获得不公平待遇的情况。"二战"以后，日本《宪法》突出了居民自由迁徙权，并相继出台了《户籍法》（1947年）、《户籍法实行规则》（1947年）、《居民登记法》（1951年）等现代户籍管理制度，为"二战"后人口自由流动及农业转移人口普遍且公平获得属地"城市待遇"奠定了基础；日本居民只要在某个城市居住3个月以上，并且有固定住所，就可获得该市城市居民可以享受的权利与所有福利待遇。农业转移人口可以根据工作与生活需求自由选择常住城市，在获得稳定工作与固定住所后3个月以上即可成为该城市常住居民，享受与当地居民同等的包括国民健康保险、公共设施使用、子女教育及其他公共服务在内的全部福利，不受法律意义上的任何歧视，与（早期）中国和就业、教育、住房、养老、医疗等多种福利安排密切相关的城乡二元户籍制度存在根本性不同。因此，即便在20世纪50年代至20世纪70年代农业转移人口大量进城的快速城市化阶段也并未形成较为突出的城市内部"二元"结构问题，人口城市化与名义城市化并未出现较大程度的背离，这和较为成功的户籍管理制度与财政制度相结合的治理模式息息相关。

（二）社会保障制度

"二战"以前日本的社会保障主要表现为社会救济，规模与覆盖范围极小，且主要针对城市贫困人口，农业转移人口很难获得此类服务。"二战"以后，日本政府及时出台《社会保障制度纲要》（1950年）、《社会福利事业法》（1951年）、《厚生年金保险法》（1954年）、《国民健康保险法》（1958 年）、《国民年金法》（1959 年）等社会保障政策法规，并积极协调财政与社会资源充实资金账户，至 1961 年日本就基本实现了"国民皆保险""国民皆年金"的全民社会保障体系。1950～1954 年社会保障费用增长较快，年均增长 29.02%；1960～1975 年社会保障支出再次提速，年均增长达 20.9%；其中国库负担占比总体呈先升后降趋势，但在以上两个提速阶段之初，国库负担占比均出现了明显地提升，显示出国库支出在提升社会总体保障水平中的重要作用（见图 3－2）。在普遍与灵活的社会保障制度框架下，日本农业转移人口能够在城市获得公平的医疗、养老、失业、救济等社会保障服务，再加上日本长期坚持的接近"终身雇佣"的企业管理制度（如年功序列制），使农业转移人口能够在城市获得稳定、持续的社会保障服务，这是日本在快速城市化发展阶段依然能够保持较高城市化质量的重要原因。

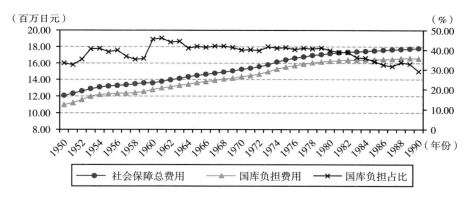

图 3－2　1950～1990 年日本社会保障支出情况

资料来源：由《日本统计年鉴》（1868～2002 年）数据计算、整理得出。

（三）　住房保障制度

"二战"以前，随着农村转移人口逐渐增加，日本也曾出现城市及郊区贫民窟问题，政府在公营住宅上的投入规模较小，城市住房保障水平较低。"二战"以后，随着日本经济的迅速恢复与快速发展，大量农业转移人口进入城市（尤其是工业城市圈），导致城市住房租购价格不断上升，中低收入群体的住房问题逐渐凸显。以 1951 年日本颁布的《公营住宅法》为开端，政府对公营住宅的建设力度持续增大，1953～1973 年公营住宅户的绝对规模快速增加，相对规模占比由 4.31% 上升为 6.94%（见表 3-2）。与此同时，政府、地方团体及民间资本共同成立日本住宅公团，在建设销售商品房之外还负责地方公共住宅的营建，如 1958 年日本公团住宅达 3233 千户，占总住宅户数的 18.5%。日本"二战"后良好的城市住房保障制度使农业转移人口（尤其是中低收入家庭）能够以较低的住房支出较快地融入城市的工作与生活，这就避免了因住宅困难而出现城市贫民窟与城乡候鸟群体问题的大规模出现，使日本"二战"后的人口城市化质量始终处于较高水平。

表 3-2　　　　　　　　1953～1993 年日本公营住宅户数量变化

项目	1953 年	1958 年	1963 年	1968 年	1973 年	1978 年	1983 年	1988 年	1993 年
住宅总数（千户）	6896	17432	20372	24198	28731	32189	34705	37413	40773
公营住宅（千户）	297	614	944	1403	1995	1719	1868	1990	2033
公营住宅占比（%）	4.31	3.52	4.63	5.80	6.94	5.34	5.38	5.32	4.99

资料来源：由《日本统计年鉴》（1868～2002 年）数据计算、整理得出。

（四）教育制度

自明治维新开始，与西方科学技术上的巨大差距促使日本政府积极推进教育制度改革，相继颁布了《学制令》（1872 年）、《教育令》（1879 年）、《小学校令》（1886 年）等以完善初等教育制度为目的的政策法令，其政策结果是日本初等教育入学率由 1873 年的 28% 增加至 1891 年的 50.3%、1907 年的 97.3%，在工业化与城市化的初期就基本实现了义务教育普及。同时，通过出台《中学校令》（1886 年）等大力推行实科与职业教育，为"实业富国"提供了强有力的技术人才支撑。"二战"前日本较为普及的教育制度从根本上减弱了农业转移劳动力与城市劳动力在就业能力上的"二元"差异，使农业转移劳动力更容易融入城市就业与生活体系。"二战"以后，日本在教育普及的同时更加注重教育公平，幼稚园入学率、高等学校进学率及短期大学进学率在 1950～1970 年发展较快（见表 3-3），幼稚园每千人教员数在 20 世纪 50 年代增长较快，后续由于第二次世界大战后婴儿潮的出现，该指标有所下降，1960～1975 年小学校及中学校每千人教员数增长较为明显（见图 3－3）。另外，从日本《宪法》到《基本教育法》都对教育公平作了明确规定，由乡入城的学龄儿童需及时到当地教育委员会报到，按照规定安排入学，这使转移劳动子女能够获得公平的教育资源，提高了城市化质量水平。

表 3－3　　　　　　　　1950～1990 年各层级教育入学率　　　　　　　单位：%

项目	1950 年	1955 年	1960 年	1965 年	1970 年	1975 年	1980 年	1985 年	1990 年
幼稚园就园率	8.9	20.1	28.7	41.3	53.8	63.5	64.4	63.7	64.0
义务教育就学率	99.64	99.77	99.82	99.81	99.83	99.91	99.98	99.99	99.99
高等学校进学率	42.5	51.5	57.7	70.7	82.1	91.9	94.2	93.8	94.4
短期大学进学率	—	10.1	10.3	17.0	23.6	37.8	37.4	37.6	36.3

资料来源：由《日本统计年鉴》（1868～2002 年）数据计算、整理得出。

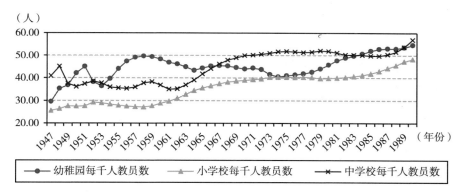

图 3－3　1947～1989 年幼稚园、小学校及中学校每千人教员人数变化
资料来源：由《日本统计年鉴》（1868～2002 年）数据计算、整理得出。

第四节　日本城市空间形态演变

日本工业化过程中，城市空间形态呈现出先集聚后以城市圈形态向外延展辐射的序贯演变特征。第二次世界大战结束以前，得益于优良的地理位置与政府工业化政策的支持，京滨（以东京为中心）、阪神（以大阪为中心）、中京（以名古屋为中心）和北九州（以福冈为中心）成为支撑日本工业化发展的四大工业区，如1920年城市人口的约56.1%集中在该四大工业区内，1940年这一比例上升至62.6%，城市化的集聚发展形态极为明显。随着工业化向全国延伸，城市化逐渐出现向外延展的态势。由图3-4可知，1920~1940年新增城市人口1748万人，流入核心城市、主要城市（除核心）与非主要城市的人口占比分别为21.48%、44.91%和33.61%；该阶段各相应层级城市人口年均增长率为4.26%、4.71%和7.05%，主要城市（除核心）与非主要城市增长速度开始加快。由图3-5可知，1920~1930年10万~30万人与50万~100万人的城市人口占比增长较快，其余规模城市人口占比均出现了下降；1930~1940年100万人以上城市人口占比快速增长，其余规模城市人口占比多出现下降情况；1940~1945年100万人以上城市人口占比快速下降，而其余规模城市人口占比则均出现明显上升（原因在于战争疏散）。另外，1920~1940年10万人口以下城市数量由67座增长到123座，10万~50万人城市数量由12座增长到39座，50万~100万人城市数量没有变化，100万人以上城市数量由2座增长到4座，也表明了中小规模城市在这一时期已实现了较快发展。

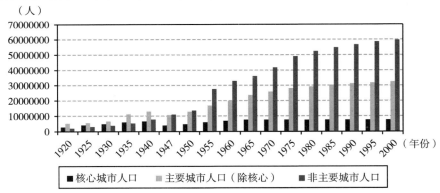

图3-4 1920~2000年不同等级城市人口分布

注：核心城市是指京都、大阪、神户和名古屋；主要城市（除核心）是指札幌、青森、盛冈、仙台、秋田、山形、福岛、水户、宇都宫、前桥、浦和、千叶、横滨、川崎、新潟、富山、金沢、福井、甲府、长野、岐阜、静冈、津市、大津、奈良、和歌山、鸟取、松江、冈山、广岛、山口、德岛、高松、松山、高知、福冈、北九州、佐贺、长崎、熊本、大分、宫崎、鹿儿岛、那霸；非主要城市是指剩余的其他城市。

资料来源：根据《日本统计年鉴》（1868~2002年）计算、整理得出。

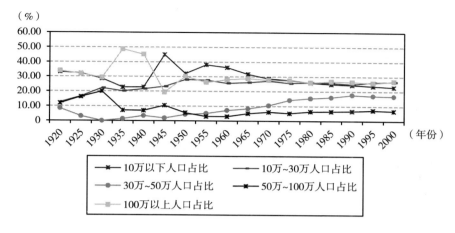

图 3 – 5　1920～2000 年不同规模城市人口分布

资料来源：根据《日本统计年鉴》（1868～2002 年）计算、整理得出。

第二次世界大战以后，日本城市化进入由快速发展到逐渐成熟阶段。由图 3 – 4 可知，在 1950～1975 年城市化的快速发展时期，新增城市人口 5360 万人，流入核心城市、主要城市（除核心）与非主要城市的人口占比分别为 5.27%、28.51% 和 66.21%；该阶段各相应层级城市人口年均增长率为 1.85%、3.18% 和 5.26%，主要城市（除核心）与非主要城市增长速度依然较快。1975～1990 年城市化进入平稳增长期，其间新增的 1067 万城市人口有 70.96% 流入非主要城市，成为城市化平稳期城市化的主阵地。由图 3 – 5 可知，1955 年以后，10 万人以下及 10 万～30 万人城市人口占比开始进入下降通道；100 万人以上城市人口占比在 1955～1965 年期间出现小幅上涨，但随后亦进入下降通道；而 30 万～50 万人与 50 万～100 万人的城市人口占比则进入长期上涨通道。另外，1955～1990 年 10 万人口以下城市数量由 397 座增长到 447 座，10 万～30 万人城市数量由 85 座增长到 144 座，30 万～100 万人城市数量从 6 座快速增加到 54 座，100 万人以上城市数量由 5 座增长到 11 座。因此，该时期 30 万～100 万人规模城市成为人口流入的主体。

从城市圈的发展特征来看，第二次世界大战结束以前，京滨（以东京为中心）、阪神（以大阪为中心）、中京（以名古屋为中心）和北九州

（以福冈为中心）为支撑日本工业化发展的四大城市圈；1920 年、1925 年、1930 年、1935 年和 1940 年四大城市圈的都市人口占全国人口的比例分别为 18.6%、19.5%、21.2%、23.3% 和 25.5%，逐年上升。1950 年以后，东京、大阪和名古屋三大城市圈年净流入人口不断增加。1962 年日本政府制定了《全国综合开发规划》，旨在防止城市过密化及缩小地区间发展差距；受该政策影响，东京圈、大阪圈、名古屋圈三大工业中心的工业产值占全国工业产值比重由 1960 年的 66.8% 下降到 1974 年的 60.9%。1965 年三大城市圈年净流入人口达到最大值，之后快速下降至较低水平。由表 3－4 可知，1970～1990 年三大城市圈人口占总人口比重变动极小，但城市圈内人口逐步向圈层边缘分布，中心地区人口密度开始下降（东京圈与大阪圈），距城市圈中心 10～30 千米地区的人口密度增加明显；城市圈经济发展方式由早期的高密度集聚向城市群分散集聚转变。

表 3－4　　　　1970～1990 年三大城市圈人口密度空间结构变化

城市圈	年份	总人口占比（%）	总人口密度（人/平方千米）	0～10（千米）	10～20（千米）	20～30（千米）	30～40（千米）	40～50（千米）
东京圈	1970	23.40	1788	18518	9025	3357	1710	817
	1975	24.59	2009	17315	9583	4113	2217	998
	1980	25.05	2133	15620	9649	4464	2519	1156
	1985	25.62	2253	15263	9882	4827	2732	1271
	1990	26.40	2382	13949	10035	5232	2952	1408
大阪圈	1970	13.03	1856	12412	3653	1856	1026	656
	1975	13.29	2024	11995	4364	2269	1162	700
	1980	13.17	2082	11470	4663	2448	1211	759
	1985	13.13	2144	11345	4824	2581	1286	777
	1990	13.11	2183	11063	4844	2695	1342	802
名古屋圈	1970	6.47	927	5935	1446	786	806	217
	1975	6.64	1017	6086	1729	909	867	231
	1980	6.69	1069	6049	1883	1009	905	242
	1985	6.72	1111	6097	1970	1090	939	250
	1990	6.82	1150	6202	2054	1160	973	254

资料来源：根据《日本统计年鉴》（1868～2002 年）计算、整理得出。

第五节 日本城乡关系发展特征

日本的工业化与城市化也伴随着城乡关系的剧烈变动。"二战"以前的城乡关系"二元"特征明显,"二战"以后城乡关系经历了先分裂(实际的分裂程度也并不大)后弥合的过程,并且这一过程是在较短时间内完成的。以下将从城乡收入关系变化、农业发展状况及农业兼业经营特征三个方面对城乡关系进行分析。

(一)城乡收入关系变化

理论分析与经验事实表明,随着工业化与城市化的发展城乡收入差距会经历先扩大后缩小的变化过程。"二战"结束以前,城乡收入差距较高,如图3-6所示,1931年城乡家庭收入比为3.24,城乡人均收入比为5.02;之后城乡收入差距逐渐下降,主要原因在于战时经济使得城市家庭收入增长缓慢,1931~1940年年均名义增长率仅为4.27%,而随着农村家庭兼业经营中非农收入水平的快速增加,农村家庭收入在1931~1940年年均名义增长率高达14.32%。"二战"结束以后,城市经济获得较快恢复与发展,城乡收入差距开始逐步扩大;至1960年城乡家庭收入比为1.39,城乡人均收入比扩大至1.82,主要原因在于城市经济发展较快,1950~1960年城市家庭收入年均名义增长率为13.18%,农村家庭收入年均名义增长率仅为6.62%。至1961年开始,日本实施"国民收入倍增计划"及《农业基本法》,农村家庭收入获得较快增长,1961~1975年年均名义增长率达15.4%,比同期城市家庭收入年均名义增长率高出2.4个百分点。1975年以后,城乡收入差距又有所扩大,主要原因在于农业收入增长基本停滞(如1975年与1990年的农村家庭农业收入分别为1146千日元和1163千日元,且期间多数年份有所下降);城市家庭收入年均增长7.2%,农村家庭农外收入年均增长6%,显示出1975年以后较大的经济波动对兼业经营劳动者的农外收入影响较大。总之,从日本城乡收入差距整体变化情况来看，日本在较短时间内实现城乡收入水平的基本均衡，为其他发展中国家提供了很好的经验。

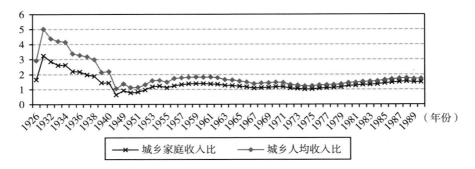

图3-6　1926~1990年城乡家庭收入比变化趋势

资料来源：由《日本统计年鉴》（1868~2002年）数据计算、整理得出。

（二）农业发展状况

明治维新初期彻底的土地制度改革及后续农业耕作技术的进步，推动了农业较快发展，1877~1919年农业产出年均增长率达1.8%。但由于制度与禀赋特征，日本农业并未演变为近代资本主义大农业，而是发展为"半封建的土地所有制及相应的租佃关系"，且传统小农经营方式得以保留，结果是农业发展日渐停滞，1919~1938年日本农业的年均增长率仅为0.77%。"二战"期间，更因劳动力外流与农业投入减少，日本农业进一步萎缩，城市工业发展不但没能有效促进农业现代化发展，而且大量侵占了农业生产剩余。"二战"以后，日本将恢复农业生产、增加农产品供给作为主要目标，经过1947年的土地改革与农协重组，以及政府对农业水利化、良种化、化肥化等方面的大力支持，农业产出迅速恢复并实现高速增长，1951~1960年农业年均增长率高达3.6%。1961年日本制定《农业基本法》，旨在通过农业劳动力向城市转移与农业生产机械化以提高农业劳动生产率、缩小工农收入差距，1961~1970年农业产出年均增长率达3%，整体上呈现工业反哺农业的发展特征。1970年以后农业产出增速放缓且波动加大（见图3-7），有经济发展环境恶化的原因，但更主要是土地经营规模扩张困难、农产品生产结构不合理及农业专营户数量不断减少等导致农业生产激励下降、生产成本不断提高，使得国内农产品在国际竞争面前没有价格优势，日本农业发展进入瓶颈期。

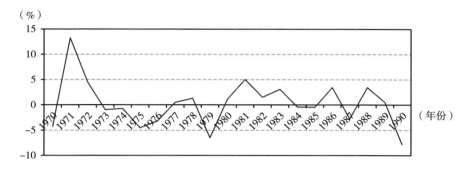

图3－7　1970～1990年农业产出增长率变化趋势（1990年不变价格）

资料来源：由《日本统计年鉴》（1868～2002年）数据计算、整理得出。

（三）农业兼业经营特征

农业兼业经营或农业劳动力非完全转移是城市化发展过程中的常见现象，尤以东亚地区为甚。日本农业兼业化经营与城市化同步兴起，1920年日本兼营农户占比就已达到30.3%，后虽略有下降，但1941年该比例又攀升至58.1%，至"二战"结束初期又快速下降。"二战"以后，日本兼营农户占比从1947年的44.59%快速攀升至1975年的87.56%，后略有回调，如表3－5所示。从波动情况大致可知，兼营农户的规模与经济周期具有较强的正相关性，也表现出兼营农户非农就业的灵活性与农业就业的保障性。在农户总收入中，农业收入占比由1965年的55.28%逐步缩减至1990年的28.45%，非农收入已经成为农业增收的主要部分，如表3－6所示。究其原因，"二战"以前兼业经营的主要原因在于土地或农业收入的保障功能及存在由稳定的家庭结构支撑的非农就业能力；"二战"以后日本的兼业经营更多是由于将土地看作可增值的资产，及对农村美好生活环境的"逆向"选择。日本农业兼业经营是城市化进程中城乡融合发展的一个重要的、较为成功的类型，但其缺点是可能有损农业产业的高效发展。

表 3 - 5　　　　　1920~1990 年日本农业兼业经营状况

年份	专营户（千户）	兼营户（千户）	兼营户占比（%）	二类兼业农户占兼业农户比重（%）
1920	3823	1662	30. 30	—
1925	3880	1668	30. 06	—
1930	4042	1558	27. 82	—
1935	4164	1447	25. 79	—
1938	3704	1815	32. 89	—
1941	2304	3195	58. 10	—
1947	3275	2635	44. 59	—
1950	3086	3090	50. 03	43. 3
1955	2105	3948	65. 22	42. 2
1960	2078	3979	65. 69	48. 8
1965	1219	4446	78. 48	53. 2
1970	831	4510	84. 44	60. 1
1975	616	4337	87. 56	80
1980	623	4038	86. 63	75. 2
1985	626	3750	85. 69	79. 3
1990	592	3243	84. 56	79. 2

资料来源：由国家统计局官网及《日本统计年鉴》（1868~2002 年）数据计算、整理得出。

表 3 - 6　　　　　1965~1990 年日本农业收入占比变化

年份	1965	1970	1975	1980	1985	1990
农户总收入（千日元）	1156	2156	5084	7329	9029	10553
农业收入（千日元）	639	985	2081	2421	2897	3002
农业收入占比（%）	55. 28	45. 69	40. 93	33. 03	32. 09	28. 45

资料来源：由国家统计局官网数据计算、整理得出。

本章小结

　　本章旨在全面认识日本工业化与城市化的发展实践及其特征。第一部分概括地描述了明治维新时期至 20 世纪 90 年代日本的工业化发展历程。

第二部分描述了日本城乡人口的变化关系，并经验地将城市化发展划分为准备阶段、启动阶段、加速阶段、平稳与完善四个阶段。第三部分从户籍管理制度、社会保障制度、住房保障制度及教育制度四个方面分析了日本在人口城市化方面的特征。第四部分描述分析了不同城市化阶段日本城市空间形态的演变，即不同规模城市的发展顺序与城市圈的发展特征。第五部分从城乡收入关系变化、农业发展状况及农业兼业经营三个方面分析了日本不同时期城乡关系演变特征。总体来看，日本的城市化发展道路相对成功（主要是"二战"后），城市化经常出现的问题被有效消解或规避，这在很大程度上可归功于日本较为成功的财政支出制度与政策。

69

第三章 日本城市化发展多维度分析

第四章

日本城市化发展中的财政
支出作用：经验与启示

"从自由放任到政府积极干预"是世界发达国家城市化道路的一个重要特征（何志扬，2009），日本城市化发展中也呈现出类似特征。日本长期实行"统制经济模式"，即在保留资本主义运行方式的前提下，通过充分发挥国家力量推动经济快速发展；虽然不同发展时期"统制"的程度与方式有所不同，但政府在经济发展中的作用相比于传统西方资本主义国家要更为重要。从对日本城市化发展状况的分析可知，日本城市化道路较为成功，城镇化发展速度较快且发展质量相对较高，这与政府适当的财政支出政策密不可分。

第一节 日本财政制度沿革概述

（一）税收制度

日本现代税制的建立始于明治维新时期。至"二战"结束之前，日本税收种类随产业种类增多逐渐丰富，主要税种由最初的地租（如 1887 年地租收入占国税收入的 82.3%）向个人所得税、法人税和酒税（如三大税种 1940 年占中央税收收入的 46.4%）等转移，直接税占比逐渐增加，但间接税比重依然较高（如 1934～1936 年接税占中央税的比重仍高达 65%）；

长期作为中央税附加的地方税收开始获得少数独立税源，地租、营业税等小税种逐渐划归地方。"二战"以后，日本税收制度以"夏普劝告"为基础进行了符合实际的彻底改革，直接税占国税收入比重由 1950 年的 55% 提升至 1988 年的 73.2%，税收体系扩围至对所得课税、资产课税与消费课税等，且个人所得税与法人税成为主要税种；两级地方政府分别获得以都道府县民税和市町村民税为主要税种的独立税源，地方政府的财政自主性得到提升。

（二）预算管理制度

日本财政立宪制度始于 1898 年的第一部《帝国宪法》。受制于天皇的广泛权力与持续的战争状态，"二战"结束前的预算管理制度在很大程度上类似于财政的会计核算，国会对财政预算的审核与监督作用相对较弱。"二战"结束后战后宪法的制定重新确立了国会及地方议会在预算管理中的核心地位，对预算原则（即公开性、明了性和事前审批）、预算程序、预算内容（包括预算总则、收支预算、递延费、跨年度支出及政府债务负担等）等作出了具体的法律规定。从预算分类来看，中央预算分为一般会计预算（一般性财政收支的预算）、特别会计预算（经营特定事业的收支预算）和政府关联机构预算；地方预算分为一般会计预算和特别会计预算，且各级政府具备独立预算权。另外，1973 年《长期运用特别措施法》规定，在日本财政中拥有重要地位的财政投融资计划（始于 1876 年）需纳入国会审议范围。

（三）财政体制

明治维新至"二战"结束以前，由于日本是高度中央集权国家，地方政府与地方财政自主权虽到后期有所发展，但整体仍依附于中央政府与中央财政，如 1940 年地方税占地方普通会计预算收入的比重仅为 22%，而国库支出金则为 15%。1950 年"神户劝告"确定了政府间事权划分的基本原则（即行政责任明确化原则、效率原则和地方政府优先及市町村政府优先原则），在事权划分的基础上，对中央与地方具体的税收内容进行详细划分，并在后期经过多次改革调整（需要说明的是日本实行中央集中立法制度，地方政府无税收立法权）。同时，为平衡横向与纵向财力，日本实施了地方交付税制度和国库支出金制度；二者构成了地方财政重要的资金来源，如 1990年地方交付税与国库支出金占地方普通会计预算收入的 30%。

（四）债务管理制度

明治末期至"二战"结束期间，发行公债（包括国内债与国外债）始终是日本中央和地方政府扩充财源的重要手段，并且高桥财政时期首次发行赤字公债；1934～1936 年公债收入占中央一般会计预算收入的 29.5%，1930 年地方债占地方普通会计预算收入的 25%。"二战"后至 1970 年以前，日本公债水平极低，但进入 20 世纪 80 年代后公债规模迅速增加且持续积累，2010 年日本债务依存度已达 48%。国债的发行受到《财政法》等法律的严格限制，且需接受国会的审查与监督；地方债的发行受《地方财政法》约束，且需经总务大臣或都道府县知事审批，或经地方自治体议会批准，中央主要通过制定财政健全化监控指标考核体系对地方债务进行管理。

第二节 日本城市化发展中的财政支出作用分析

一、日本城市化发展中的财政支出规模效应

在城市化进程中，财政支出对城市化的影响源于两方面：一是通过促进经济与工业化发展推动城市化发展；二是通过提供优质公共产品吸引乡村劳动力向城市转移；且该两方面互相影响、相互交织。相比于西方发达国家，政府在日本工业化与城市化过程中的作用更为重大①，财政对日本经济社会发展的影响也相应更强。日本财政支出规模具有随工业化与城市化的发展逐渐扩大的趋势，与西方发达国家经验相同。

---

① 转自《日本近代城市发展研究》第 292 页：大久保利通在明治维新初期就明确指出，在日本的近代化初期必须保持权力的高度集中，"暂行专制政体"。

（一）"二战"前状况

1920 年，日本城市人口为 1009.7 万人，城市化水平已达 18.04%，基本进入城市化启动阶段。受益于第一次世界大战对外贸易的急速扩张，日本经济（GNP）1914~1918 年年均增长达到罕见的约 22%。1920 年，国内净产值中非农产业占比已达 67.1%，非农就业人口达 46%；1910~1940 年农业劳动力向非农产业转移劳动力累积达 606.9 万人，1920~1940 年城市化率年均增长 0.98 个百分点，1920~1945 年城市数量由 83 座增加到 206 座。急速的城市化进程大大提升了对城市道路、供水、排污、电气、煤气、交通工具等公共基础设施的需求，城市财政支出规模开始快速增加，尤其以地方财政增加最为快速，如 1920 年之前实施的东京市区改造各项事业费用（包括道路、桥梁、河壕、公园、沟渠、上下水道等）累计支出 4210.9 万日元，关东大地震后东京帝都恢复工程中财政资金累计支出总额达 7.77 亿日元。城市财政扩张所引起的公共投资扩大，改善了城市产业生产条件与居民生活环境，形成了以城市为中心的旺盛消费需求，对支撑日本国内总需求的扩张发挥了重要作用，并进一步推动农村人口向城市转移。

从财政支出规模的变化趋势来看（见图 4-1），1921~1944 年财政一般会计占国民收入的比重由 13.5% 显著增加至 34.9%，年均增长 0.93 个百分点，财政总支出年均增长率达 15.1%；其中一般会计年均增长 12.5%，特别会计年均增加 16.1%；一般会计支出占比逐年下降，特别会计支出占比逐年上升（特别会计增长有自然增长的原因，但更多是与临时军费有关的增长）。需要说明的是，财政军事支出的快速增加，支撑了军需工业的快速发展，大量转移劳动力流入军需产业就业。从该阶段城市化的实际增长上可以发现，1930~1940 年城市化率由 23.96% 增加至 37.72%，年均增长达 1.38 个百分点，城市化率的陡然增加也反映出由财政支出支撑的军事产业对城市化的启动与加速起到了推动作用。由图 4-2 可以看出，城市化率与财政支出规模之间存在正向的线性拟合关系，即二者随时间推移呈现同步增长的趋势。因此，"二战"结束前财政支出规模的快速增长，无论是应用于重工业还是应用于城市建设，都对城市化的发展起到了积极推动作用。

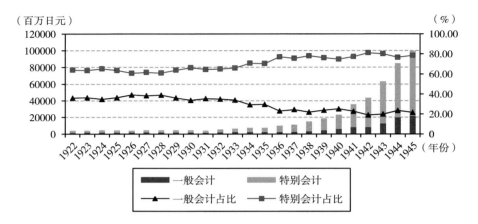

图4－1　1922～1945年财政支出总量及构成变化

资料来源：根据《日本统计年鉴》（1868～2002年）计算、整理得出。

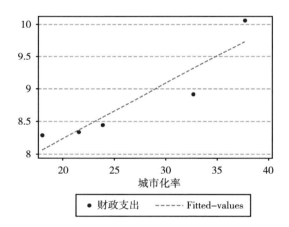

图4－2　城市化率与财政支出（对数）拟合关系

表4－1　　　　　1921～1944年财政一般会计支出占国民收入的比重

年份	1921	1926	1930	1935	1940	1944
财政一般会计支出/国民收入（％）	13.5	12.0	13.4	14.1	17.3	34.9

资料来源：（日）岸田俊辅．日本财政［M］．李建昌译．北京：中国财政经济出版社，1980：48.

（二）"二战"后状况

"二战"后日本在美国的干预和指导下进行经济民主化改革，政府与市场关系转向较为符合西方经济学常规的健康关系，并凭借前期工业积累及朝鲜战争军需贸易的需求拉动，经济快速恢复并实现长期较快增长，其中1956～1973年（算术）平均增长率达8.86%。快速的经济增长推动产业结构重心继续向非农产业转变，非农产业就业人口占比由1950年的51.4%增加到1990年的92.3%，大量农业劳动力向城市转移。1950～1990年日本城市化率由37.29%增加至77.37%，其中1950～1975年（快速增长期）年均增长近1.54个百分点，1975～1990年（平稳增长期）年均增长约0.1个百分点，日本经济逐步进入后工业化时代。现代化城市需要现代化的公共产品供给与之相适应，日本政府在该时期大力发展现代基础设施（道路、交通、电力、通信、公园、文化设施等）、社会保障、公营住房、医疗卫生、教育等公共事业，使得城市公共产品供给水平在短时间内赶超西方发达国家，大量的立法及规划诞生于该时期，如《国民健康保险法》《公营住房法》《厚生年金保险法》《国民年金法》等。财政支出规模与效率的增加为城市化的健康发展和人民生活水平的同步改善提供了重要保障。

从财政支出规模来看，1955～1990年日本财政支出（包括一般会计支出与特别会计支出）占当年国内生产总值比重由32.79%震荡上行至55.31%，如图4-3所示；财政支出绝对规模由1946年的2934亿日元增长至1990年的2378530亿日元，年均增长率达16.44%；其中一般会计年均增长15.65%，特别会计年均增长16.85%；1958～1963年财政支出占GDP比重的下降主要原因在于该时期经济增速较快，而财政支出年均增速维持在13.6%左右，也在一定程度上说明了"二战"后初期处于自由市场经济发展阶段，较低的财政干预能够释放更多的经济活力，推动经济与城市化水平快速提升（见图4-4）。1963～1973年，随着城市化发展进入加速阶段后期，各类公共产品需求逐渐增加，财政支出占GDP比重开始逐步提高。1973年以后城市化进入平稳发展阶段，财政支出占GDP比重快速攀升，有建立福利社会所需财政支出增加的原因，也有经济出现波动而采取的财政逆周期调节的原因。另外，从日本财政中占据重要地位的财政投融资计划来看，1965～1978年财政投资贷款总额由16206亿日元增长至

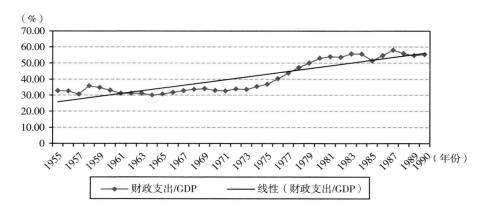

图 4 - 3　1955 ~ 1990 年财政支出规模变化

资料来源：根据《日本统计年鉴》（1868 ~ 2002 年）计算、整理得出。

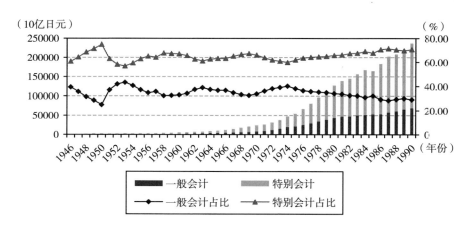

图 4 - 4　1946 ~ 1990 年财政支出总量及构成变化

资料来源：根据《日本统计年鉴》（1868 ~ 2002 年）计算、整理得出。

148876 亿日元，年均增长达 18.6%。由图 4 - 5 可知，城市化率与财政支出之间仍存在正相关的线性拟合关系，并且随着城市化水平的提高，财政支出规模增加对城市化率的边际增长效应在不断降低。由以上分析可知，城市化会带来公共产品需求增加，进一步引致财政支出水平提升；而财政支出规模增加支撑的公共产品增加，又将进一步推动城市化的发展。但应该注意到，在某些阶段财政适当的少干预可能更有助于经济效率的提升，进而提升城市化发展速度；或者说在某些阶段过度的财政干预会

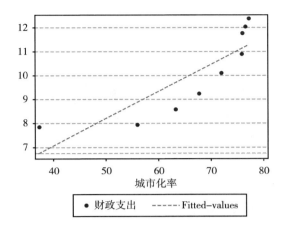

图 4 - 5　城市化率与财政支出（对数）拟合关系

有损经济效率而降低城市化发展速度。但是财政支出水平持续走高并非没有风险，日本将发行国债作为弥补财政赤字的重要手段，财政支出水平的持续走高扩大了国债发行规模，如 1993 年日本中央与地方债务总额占 GDP 比重达 61%，后续国债的增长速度更是惊人，给财政的可持续性带来较大风险。

二、日本城市化发展中的财政支出结构效应

财政支出结构的变化服务于经济发展、居民需求与社会福利公平需求，这是城市化质量与效率持续提升的重要保障与内在要求。通常而言，前期生产性财政支出更有利于城市化效率提升，后期消费性与转移性财政支出更有利于城市化质量水平或人口城市化水平的提升。

（一）"二战"前的状况

第一次世界大战期间，日本在向协约国出口大量军需品的同时，也获得了大战间隙广阔的世界市场，经济在繁荣中逐渐开始向重化工业转移。在此背景下，寺内内阁实施了积极的财政政策，在以增税保证财源的条件下，一边扩充军备，一边加大铁路、通信网及教育设施等的建设；1917 ～

1920 年土木、交通、产业、社会及教育支出增长幅度达 170%。但进入 20 世纪 20 年代，历经关东大地震、"昭和恐慌"，1921 ~ 1931 年名义 GNP（算术）年均增长率为 – 1.19%，该阶段土木、交通、产业方面的财政支出绝对数（及占比）呈小幅增加趋势，1928 年增至约 1467 百万日元（占比 32.74%），随后出现较大幅度下降；社会与教育支出也在 1928 年升至高点 720 百万日元（占比 16.7%），随后亦出现下降。该时期财政支出结构调整幅度较小，且与经济衰退重叠，1920 ~ 1930 年城市化率由 18.04% 增长至 23.96%，年均仅增长 0.59 个百分点。生产性财政支出对早期城市化的推动作用并不明显，原因在于该时期重工业优先战略使城市非农产业发展对农业转移劳动力需求并未同步提高，公共资本的早期积累并未对更大范围产业产生有效的推动作用（见图 4 – 6）。

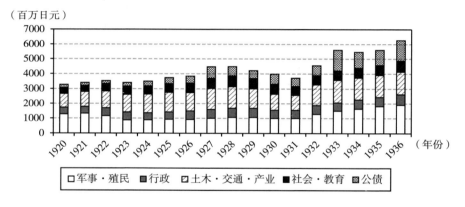

图 4 – 6　1920 ~ 1936 年政府支出（中央与地方）的变化

资料来源：（日）浜野洁等. 日本经济史 ［M］. 彭曦等译. 南京：南京大学出版社，2015：162.

1931 ~ 1936 年"高桥财政"时期，日本政府实施了积极的财政政策以应对经济衰退。财政支出总额年均增长 8.8%，其中土木、交通、产业及社会、教育支出总水平有所增加，但支出占比均出现小幅下降；军事、殖民支出总量增长，支出占比呈波动上行趋势，公债支出绝对量与支出占比均出现大幅增长（见表 4 – 2）。积极的财政政策使日本经济快速复苏，1932 ~ 1940 年名义 GNP 年均增长率高达 12.9%，城市化率由 1930 年的 23.96% 增加至 1940 年的 37.24%，年均增长近 1.3 个百分点。该阶段城市化的快速发展得益于财政对重化工业及制造业长期的大力支持，资本与技术的长期积累带动了相关产业快速发展，如自 1932 年起改善资助船舶措施、自 1936 年对汽车制造业的补助培育。1937 年以后，日本进入统制经济时期，以"实业法"为基础的产业政策被广泛实施，财政在支持产业发展中的作用越来越重要。因此，在某些阶段，生产性财政支出并不总是能够推动经济高效发展，或者说只有生产性财政支出能够适应经济发展所需时才能高效推动经济发展，同时提升城市化效率。另外，"二战"前消费性财政支出占比较低，城市居民能够获得的公共服务水平较低，虽然该阶段城市化效率有所提升，但城市化质量或人口城市化仍处于较低水平。

表 4 – 2 　　　　　　　　　1932～1936 年政府支出（中央与地方）结构

年份	财政支出总额（百万日元）	军事·殖民		土木·交通·产业		社会·教育		公债	
		总额（百万日元）	占比（%）	总额（百万日元）	占比（%）	总额（百万日元）	占比（%）	总额（百万日元）	占比（%）
1932	4480	1280	28.57	1400	31.25	600	13.39	667	14.88
1933	5600	1493	26.67	1507	26.90	627	11.19	1400	25.00
1934	5467	1640	30.00	1467	26.83	667	12.20	1067	19.51
1935	5560	1813	32.61	1467	26.38	667	11.99	1027	18.47
1936	6267	1907	30.43	1507	24.04	733	11.70	1400	22.34

资料来源：（日）浜野洁等. 日本经济史［M］. 彭曦等译. 南京：南京大学出版社，2015：162.

（二）"二战"后状况

第二次世界大战后，日本经济迅速恢复并实现持续高速增长。1956～1973 年 GDP 年均（算术）增长率高达 8.86%，1974～1990 年 GDP 年均（算术）增长率为 4.07%，城市化率由 1950 年的 37.29% 快速攀升至 1975 年的 75.9%，年均增长达 1.54 个百分点。该时期城市化与财政结构显示出明显的互动关系，大体表现为：生产性财政支出占比减少，消费性财政支出增加。从一般会计（按目的）决算来看（见图 4-7、图 4-8），国土

（亿日元）

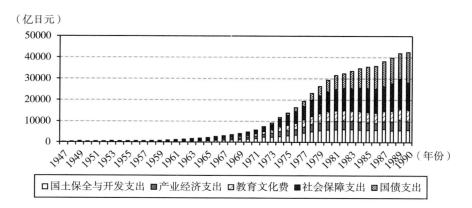

图 4 - 7　1947 ~ 1990 年一般会计决算（按目的）财政支出结构绝对额

资料来源：根据《日本统计年鉴》（1868 ~ 2002 年）计算、整理得出。

（%）

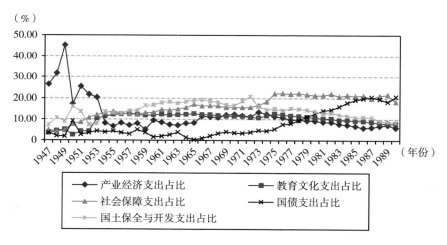

图 4 - 8　1947 ~ 1990 年一般会计决算（按目的）财政支出结构占比

资料来源：根据《日本统计年鉴》（1868 ~ 2002 年）计算、整理得出。

保全与开发支出占比从 1947 年的 7.21% 震荡上行至 1972 年的 20.77%，随后开始下降，并从 1983 年开始出现绝对支出的下降；"二战"后恢复期，1947 ~ 1953 年产业经济支出占比一度高达 26.89%，1954 年出现较大调整（下降为 8.18%），1954 ~ 1973 年又持续上升至 13.46%，随后开始逐年下降至 1990 年的 5.9%。与此相应，社会保障支出绝对规模与相对占比均呈现稳步提升态势，支出占比由 1947 年的 4.82% 提升至高点

1978 年的 22.1%（后出现小幅微调），绝对额年均增长率达 23.88%；教育文化支出绝对规模持续增长，1947～1984 年年均增长 19.37%，支出占比在 1953 年一次跃升后长期保持在 11% 左右。1975～1990 年行政投资累计 4336010 亿日元，其中生活设施（包括城市规划、道路、住宅、水道等）投资累计 1915600 亿日元，产业投资（包括国道、港湾、机场、工业用水道）累计 743520 亿日元。

从特别会计支出结构来看（见表 4-3），国立学校与医院支出绝对额持续增长，1949～1990 年年均增长率 18.78%；保险支出（包括厚生保险、国民年金、简易生命保险、劳动保险）增长趋势极其明显，1946～1990 年绝对额年均增长率达 30.66%，支出占比由 0.25% 持续增长至 34.45%；而产业投资、道路整备与治水支出虽绝对规模增长较为可观，但各支出占比变化有限。从财政投融资计划支出项目来看（见表 4-4），民生类支出占比先减少后逐渐增加，生产性支出则先短暂增加后逐年减少。综上可知，在城市化快速发展阶段的早期，生产性财政支出占比较高，通过推动经济增长提升城市化效率；在城市化快速发展的以后阶段，消费性、转移性或民生类财政支出占比会持续上升，通过城市公共服务水平提升提高城市化质量和城市化效率；这是财政支出结构适应城市化发展所作出的适应性调整，或者说及时的财政支出结构调整不但有助于城市化效率的提升，还有助于城市化质量或人口城市化水平的提升。

表 4-3　　　　　　　　　　特别会计支出结构

年份	产业投资支出		国立学校与医院支出		保险支出		道路整备与治水支出	
	总额 （10 亿日元）	占比 （%）	总额 （10 亿日元）	占比 （%）	总额 （10 亿日元）	占比 （%）	总额 （10 亿日元）	占比 （%）
1946	—	—	—	—	0.45	0.25	—	—
1950	—	—	3.80	0.20	17.65	0.93	—	—
1955	18.63	1.08	7.74	0.45	63.20	3.66	—	—
1960	40.89	1.15	11.17	0.31	113.37	3.19	162.69	4.58
1961	49.38	1.25	14.66	0.37	193.80	4.90	220.87	5.58
1962	63.41	1.48	17.63	0.41	233.04	5.44	292.25	6.82

续表

年份	产业投资支出		国立学校与医院支出		保险支出		道路整备与治水支出	
	总额 （10亿日元）	占比 （%）	总额 （10亿日元）	占比 （%）	总额 （10亿日元）	占比 （%）	总额 （10亿日元）	占比 （%）
1963	102.43	2.14	21.68	0.45	277.73	5.80	333.12	6.96
1964	117.06	2.11	165.87	2.98	333.03	5.99	392.04	7.05
1965	61.83	0.97	198.14	3.09	429.17	6.70	453.35	7.08
1966	67.22	0.88	233.21	3.04	575.57	7.50	522.71	6.82
1967	93.74	0.98	266.29	2.78	730.29	7.63	585.41	6.12
1968	97.04	0.82	344.43	2.89	850.36	7.14	674.84	5.67
1969	112.25	0.78	376.49	2.63	993.54	6.94	750.73	5.25
1970	129.35	0.81	432.57	2.70	1598.97	9.99	882.14	5.51
1971	111.09	0.66	487.38	2.89	1853.70	10.99	1158.56	6.87
1972	97.18	0.50	559.10	2.89	3326.62	17.17	1501.67	7.75
1973	137.53	0.60	652.21	2.83	4125.10	17.92	1449.76	6.30
1974	98.56	0.35	884.85	3.11	5983.23	21.00	1662.80	5.84
1975	85.41	0.25	1042.60	3.08	7844.32	23.16	1798.25	5.31
1980	18.27	0.02	1836.08	2.19	17443.98	20.78	3349.33	3.99
1985	57.00	0.05	2274.00	2.03	25936.00	23.20	3587.00	3.21
1990	1335.00	0.79	2858.00	1.70	58077.00	34.45	4752.00	2.82

资料来源：根据《日本统计年鉴》（1868～2002年）整理得出。

表4-4　　　　　　　　　　财政投融资计划支出结构

项目		1955年	1960年	1965年	1970年	1975年	1980年	1985年	1990年
民生类支出	总额（亿日元）	845	1681	5645	12871	41424	87705	99110	139940
	占比（%）	28.19	26.89	31.78	35.95	44.49	48.24	47.52	50.66
生产性支出	总额（亿日元）	2153	4570	12120	22928	51676	94094	109460	136300
	占比（%）	71.81	73.11	68.22	64.05	55.51	51.76	52.48	49.34

注：民生支出包括住宅、生活环境整备、厚生福祉、文教；经济支出包括中小企业、农林渔业、道路、运输通信、产业技术、外贸与经济合作等。

资料来源：根据《日本统计年鉴》（1868～2002年）计算、整理得出。

三、日本财政分权对城市空间形态的影响

（一）日本财政分权特征

日本国家现代化过程中中央与地方财政权利分配的特征是中央向地方的权利让与，而非地方向中央的权利让渡；中央赋予地方自治权，地方财政管理范围受中央节制；中央在财政政策、收支调整及预算划拨等方面具有立法与管理的广泛权利。"二战"后日本各级政府事权划分遵循了行政责任明晰化原则、效率原则与地方政府优先原则，税收划分则遵循事权决定财权原则、大宗税源归中央小宗税源归地方原则、涉及收入公平与宏观政策的税种归中央的原则。中央通过"地方交付税制度"与"国库支出金制度"，以同源分割、科目核定或委托责任等方式由中央直接向都道府县与市町村两级政府分配资金来平衡地方财权和事权关系。由于"二战"前数据搜集困难，该部分重点分析战后财政分权的特征。

从财政收入分权的角度来看，1955～1973 年经济快速增长时期，中央一般会计收入占比呈下降趋势；都道府县普通会计收入占比在 1965 年以前呈上升趋势，但之后开始下降；市町村普通会计收入占比在 20 世纪 60 年代初略微下降后开始持续上升。1975 年以后，中央一般会计收入占比呈现出小幅的上升趋势，都道府县普通会计收入占比在持续下降后保持平稳，市町村普通会计收入占比在持续上升后趋向平稳。地方政府普通会计收入中，地方税所占比重在 1970 年以前呈增长趋势，但在整个70 年代和 80 年代初出现较大幅度下降，之后开始出现较大幅度增长；而转移支付收入（地方让与税、地方交付税、国库支付金，下同）占比在 1950～1980 年始终维持在 40% 左右，构成了地方财政收入的重要来源，但 1980 年之后开始出现较大幅度下降。中央转移支付资金在都道府县与市町村间的分配比例由 1969 年的 67∶33 调整到 1980 年以后较为稳定的 60∶40。地方政府内都道府县向市町村的转移支付水平占自身收入的比重由 1955 年的 5.72% 上升至 1990 年的 10.65%。综上分析，"二战"

后日本财政收入经过了先分权后逐步调整稳定的发展历程（见图4-9、表4-5）。

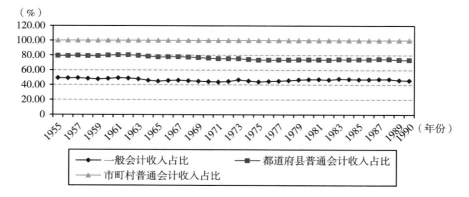

图4-9　1955～1990年各级政府财政收入结构

注：都道府县与市町村普通会计收入均包括一般会计转移支付金额。

资料来源：根据《日本统计年鉴》（1868～2002年）计算、整理得出。

表4-5　　　　　　　　　1930～1990年地方普通会计预算收入结构　　　　　单位：%

项目	1930年	1940年	1950年	1960年	1970年	1980年	1990年
地方税	32	22	34	37	37	34	39
地方让与税	—	—	—	2	1	1	2
地方交付税	—	10	20	15	18	17	17
国库支出金	10	15	23	24	21	23	13
地方债	25	11	6	5	6	10	8
其他收入	34	42	17	17	17	15	21

资料来源：财政部《税收制度国际比较》课题组. 日本税制［M］. 北京：中国财政经济出版社，2000：26.

从财政支出分权的角度来看，1955～1973年经济快速增长期间，中央一般会计支出占比呈现下降趋势，地方普通会计支出占比则相应呈较为明显的上升趋势，二者比重由最高点的47.73∶52.07下降至1972年的44.94∶55.06，地方财政支出权利逐渐扩大。若考虑扣除中央财政一般会计支出向地方转移支付的部分，则如表4-6所示，地方财政普通会计支出占比在1970年高达73.1%。在地方财政普通会计支出中，都道府县财政支出占比呈下降趋势，市町村财政支出占比则呈上升趋势，表明整体财政支出权利向基层政府沉淀。1975～1985 年，受宏观经济环境不稳因素影响，中央一般会计财政支出占比开始增长回调，地方财政支出占比开始下降，而地方财政支出中市町村普通会计支出占比在保持小幅增长后趋于平稳。从后续发展来看，财政支出分权的态势没有改变并日趋平稳，但受财政逆周期调节的影响会出现短期微调的现象（见图 4 - 10）。

表 4 - 6　　　　1950～1990 年中央与地方最终财政支出构成　　　单位：%

项目	1950 年	1960 年	1970 年	1980 年	1990 年
中央支出占比	31.8	30.1	26.9	32.0	30.8
地方支出占比	68.2	69.9	73.1	68.0	69.2

资料来源：财政部《税收制度国际比较》课题组. 日本税制 [M]. 北京：中国财政经济出版社，2000：33.

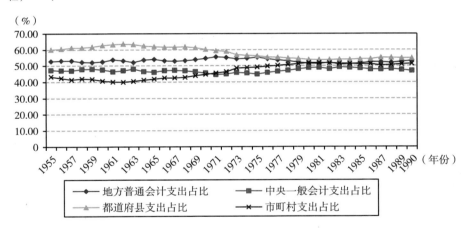

图 4 - 10　1955～1990 年各级政府财政支出结构

注：中央一般会计支出中包括对都道府县与市町村的财政转移支付支出。
资料来源：根据《日本统计年鉴》（1868～2002 年）计算、整理得出。

（二）日本财政分权对城市空间形态演变的作用分析

财政分权与经济发展、公共产品供给效率、统一市场及区域公平有重要关系。从世界发展经验来看，在禀赋约束较小时期，适度财政分权可以激发生产活力，提升区域内公共产品供给效率，对推动城市化发展具有重要作用。日本城市化空间形态呈现先"聚"后"散"的序贯特征。"二战"前日本相对集中的财政分权模式与生产性财政的作用，促使形成以四大工业区为核心的较为集聚的城市空间形态；"二战"后初期财政分权改革形成的财政资源马太效应进一步加深了城市发展的空间极化状态。而之后随着财政分权程度的加深，不断增加的地方财政自主性与大规模的财政转移支付使落后城市能够获得承接经济溢出的公共资源基础，推动了"散"的城市空间形态的形成。因此，日本在工业化与城市化中期以前虽然出现过较为极端的城市空间发展差异，但合理的财政分权体制（包括转移支付制度）成为城市序贯发展的良好助力，（在城市化发展中后期以后）有效缩小了城市空间发展差异。

"二战"前日本较为明显"统制"经济体制是财政集权的重要标志，与之对应的是"二战"前较为集中的城市空间形态，大量财政资源用于支持核心工业城市的发展，使劳动力向大工业城市聚集。"二战"后日本进行了全方位的"民主化"改革，财政分权程度骤然加深，极大地激发了地方经济发展活力；经济发展支撑财政规模的扩张，并通过转移支付制度逐步实现较为均衡的城市发展格局。从"二战"后各级城市财政支出状况来看，大都市与都市财政支出占地方城市普通会计支出的比重大致分别为23%和70%，都市财政支出的占比始终较高，这源于都市规模数量与经济水平的快速发展和来自"大都市"巨大规模的转移支付。更具体地说，如表4-7所示，1955~1980年地方城市普通会计人均支出水平都市始终高于大都市，表明即使规模较小的城市也能够获得较高水平的公共财政资源；到1990年，大都市、特别区及都市的地方财政人均支出水平基本相当，这是日本在"二战"后能够实现城市空间形态较为均衡发展的重要原因。由以上分析可知，过度的财政（支出）集权会使财政资源过度集中在经济效率或者经济地位较高的城市，合理的财政（支出）分权能够有效适应城市空间发展的序贯规律，并通过财政资源的区域平衡，推动城市均衡发展，提升农业劳动力转移效率和城市化水平。

　　　1955～1990 年各级城市地方财政普通会计人均支出情况　　单位：日元

年份	1955	1960	1965	1970	1975	1980	1985	1990
大都市	5714	7884	17206	35991	107225	194705	234067	317641
特别区	2514	4405	12320	26701	76227	133835	186723	308933
都市	6901	9970	20890	46870	112237	194932	226754	299650

注：大都市指日本"政令指定都市"，包括札幌、仙台、琦玉、千叶、川崎、横滨、相模原、新潟、静冈、滨松、名古屋、京都、大阪、堺、神户、冈山、广岛、北九州、福冈、熊本，特别区是指设于东京都的 23 个区。

资料来源：根据《日本统计年鉴》（1868～2002 年）计算、整理得出。

四、日本财政支出对城乡关系发展的影响

日本工业化进程也伴随着城乡关系的剧烈变动。进入城市化启动阶段（1920 年）以来，日本城乡关系表现为以下几个特征。（1）农业对工业的发展并未形成较大的制约，如 1920 年农业产出占国民产出的比重已经降为34％，1921 年地租占中央税收结构的比重仅为 7.4％，并且农产品进口始终是日本国内农产品供给的重要组成部分。（2）长期存在的农业兼业经营使城乡间较早形成了产业的空间融合发展，如 1920 年兼业农户占总农户的数量已达到 30.3％，到 1985 年更是达到了 85.7％，农村地区非农产业发展成为农民增收的重要组成部分。（3）农业生产水平长期增长缓慢，1919～1938年农业生产年均增长 0.77％，1955～1973 年年均增长 1.1％，而 1973～1985 年甚至降为 －0.2％。（4）城乡居民收入差距虽然在 20 世纪 50 年代末以前有所扩大，但总体较小且扩大速度较为平缓，并且到 70 年代中期以后城乡收入基本平衡。（5）"二战"后公共财政制度安排使得城乡在公共服务供给上没有出现较大的不均等现象。从日本城乡发展历程及特征来看，作为调节城乡关系的重要手段，财政通过支持农业生产和乡村非农产业发展及实现城乡基本公共服务均等化，对维护城乡关系的健康发展起到重要。

（一）财政支出对农业发展的作用

第一次世界大战期间（1914～1919 年），得益于出口的大规模增加，

日本经济快速增长，同时伴随着对大米需求的快速增加，大米价格不断上涨（由 1915 年约 12 日元/石上涨至 1920 年约 45 日元/石）。为防止"米骚动"再次爆发，日本政府开始重视粮食自给的重要性，并于 1921 年制定了《米谷法》，运用行政与财政手段控制米价，1923 年又颁布了《灌溉水事业补助纲要》，规定了对改良排灌水设施的补助办法，并通过持续地鼓励开荒造田以扩大耕地规模，但农业增产与农产品降价效果并不显著（如 1919～1938 年农业生产年均增长率仅为 0.77%）。"昭和恐慌"时期，农民收入因大米和生丝价格大幅度下跌而锐减，城乡工农收入差距增大。为缓解农业生产矛盾，1931～1936 年"高桥财政"时期实施了以援助农村为目的"时局匡救事业"，通过谷物统制法制定米价维持政策，通过实施以农林省为中心的"农山渔村经济振兴计划"和"产业组合扩充五年计划"等。从整体上看，1920～1945 年期间，日本政府对农业发展缺乏足够重视，重取轻予；财政对农业的援助也很低，如 1929 年、1931 年、1933 年和 1935 年，农林水产预算占国家预算总额的比重分别仅为 3.2%、3.6%、5.4% 和 4.6%。城乡工农收入差距的扩大成为大量劳动力向城市转移的重要原因。

"二战"后经土地制度与税制改革后，农民租税负担显著减轻，财政对农业的支持也显著增加；1950～1970 年农业预算占国家预算总额的比重由 6% 增加到 10.8%，国家其他形式的农业援助投入（如各种救济金、补助金等）也实现较快增长。日本政府于 1961 年制定《农业基本法》，旨在通过推进机械化和扩大经营规模提升农业生产能力，推动农业结构调整，以调整农业与非农业部门收入差距。同时，日本政府以大量财政资金对大米价格进行补贴，减反补助金的总额和粮食管理特别会计的赤字持续增加（1975 年达到 9000 亿日元）。1955～1973 年农林水产业实质国内生产总额年均增长率达 1.1%（与前后阶段相比处于高增长阶段）。而 1975～1985 年农业财政预算资金占比由 9.6% 下降至 5.1%，1973～1975 年农林水产实际增长率也下降为 - 0.2%。另外，由中央与地方两级财政拨款建立的制度金融（如农业现代化资金贷款、农业改良资金贷款、农林渔业金融公库的低利贷款等），通过补贴利息、补贴损失、担保贷款等支持农林水产业的发展，也是财政农业投入的重要形式。

（二）财政支出对农村工业化与农业兼业经营的影响

农村工业充分发展与农业兼业经营是日本工业化的两个重要特征。"二战"以前，日本政府工业化政策的关注焦点在京滨、阪神、中京和北九州四大工业区（如1935年城市人口的60.4%集中在该四大工业区），农村依旧被作为以发展农业为主的传统耕作区；但少数农村地主阶层依其财力剩余兴办了近代小规模工厂制工业（如1902年成立的松山犁制作所）；服务于重工业发展战略，日本财政对农村工业的关注与支出水平极低。"二战"期间，日本政府迫于战争风险，将以军需工厂为主的大批企业转移至农村地区，并以财政资金改善农村基础设施以服务于转入企业的发展；该时期财政对农村工业发展的大量投入虽源于战争需要，而非适应经济发展规律与平衡地区经济的政策安排，但却对农村工业发展产生了重大影响（1935~1941年农业兼业经营户由144.7万户增加到319.5万户）。

20世纪50年代中期以后，经济高速增长推动了人口向三大都市圈快速集中（年净转入人口由1955年的约38万人增加到1964年的约65万人），大城市过密与小城市、农村过疏矛盾日益凸显。为缓解过密—过疏矛盾，日本政府先后制定了《农业基本法》《向农村地区引入工业促进法》《地开发地区工业开发优惠法》《关于促进中心小城市地区建设及产业业务设施重新布局的法律》等，要求通过税收减免、公共投资优先分配、整备基础设施、改善投资与生活环境等财政手段鼓励与引导工业及人口向农村地区扩散。同时，为振兴地方经济，日本地方自治体组织也通过减免地方税、发放奖励金、低价供应土地、实施低息融资、低价提供工业用水、优先入住公营住房、劳动力用工补贴等政策吸引大城市工业入驻本地。在财政支出与政府政策引导下，城市工业开始大规模向农村转移，农村非农产业快速发展，由"村"转"市"的就地城市化现象大量出现（1960~1970年城市化率年均增长0.88个百分点）。农业兼营户占比由1960年的65.69%增加到1970年的84.42%，农户农外收入占比由1960年的45%快速增加到1970年的63.5%；并且1975年以后，农村家庭收入基本与城市家庭收入持平甚至略有反超，城乡收入关系实现均衡发展。

（三）财政支出对农村基本公共服务供给的作用

基本公共服务均等化是城乡关系健康发展的重要组成部分，也是财政的重要职能之一。"二战"结束以前，由于财权集中在中央且中央政府的政策目标在于发展重工业，使财政用于基本公共服务的支出水平较低，如1920～1936年，中央与地方政府财政支出中社会与教育支出占财政支出总额的比重由12.5%下降至10.6%，并且财政对城市公共服务的供给水平明显高于农村（如1922年设立的《国民健康保险法》并未惠及城市之外的农村人口）。在经济发展落后及组织化程度较低的农村地区，不仅难以从中央及都道府县财政中获得足够的转移支付，而且自身也缺乏组织财力以提供本区域公共服务的能力。但就教育服务而言，日本政府历来重视程度较高，20世纪初就已普及6年义务教育，1918年颁布了《市町村义务教育经费国库负担法》以保障农村基本公共教育服务的财政资金供给。总体而言，财政支出的产业偏向与城市偏向使得城乡公共服务供给水平差距拉大，构成了该时期城市化快速发展的重要驱动力量。

"二战"后日本政府在城乡公共服务均等化方面的努力可圈可点。从教育方面来说，1947年将义务教育年限延长至9年，1965～1973年公共教育投资年均增长17.6%，农村义务教育经费由中央、都道府县及市町村三级政府共同承担，中央通过财政转移支付对农村义务教育经费进行平衡补助，以保证城乡义务教育水平相对均衡。从医疗卫生方面来看，日本在"二战"后两次修订《国民健康保险法》，并最终实现所有市町村全面参险；日本农民健康险经费由政府、农协健康保险组合及农民个人共同承担，并由财政资助农协健康保险组合的70%。从养老方面来看，日本政府从20世纪50年代中期开始就开始着手解决农民养老保险问题，至1959年颁布了《国家养老金法》，将农民强制纳入国民养老金体系，由财政负担费用的1/3以鼓励农民参保；后根据农村人口年龄结构变化不断丰富保险项目内容，城乡养老保险逐渐从机会均等转向结果均等。整体而言，日本战后在逐渐确定公共服务"基本标准"的基础上，不断通过各级政府间的财政均输与财政激励较快实现了城乡基本公共服务均等化。

第三节 日本经验与启示

日本进入城市化发展平稳与完善阶段时，中国的城市化才刚刚起步。对日本城市化发展特征及城市化发展过程中财政支出所起作用的分析，对财政支出影响城镇化发展的理论分析框架建立及对中国从财政支出方面推进城镇化健康发展的启示表现在以下几个方面。

（一）财政支出规模方面

在日本工业化过程中，财政支出规模与城市化水平呈现同步增长的一致性特征，大体表现出财政支出增加促进城市化发展，城市化发展进一步引致更高财政支出需求的互动特征。从"二战"前后的对比发现，在某些阶段财政适当的少干预可能更有助于经济效率的提升，进而提升城市化发展速度；或者说在某些阶段过度的财政干预会有损经济效率且降低城市化发展速度。因此，财政支出规模不是越大越好，应与经济社会发展实际相适应。另外，应善于通过财政支出规模调整对经济进行逆周期干预，以稳定与发展经济及持续改善城市公共产品供给来推动城市化的发展。同时必须注意，财政支出规模扩张应注重财政可持续性约束，防止财政支出规模持续扩张突破债务"棘轮效应"临界点，导致财政及金融系统性风险骤然增加。

（二）财政支出结构方面

日本城市化发展中的财政支出结构总体上呈现出消费性与转移性财政支出占比逐渐提升、生产性财政支出占比逐渐下降的趋势。财政支出结构演变的主要动因在于经济增长与居民公共需求结构演变推动公共产品需求结构变化，或者说不同的财政支出结构对经济增长效率与城市居民效用水平提升的作用有所不同，进而对城市化发展的质量与效率产生不同影响。因此，应根据发展阶段适时调整财政支出结构，在经济发展对公共资本需求较高的时期或地区，应增加生产性财政支出比重；在公共消费需求较高的时期或地区，应增加消费性、转移性或民生性财政支出（如教育、医疗、社会保障等）比重；财政支出结构的适时转换，对城市化的深入、健康、高质量发展具有重要积极作用。中国人口城市化进展缓慢的重要原因之一在于财政支出结构失衡，因此，有必要深入研究财政支出结构对城镇化发展的作用机理，并找出从财政支出结构方面推动中国城镇化高质量、高效率发展的更优路径。

（三）财政分权方面

日本"二战"前相对集权的财政制度使财政资源过度集中在少数几个工业大城市，导致城市发展出现空间极化现象。日本"二战"后较为深入的财政分权改革，在自由经济发展初期进一步加剧了城市发展的空间差距；但随着大城市及大城市圈的经济溢出增加，财政分权（包括转移支付）制度使不同规模城市均能获得相对充足与公平的公共资源，有效促进了城市空间均衡发展与农村人口转移效率。中国的财政分权改革并不彻底，尤其是地方城市间行政隶属关系导致的财权向地方大城市集中的问题，严重影响了县级及以下中小城市的发展。在经济落后地区，地区大城市经济溢出效应较弱，县级及以下中小城市经济发展"内卷化"现象尤为突出，这种城市空间布局失衡对中国城镇化的深入发展形成较大制约。因此，有必要从财政分权角度研究财政资源在各层级城市间的分配，从优化城市空间布局角度提升城镇化效率。

（四）财政资源的城乡配置方面

第二次世界大战前日本的城乡关系失衡程度相对较高，无论从经济发展水平、收入水平还是公共服务供给水平，城乡均具有不小的差距；并且由于财政对农业的支持力度较小，致使农业产出增长水平始终较低。"二战"后初期日本城乡发展水平均得到较快提升，但因城市发展更快而显示出城乡收入差距小幅扩大趋势。"二战"后日本对农业的扶持力度较大，显著推动了农业产出水平的快速增加，虽后期逐步放缓，但主要原因是非财政原因所致；兼业经营成为缩小城乡收入差距的重要因素，而能够实现兼业经营的原因在于财政对农业机械化的支持及财政对临近农村的小城市发展的大力支持。另外，"二战"后日本政府不断推动城乡基本公共服务均等化，不断消除城乡差距产生的隐性因素，对城乡关系的持续改善产生重要作用。中国城镇化发展过程中的城乡关系问题较为突出，因此，有必要基于日本经验深入研究财政资源城乡分配对中国城乡关系及城市化健康发展的具体影响。

综上所述，日本城市化发展经验及城市化发展中财政支出经验对中国具有重要启示意义。当前中国城镇化发展进入深度调整阶段，有必要从理论与实践的角度深入分析中国改革开放以来财政支出对城镇化发展的具体影响，为解决当前与未来所面临的问题提供指导。鉴于此，根据日本经验，接下来的文章内容将重点关注中国财政支出规模对城镇化效率的理论与实际影响、中国财政支出结构对城镇化质量与效率的理论与实际影响、中国财政分权对城镇空间布局与城镇化效率的理论与实际影响、中国财政支出对城乡关系的理论与实际影响四个方面，以期更为系统地研究财政支出对城镇化发展的微观作用机制与宏观关联关系。

本章小结

本章旨在全面剖析日本城市化从启动期到稳定成熟期（1920～1990年）财政支出各方面的实际状况，以期对财政支出影响城镇化发展理论分析框架的建立及对中国发展实践提供有益启示。第一部分概述了日本财政制度的沿革及特征。第二部分详细分析了日本城市化发展中的财政支出作用，具体包括城市化进程中财政支出规模变迁、城市化进程中财政支出结构的演变特征、财政分权对城市空间形态与城市化效率的影响、财政支出对城乡关系（如农业发展、农业兼业经营、农村基本公共服务）发展的影响四个方面。第三部从财政支出规模、财政支出结构、财政分权及财政资源的城乡分配四个方面归纳出日本经验对理论分析框架的建立及对中国从财政支出方面推进城镇化健康发展的有益启示。

第 五 章

中国财政支出规模对城镇化
效率的影响研究

从日本城市化发展来看，国家公共支出规模会随着工业化的推进呈现先扩大后逐步趋稳的变化趋势。直观地看，在一定财政支出规模限度内，财政支出规模的增加能够有效推动工业化与城镇化的发展，城镇化的发展又会进一步引致更大规模的财政支出，二者存在相互促进关系。为进一步剖析财政支出规模对城镇化发展的微观作用机制与宏观关联关系，本章在初步介绍中国改革开放后城镇化发展与相关财政支出实践的基础上，通过建立理论分析框架与数理模型对二者关系的微观作用机制进行分析；在此基础上，以中国改革开放后省级面板数据对财政支出规模对城镇化发展的影响进行实证研究，以期从理论机理与实证经验上描述二者之间存在的一般规律。

第一节　中国城镇化发展与相关财政支出实践

一、中国城镇化发展特征

（一）规模与速度

1978～2018 年中国城市数量从 193 个增加到 672 个，建制镇数量从

2173 个增加到 21297 个，人口城镇化率由 17.92% 增长至 59.58%，年均提高 1.04 个百分点（同期世界城镇化率年均增长 0.418 个百分点），2010 年较 2009 年城镇化率增加 1.61 个百分点，增量达到峰值（见图 5-1）。城镇人口由 1978 年的 17245 万人增长到 2018 年的 83137 万人，年均增长 1647.3 万人。若假设城乡人口自然增长率相同，1978~2018 年乡村向城市累计转移人口约 52471.12 万人，年均转移人口约 1311.78 万人；从趋势上来看，1978~2010 年转移人口呈现增长态势，2010 年达到峰值 2156.13 万人，此后至 2018 年逐步进入下降通道，2018 年转移人口约 1479.85 万人，城镇化进入减速调整阶段，但转移人口规模依然庞大。

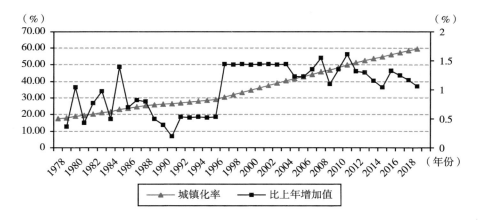

图 5-1 1978~2018 年城镇化率及年增长百分点

注：1995 和 1996 年的城镇化率问题，其统计口径没有变化，1995 年数据为 1995 年 1% 人口调查推算数据，1996~1999 年数据在人口变动调查推算的基础上，根据 2000 年人口普查数据结果，以 1995 年为起点进行了修订，而 1995 年前数据未做修订，由此产生了城镇化率的增长幅度变大的现象；1981 年及以前按户籍人口计算，之后按常住人口统计计算。

资料来源：根据国家统计局官网数据计算、整理得出。

（二）城镇化省际与区域发展差异

由于资源禀赋、发展基础及改革进程等存在较大不同，中国各省份城镇化发展水平差异较大。从历年省际城镇化率标准差变化趋势来看（见图 5-2），1982~2001 年各省间城镇化水平发展差异呈扩大态势，地区发展不平衡加剧，2002 年以后城镇化发展水平差异开始快速缩小，但直至

2018 年，地区差距依然较大。

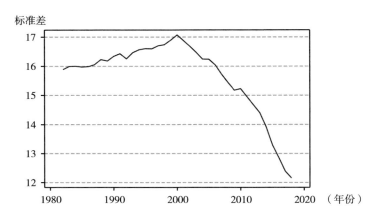

图 5 - 2   1980 ~ 2018 年省际城镇化率标准差变化趋势

资料来源：1982 ~ 2000 年城镇化率来源于周一星（2006）修补后数据；2001 ~ 2004 年数据采用等差插补法获得；2005 ~ 2018 年数据来源于国家统计局数据库。

从地区具体差异来看（见表 5 - 1），2018 年中国东部、东北、中部和西部地区常住人口城镇化率分别为 67.78%、62.68%、55.60% 和 52.92%，由东到西递次减少；东部与东北地区（中部与西部地区）高于（低于）全国水平。2005 ~ 2018 年，东部、东北、中部和西部地区常住人口城镇化率年均分别增长 1.13 个、0.58 个、1.47 个和 1.42 个百分点，中部和西部城镇化速度高于东部和东北地区，也高于全国（1.28 个百分点）城镇化增速，东北地区城镇化速度相对较为迟缓。将该时期分为 2005 ~ 2011 和 2012 ~ 2018 年两组以对比各地区城镇化率年均增长速度在两阶段的变化，结果发现：东部、东北、中部和西部地区城镇化率都出现了不同程度的增速下滑，其中尤以东部地区下滑最甚，年均增速从 1.27 个百分点减至 0.99 个百分点；东北、中部和西部年均增速分别下滑了 0.085 个、0.089 个和 0.05 个百分点，尤其是中部和西部，城镇化势头依然强劲。空间上非平衡增长是中国经济发展的重要特征，由于中国具备产业由东向西梯度转移的经济纵深，因此工业化与城镇化也会随着产业结构（国际与国内）的发展与演变呈现梯度变化。

表 5 - 1　　　　　　　　　2005～2018 年地区城镇化比较　　　　　　单位：%

年份	东部城镇化率	东北城镇化率	中部城镇化率	西部城镇化率	全国城镇化率
2005	53. 15	55. 15	36. 54	34. 52	42. 99
2006	54. 49	55. 52	38. 00	35. 69	44. 34
2007	55. 41	55. 81	39. 42	37. 00	45. 89
2008	56. 38	56. 69	40. 92	38. 48	46. 99
2009	57. 35	56. 88	42. 26	39. 66	48. 34
2010	59. 84	57. 65	43. 58	41. 44	49. 95
2011	60. 75	58. 74	45. 48	42. 99	51. 27
2012	61. 86	59. 60	47. 19	44. 74	52. 57
2013	62. 80	60. 21	48. 49	45. 98	53. 73
2014	63. 64	60. 83	49. 79	47. 37	54. 77
2015	64. 75	61. 35	51. 24	48. 74	56. 10
2016	65. 94	61. 67	52. 77	50. 19	57. 35
2017	66. 95	61. 96	54. 30	51. 65	58. 52
2018	67. 78	62. 68	55. 60	52. 92	59. 58
年均增长	1. 13	0. 58	1. 47	1. 42	1. 28

　　注：东部地区是指北京、天津、河北、上海、江苏、浙江、福建、山东、广东和海南10 省份；中部地区是指山西、安徽、江西、河南、湖北和湖南6 省；西部地区是指内蒙古、广西、重庆、四川、贵州、云南、西藏、陕西、甘肃、青海、宁夏和新疆12 省份；东北地区是指辽宁、吉林和黑龙江3 省。

　　资料来源：根据国家统计局官网数据计算、整理得出。

二、中国城镇化进程中的财政支出规模变迁

（一）财政支出规模（一般公共预算支出）的变化趋势

　　计划经济的改革起点使调整政府与市场关系成为中国经济体制改革的重要内容，也直接反映在财政的绝对规模与相对规模的变化上。由图 5 - 3 可知，财政支出绝对规模呈明显的增长趋势，1978～2019 年全国实际财政支出年均增长速度 8. 75%，其中 1978～1996 年年均增长 3. 93%，1997～2019 年年均增长 12. 59%，呈现前期缓慢增长与后期快速增长的态势。从相对规模变化来看，全国财政支出占当年国内生产总值比重由 1978 年的

97

第五章　中国财政支出规模对城镇化效率的影响研究

30.5% 逐步下跌至 1996 年的 11.05%，后逐步上升至 2015 年 25.53% 的峰值，近年来又逐步回调至 2019 年的 24.21%。

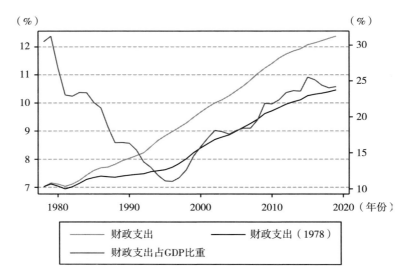

图 5 - 3　1980～2020 年全国财政支出变化趋势

资料来源：根据国家统计局官网数据计算、整理得出。

（二）城镇保障性住房财政投入规模[①]

城镇化快速发展的四十年来，中国政府投入责任随保障性住房在城镇住房供应体系中的地位而适时调整，总体呈现由高到低又逐步回调趋于稳定的趋势；政府投入资金逐步实现多渠道筹集，投入方式渐趋多样化、综合化。该部分测算与城镇住房保障相关的财政直接支出、土地隐性投入和税式支出用广义政府投入概念表示。从政府投入阶段性测算结果来看，2011～2018 年中国城镇保障性安居工程累计开工 6061.53 万套，基本建成 4902.11 万套；新竣工面积累计 20.9 亿平方米，累计完成投资 115376.91 亿元；政府非债务类直接投入资金（不包括租金补贴）累计 31608.08 亿元；累计发放住房补贴 358.65 亿元。政府累计总投入 90367.69 亿元，其

[①]　根据笔者前期研究成果《从政府投入看中国城镇住房保障发展》截取并补充得出，载于《甘肃社会科学》2019 年第 3 期。

中财政直接支出（全口径财政预算支出）35311.58亿元，占比39.08%；土地隐性投入（划拨与折价出让）价值累计53030.93亿元，占比58.68%；税式支出（具体包括城镇土地使用税、契税、印花税、营业税及其附加和城市基础设施配套费的税费优惠情况）累计2025.18亿元，占比2.24%，具体年度数据如表5-2所示。从政策效果上来看，政府的积极投入与政策引导显著提升了城镇中低收入群体的住房条件，同时也对稳定住房市场起到了一定作用。

表5-2　　　　　2011~2018年中国城镇保障性安居工程政府投入情况

年份	财政直接支出		土地隐性投入价值		税式支出		总计（亿元）
	金额（亿元）	占比（%）	金额（亿元）	占比（%）	金额（亿元）	占比（%）	
2011	3054.23	31.61	6320.52	65.41	288.19	2.98	9662.94
2012	3257.17	29.49	7510.31	68.00	276.65	2.50	11044.13
2013	3398.56	28.90	8078.79	68.70	281.91	2.40	11759.26
2014	3934.21	37.33	6343.16	60.19	261.35	2.48	10538.72
2015	4352.58	39.31	6488.83	58.60	232.43	2.10	11073.84
2016	5075.57	45.65	5822.65	52.37	220.18	1.98	11118.40
2017	4867.26	43.94	5987.29	54.05	222.64	2.01	11077.19
2018	7372.00	52.31	6479.38	45.98	241.83	1.72	14093.21

资料来源：根据笔者前期研究成果《从政府投入看中国城镇住房保障发展》截取并补充得出，载于《甘肃社会科学》2019年第3期。

（三）农民工市民化财政成本

中国新型城镇化战略的核心内涵是"人的城镇化"，这是对当前及今后较长一段时期面临的较为突出的农民工市民化问题的政策反应。1982~2018年中国户籍人口城镇化率由17.6%增加至43.37%，与常住人口城镇化率的差值也由3.53%增加至16.21%，其中2013年该差值达到18.03%的峰值，之后出现下降趋势。从摆渡于城乡之间的农民工情况来看，2008~2018年农民工总量由22542万人增长至28836万人，年增速在2010年达到峰值5.42%，之后增速整体呈下降趋势；巨大规模的农民工群体成为中国城镇化发展亟须解决的首要问题。而农民工市民化的主要障碍在于公共资源的供给与成本分担问题。农民工市民化势必带来城市基础设施建设、城市公共管理、教育、医疗卫生、住房保障、社会保障等方面财政支出的增加。较为权威的农民工市民化成本测算来自2013年中国社会科学院发布的《城市蓝皮书》，其测算了农民工市民化全国平均公共成本为13.1万元/人，其中东、中、西部地区分别为17.6万元、10.4万元和10.6万元。按不变价格保守估计，2014~2018年财政成本负担情况如表5-3所示。若假设到2035年将当前存在的28836万人全部落户，则财政总成本将达377751.6万亿元，年均需投入22220.68万亿元，若考虑持续的城乡劳动力转移，这一数值将更大。因此，中国应在厘清成本负担责任（政府、个人、企业）的基础上，通过高效且有激励的财政投入，积极推动农民工市民化进程。

表5-3　　　　　　2014~2018年农民工市民化财政支出成本估算

年份	2014	2015	2016	2017	2018
农民工落户人口（万人）	1929.42	3836.83	1848.27	1568.41	1334.55
财政负担成本（亿元）	25275.35	50262.46	24212.35	20546.11	17482.67
占总财政支出比重（%）	16.65	28.58	12.90	10.12	7.91

资料来源：根据2013年中国社会科学院发布的《城市蓝皮书》相关数据测算得出。

第二节　财政支出规模与城镇化的互动逻辑

一、公共产品与经济集聚

集聚经济具有消费与生产上的双重扩张效应，二者循环累积地匹配与互动推动了集聚效应的持续释放。一方面提升了劳动收入水平，另一方面增加了私人资本存量。理论与经验证据表明，消费者偏好存在一个私人产品与公共产品（动态演化）的"适当组合"，且基于生产条件的私人资本与公共资本间也存在一个（动态演化）的"适当组合"（马斯格雷夫观点）。集聚经济中劳动收入水平与私人资本存量的增加会增加公共产品边际效用和公共资本边际产出，结果必然增加（基于消费与生产客观条件）公共产品与公共资本需求；且在不同收入与经济发展阶段（如工业化初期）对公共产品与公共资本的需求更加强烈（瓦格纳、马斯格雷夫），推动公共支出规模不断扩张。系统地看，基于两类公与私"适当组合"的消费与生产作用，集聚区内公共品的适当供给，会提升居民效用与私人资本边际产出水平，推动集聚区经济要素存量与增量持续扩张，有效提升区域内的经济集聚水平。

经济集聚有利于公共产品的供给、配置与消费，公共产品的合理供给也会提升经济集聚水平、优化集聚结构。由于公共产品的非完全竞争性，集聚状态下将会有更多的人参与消费，意味着更低的人均支付价格，即便存在一定程度"搭便车"的情况下，公共产品的偏好显示总量（或者总支付价格）也会大大提升；这在生产端表现为价格支付较容易超越客观生产阈值，并在供给中实现规模经济优势，不断降低公共产品平均供给成本，平均支付价格降低又将引导更多消费者集聚到公共产品消费范围之内，进而催生更多的公共产品需求。另外，基于蒂布特的观点，地方政府间差异化的公共产品供给会优化人口（经济）集聚结构；一方面，公共产品供给差异化强化了差异化的经济集聚（总量上扩张，结构上复杂化）；另一方面，经济集聚又使公共产品的差异化不断加强并得以实现。

公共产品具有广泛的外部性及非完全的竞争性与排他性，其一旦实现某水平供给，不但会增加私人部门投入的边际产出，也会增加后续公共投入的边际产出；这种"累积效应"可能会使公共供给效率在更多情况下优于私人供给效率，如公共制度与机构、公共交通设施、国家实验室等，其前期积累会降低后续公共产品供给成本，提升后续公共投入效益，更高效地引导经济要素向区域内集聚。从降低集聚成本的角度来看，基于经济、政治、社会资源配置规则间的冲突（如政治权利、交易成本等）会在集聚状态下变得更加难以调和，需要更多的公共产品（如制度、服务、物品）以维护集聚群体的稳定（资源配置环境）与有效（资源配置机制）秩序，以支撑经济集聚效应的持续释放。

社会的发展与进步推动基本需求"正义化",如住房、教育、医疗等,这种"正义化"的基本需求能否得到满足,会对整个群体产生较强的正的或负的外部性,并且人口的集聚会显著放大该或正或负的外部性。完全竞争条件下的竞争均衡在空间上"不可能",价格机制在空间经济中会出现"坍塌"。要素集聚在带来巨大经济效益的同时,也会使过多的集聚人口追逐有限的、具有较强空间依赖性的经济资源,导致相关资源价格过高;纯粹依靠价格机制配置该类资源将产生巨大的基本需求分配"非正义",会对整个集聚群体效率与结构稳定产生较大的负面影响。因此,以公共形式合理参与该类资源的配置,对整个集聚群体自发秩序形态的长期发展具有重要作用。

二、财政支出规模的城镇化发展效应

城镇化发展会带来公共需求扩张,主要包括基础设施需求、住房保障需求、教育需求、医疗需求、收入分配及福利公平需求等方面内容,财政支出规模在该领域的适时扩张会对城镇化发展产生积极推动作用。

(一)基础设施需求

基础设施建设是工业化与城镇化发展的重要推动力量,对现代经济社会发展具有重要意义,主要包括交通、电力、通信、生活设施等。基础设施的具体内容会根据基础设施在生产生活中的作用变化(技术变迁与消费偏好演变)而不断补充更新,如传统基础设施向新基础设施的扩展。基础设施的具体作用在于:第一,基础设施可以有效降低交易费用,扩大要素与产品市场规模,推动经济集聚效益最大限度地显现,带动劳动等生产要素向城镇集中;第二,城镇基础设施建设可以减少集聚"离心力",有助于增加城镇综合承载能力,扩大城镇经济集聚的饱和边界;第三,排污、公园等生活服务基础设施可有效提高城镇居民综合福利水平。但由于基础设施具有公共产品属性(非竞争性与非排他性)、外部性和公益性,并且其建设往往投资大、成本回收期长,导致市场供给严重不足;因此,在实践中基础设施建设主要由政府财政支出支持。实践也证明，公共财政支持的基础设施建设是否适当、及时，将对地区经济发展、工业化与城镇化进程影响巨大。另外，城镇化的快速发展形成对基础设施的现实需求，迫切需要更大规模的财政支出来支持基础设施建设，以改善城镇生产生活环境，推动城镇化高质量、高水平发展。

（二）住房保障需求

城镇化的发展推动了城镇住房需求的快速扩张。住房相对于一般商品而言具有其特殊性，主要表现在以下三个方面：一是社会文明进步衍生出罗尔斯式的公平正义，居住权成为人类生存的基本权利之一；二是商品住房兼具消费与投资双重属性；三是人口在有限的空间集聚，导致住房及依附于空间存在的公共服务相对稀缺。在住房制度市场化条件下，尤其是在城镇化快速发展阶段，住房的这些特殊性质会导致住房价格高企，不仅使收入较低人群难以通过市场竞争满足住房需求，而且会严重侵蚀购房及潜在购房居民的消费能力，不利于城镇化的持续健康发展[1]。因此，作为商品住房市场的补充，以政府投入为主、面向城镇中低收入群体的保障性住房，在平衡与缓解城镇住房供需矛盾中的重要作用逐渐凸显出来。以政府资源投入为主的保障性住房不以营利为目的，且在分配上采用价格与非价格相结合的竞争方式；其一方面可以降低农村转移人口（及潜在转移人口）进城落户的实际住房负担（及预期成本）；另一方面可以缓解商品房市场供需矛盾，有效防止商品房价格过快增长，增加流动人口与潜在转移人口进城落户的意愿和能力。同时，基于城镇住房保障制度的政策目标，城镇化发展带来的人口高密度集聚必然会引致更多的住房保障政府投入，以缓解矛盾，提升城镇化效率与质量。

（三）教育服务需求

知识的分立是现代经济分工的重要特征，并且随着分工的深化知识的

---

[1]　摘编自笔者前期发表成果：《从政府投入看中国城镇住房保障的发展》，载于《甘肃社会科学》2019年第3期。

规模与复杂程度在快速增长。作为知识生产与传递重要方式，教育服务也必然在未来生产生活中占有越来越重要地位；究其原因主要有两个方面：第一，专业知识教育已成为劳动者融入社会分工的重要条件；第二，由知识教育获得的个人满足是一种合乎马斯洛需求演变规律的高水平需求。但由于教育所带来的知识溢出具有巨大的正外部性，且教育公平是防止经济社会两极分化、化解阶层矛盾的重要手段，教育服务通常作为公共服务的重要内容由财政支出支持供给。城镇是现代知识经济循环扩张的核心载体，集聚状态下的知识增长推动城镇教育需求的快速扩张，其中包括农业转移人口增加所带来的教育需求总量增加和生产与消费水平提升带来的对教育质量改善性需求的提升，这将进一步引致城镇财政教育支出规模的快速增长。与此同时，随着农业（潜在）转移人口对教育服务的偏好日益加深，城镇教育服务质量的优劣逐步成为影响其迁移决策的重要因素。因此，合理增加城镇财政教育支出规模，提升城镇教育服务的普惠性，不断改善教育服务质量，对推动城镇经济可持续发展与深度城镇化具有重要作用。

（四）医疗服务需求

随着城镇化的发展，医疗服务产业会在供需互动中实现快速增长，其原因有以下四个方面：第一，医疗服务需求是关乎人类生存的基础性需求，具有支出刚性特征；第二，医疗技术水平的进步使更多的疾病可以被治疗，医疗服务供给种类增多；第三，集聚状态下更多的医疗服务供给能够实现规模经济；第四，收入水平的提高使居民获得更多数量与个性化医疗服务的可能性上升。但医疗服务的需求与供给有其特殊性：第一，医疗服务的供给者与需求者之间信息不完全，供给者具有巨大信息优势；第二，由不完全信息导致的有限竞争使医疗服务存在垄断价格，这使医疗资源完全的市场配置会严重偏离帕累托最优状态。人人拥有平等的生命权，医疗资源的分配不能使用单一的市场价格规则；并且医疗缺失将会对个人、家庭乃至社会造成极大的负外部性，如对家庭收入与人力资本的侵蚀。因此，在实践中医疗服务通常作为一种准公共产品由财政予以支持。

城镇化带来人口集聚一方面会增加医疗服务刚性需求，另一方面会导致对依托于空间存在的医疗资源产生过度竞争，这都需要扩大财政医疗服务支出规模以缓解供需矛盾。另外，随着城乡居民对医疗服务要求的提高，城镇更高的医疗服务水平也成为吸引农业人口向城镇转移的重要力量。

（五）收入分配及福利公平需求

分配正义是城镇化高质量发展的条件与内在要求，与经济系统长期稳定与高效运行息息相关。由于劳动力异质性、要素分配的马太效应、制度形成的非市场性及市场失灵状况的出现，市场配置资源方式会在一定程度上放大社会不公，并且会导致经济系统出现一定程度的非稳态与结构性效率损失。随着经济增长与城镇化发展，收入分配不公平的现象会逐步凸显，迫切需要政府通过实施合理的收入分配调节政策与公平的社会福利政策以避免城乡分割及城镇内部二元分化状况的出现。合理的财政支出规模能够实现经济资源的再分配，并进一步改善下一阶段初次分配状况。尤其是更多的财政调节性支出（如民生支出、转移支付等），不仅能够缓解收入差距扩大与分配正义观念间的矛盾，还提升了经济系统长期的稳健性，其政策本身属于一种卡尔多—希克斯改进。因此，以改善乡村及城镇中低收入群体福利状况为目标，加大财政在住房、教育、医疗、社会保障等民生领域的支出规模，对推动城镇化发展具有重要意义。

三、财政支出、经济集聚与劳动力城乡转移：数理分析

基于上节理论分析，下面构建数理模型对财政支出规模影响城镇化效率的微观机制进行进一步研究。该模型分析以迪克西特—斯蒂格利茨垄断竞争空间模型为基础，在多样化偏好与垄断竞争的基础上加入了公共产品供给与劳动力城乡转移，旨在分析政府财政支出对城乡劳动力转移均衡的影响。

（一）消费者行为的假定

假定城乡消费者具有相同的偏好，且消费者只消费农产品、制成品与公共产品，其效用函数表示为：

$$U = \left(U_{MA}^{\rho} + U_t^{\rho} \right)^{1/\rho} \tag{5-1}$$

其中，$0 < \rho < 1$，ρ 表示消费者制成品多样性及私人产品与公共产品多样性的偏好程度，其值越接近于 1 表示差异化产品几乎完全可替代，其值越接近于 0 表明多样化偏好的愿望越强；U_{MA} 为消费者消费私人产品（包括制成品与农产品）获得的效用水平；U_t 表示政府强制征收税收后（无损失）提供的公共产品给每位消费者带来的效用，且该公共产品在区域内具有非排他性和一定程度的竞争性，并且私人产品效用与公共产品效用满足不变替代弹性关系；同时假定城镇地区可以通过税收由政府提供公共产品，而乡村地区既不能自我提供也无法跨地区消费城镇地区的公共产品，即乡村地区效用函数退化为：

$$U = U_{MA} = M^{\mu} A^{1-\mu} \tag{5-2}$$

其中，μ（常数）表示消费者可支配收入中用于消费制成品的支出份额，同时假定城镇消费者被动用于公共产品的单位支出获得的效用水平与主动用于私人物品的单位可支配收入获得的效用水平相等，具体可表示为：

$$\frac{U_{MA}}{(1-t)\alpha Y_1} = \frac{U_t}{t Y_1} \tag{5-3}$$

其中，t 表示城镇地区政府强制征收的所得税；α 为城镇居民（劳动者）占总人口比重，在这里表示公共产品的拥挤系数；则每单位城镇地区居民获得的公共产品效用为：

$$U_t = \frac{t}{(1-t)\alpha} U_{MA} \tag{5-4}$$

在考虑制成品的冰山运输成本后，且仍假定各制成品的出厂价格及其冰山运输成本均相等，则城镇与乡村地区制成品消费综合价格指数仍为：

$$G_1 = \left[n \left(p^M \right)^{1-\sigma} \right]^{1/(1-\sigma)} = n^{1/(1-\sigma)} \left(p^M \right) \tag{5-5}$$

$$G_2 = \left[n(p^M T)^{1-\sigma} \right]^{1/(1-\sigma)} = n^{1/(1-\sigma)}(p^M T) \qquad (5-6)$$

城镇和乡村地区对制成品的消费总需求为：

$$q^M = \mu(1-t)Y_1 \frac{p(j)^{-\sigma}}{G_1^{-(\sigma-1)}} + \mu Y_2 \frac{(p(j)T)^{-\sigma}}{G_2^{-(\sigma-1)}} T$$

$$= \left[\frac{\mu(1-t)Y_1}{G_1^{-(\sigma-1)}} + \frac{\mu Y_2 T^{1-\sigma}}{G_2^{-(\sigma-1)}} \right] (p^M)^{-\sigma} \qquad (5-7)$$

（二）生产者行为与均衡条件

假设城镇地区为工业制成品生产的聚集地，制成品的生产存在规模经济，不考虑范围经济与协作经济，即制成品生产的规模经济只在产品种类水平上存在。另外，假设城镇地区工业制成品生产技术水平相同，固定投入为 F，边际投入为 c，且只投入劳动一种生产要素；生产 q^M 数量的任何制成品需要的劳动投入为 l（用边际产出与平均产出的差值表示规模经济），即：

$$l = F + cq^M \qquad (5-8)$$

由于消费者多样化偏好、生产的规模经济及存在无限种类潜在差异产品的原因，理性厂商市场博弈的结果是：每家厂商单独生产一种制成品，每种制成品只有一家厂商单独生产，厂商数目与可生产的制成品种类数相等。

现考虑一家制成品生产厂商的利润最大化问题。假设该厂商支付给工人的工资率为 w，产品的出厂价为 p^M，则利润可表示为：

$$\pi = p^M q^M - w(F + cq^M) \qquad (5-9)$$

其中，q^M 由需求函数式（5-7）确定。在价格指数 G 给定条件下，假定所有厂商选定各自的制成品价格，则需求弹性也是 σ，根据利润最大化原则可知对于城镇地区生产的制成品有：

$$MR = p^M(1-1/\sigma) = cw = MC,即 \; p^M = \frac{cw}{\rho} \qquad (5-10)$$

$$q^* \equiv F(\sigma-1)/c \qquad (5-11)$$

$$l^* \equiv F + cq^* = F\sigma \qquad (5-12)$$

在城镇经济中，所有厂商 q^* 和 l^* 都是相等的常数。因此，当城镇劳动（消费）人口为 L_1，厂商数目为 n（恒等于制成品种类数）时，则：

$$n = L_1/l^* = L_1/F\sigma \qquad (5-13)$$

均衡条件下某制成品总需求与零利润条件下厂商产出 q^* 相等，即：

$$q^* = \left[\frac{\mu(1-t)Y_1}{G_1^{-(\sigma-1)}} + \frac{\mu Y_2 T^{1-\sigma}}{G_2^{-(\sigma-1)}} \right](p^M)^{-\sigma} \qquad (5-14)$$

将方程（5-10）变形后可知，自由厂商的定价当且仅当满足下面条件时才能达到收支均衡：

$$p^M = \left[\frac{1}{q^*} \left(\frac{\mu(1-t)Y_1}{G_1^{-(\sigma-1)}} + \frac{\mu Y_2 T^{1-\sigma}}{G_2^{-(\sigma-1)}} \right) \right]^{\frac{1}{\sigma}} \qquad (5-15)$$

根据方程（5-10）定价法则，可以将方程（5-15）表示为：

$$w = \left(\frac{\sigma-1}{\sigma c} \right) \left[\frac{1}{q^*} \left(\frac{\mu(1-t)Y_1}{G_1^{-(\sigma-1)}} + \frac{\mu Y_2 T^{1-\sigma}}{G_2^{-(\sigma-1)}} \right) \right]^{\frac{1}{\sigma}} \qquad (5-16)$$

（三）标准化

令 $c = \rho = \dfrac{\sigma-1}{\sigma}$ 和 $F = \mu/\sigma$，则：

$$p^M = w \qquad (5-17)$$

$$n = \frac{L_1}{\mu} \qquad (5-18)$$

$$q^* = l^* = \mu \qquad (5-19)$$

标准化后城镇和农村地区制成品价格指数分别为：

$$G_1 = n^{1/(1-\sigma)}(p^M) = \left(\frac{L_1}{\mu} \right)^{1/(1-\sigma)} w \qquad (5-20)$$

$$G_2 = n^{1/(1-\sigma)}(p^M T) = \left(\frac{L_1}{\mu} \right)^{1/(1-\sigma)} wT \qquad (5-21)$$

工资方程经标准化并将式（5-20）和式（5-21）带入后整理可得：

$$w = \left(\frac{\sigma-1}{\sigma c}\right)\left[\frac{1}{q^*}\left(\frac{\mu(1-t)Y_1}{G_1^{-(\sigma-1)}}+\frac{\mu Y_2 T^{1-\sigma}}{G_2^{-(\sigma-1)}}\right)\right]^{\frac{1}{\sigma}}$$

$$= \frac{\mu\left[(1-t)Y_1+Y_2\right]}{L_1} \tag{5-22}$$

（四）判定条件

仍假设乡村地区总是能够获得一个固定的总收入：

$$Y_2 = L \tag{5-23}$$

其中，L 为（常数）城镇与乡村总人口。则乡村地区单个消费者的收入水平为：

$$y_2 = \frac{L}{L-L_1} = \frac{1}{1-\alpha} \tag{5-24}$$

其中，$\alpha = \frac{L_1}{L}$，（$0 \leq \alpha \leq 1$）。城镇地区总收入为所有制造业劳动力工资之和：

$$Y_1 = wL_1 \tag{5-25}$$

将式（5-23）和式（5-24）带入式（5-22）可得：

$$w = \frac{\mu\left[(1-t)Y_1+Y_2\right]}{L_1} = \frac{\mu}{(1-\mu+\mu t)\alpha} \tag{5-26}$$

由于城镇公共产品具有非排他性和一定程度的竞争性，并假设完全竞争市场上的农产品价格始终为 $p^A = 1$，则城镇地区消费者消费私人产品的总效用水平为：

$$U_{MA} = \left(\frac{\mu(1-t)wL_1}{G_1}\right)^\mu \left(\frac{(1-\mu)(1-t)wL_1}{p^A}\right)^{1-\mu}$$

$$= \mu^\mu(1-\mu)^{1-\mu}\frac{(1-t)wL_1}{G_1^\mu} \tag{5-27}$$

根据方程（5-4）可得城镇地区公共产品可为每单位城镇消费者提供的效用水平为：

$$U_t = \frac{t}{(1-t)\alpha}U_{MA} = \mu^\mu(1-\mu)^{1-\mu}\frac{twL}{G_1^\mu} \tag{5-28}$$

则单位城镇居民与单位乡村居民可获得的效用水平为：

$$u_1 = \left[\left(\frac{U_{MA}}{L_1} \right)^\rho + U_t^\rho \right]^{1/\rho} = \mu^\mu (1-\mu)^{1-\mu} \frac{w}{G_1^\mu} \left[(1-t)^\rho + (tL)^\rho \right]^{1/\rho}$$

$$(5-29)$$

$$u_2 = \left(\frac{\mu y_2}{G_2} \right)^\mu \left(\frac{(1-\mu)y_2}{p^A} \right)^{1-\mu} = \mu^\mu (1-\mu)^{1-\mu} \frac{y_2}{G_2^\mu} \qquad (5-30)$$

即需通过比较 u_1 和 u_2 的大小来判断劳动力是会选择在城镇就业还是乡村就业，则：

$$\frac{u_1}{u_2} = \frac{w}{y_2} \left(\frac{G_2}{G_1} \right)^\mu \left[(1-t)^\rho + (tL)^\rho \right]^{1/\rho}$$

$$= \frac{\mu(1-\alpha)}{(1-\mu+\mu t)\alpha} T^\mu \left[(1-t)^\rho + (tL)^\rho \right]^{1/\rho} \qquad (5-31)$$

进一步假设 $L=\mu$，则方程（5-31）可简化为：

$$\frac{u_1}{u_2} = \frac{\mu(1-\alpha)}{(1-\mu+\mu t)\alpha} T^\mu \left[(1-t)^\rho + (t\mu)^\rho \right]^{1/\rho} \qquad (5-32)$$

当 $\frac{u_1}{u_2} > 1$ 时，城镇居民实际效用水平高于乡村，乡村劳动力向城镇转移，反之亦反。假定均衡状态下 $\frac{u_1}{u_2} = 1$，则：

$$\left[(1-t)^\rho + (t\mu)^\rho \right]^{1/\rho} = \frac{(1-\mu+\mu t)\alpha}{\mu T^\mu (1-\alpha)} \qquad (5-33)$$

由方程（5-33）变换可得：

$$\alpha = \frac{1}{1 + \dfrac{(1-\mu+\mu t)}{\left[(1-t)^\rho + (t\mu)^\rho \right]^{1/\rho} \mu T^\mu}} \qquad (5-34)$$

由方程（5-34）及 $0 \leqslant t \leqslant 1$ 可知，当制成品支出占可支配收入比重 μ 增加时，均衡状态的城镇劳动力占比 α 也会随之增加。根据方程（5-33）构建隐函数并求导得：

$$\frac{d\alpha}{dT} = \frac{\mu\alpha(1-\alpha)}{T} > 0 \qquad (5-35)$$

由式（5-35）可知，当运输成本 T 增加时，均衡状态的城镇劳动力占比 α 也会随之增加；也就是说，较大的运输成本会使得人口更倾向于向城镇集聚，导致城乡集散分化。

（五）一个特例分析

假定 $T=4$，$\mu=0.5$，$\rho=0.5$，则方程（5-34）简化为：

$$\alpha = \cfrac{1}{1 + \cfrac{0.5 + 0.5t}{\left[(1-t)^{0.5} + (0.5t)^{0.5}\right]^2}} \qquad (5-36)$$

由方程（5-36）绘制城镇化率 α 与税率 t 的相关关系图（见图5-4），其中"税率"大小可以理解为政府提供公共产品的多少。由图5-4可知，均衡状态下的城镇化率与税率之间存在倒"U"型关系，即随着税率的增加，均衡状态下的城镇化率会先增大后减小；原因在于较低税率状态下公共产品消费相对于私人产品具有较高的边际替代效应，而当较高税率情况下，公共产品的边际替代效应降低且出现城镇公共产品拥挤（由式5-3可知），使得城镇居民效用水平逐渐下降，人口流动趋势出现逆转。在该特例下的最优关系点为（0.12，0.71），即当 $t<0.12$ 时，增加税率有助于

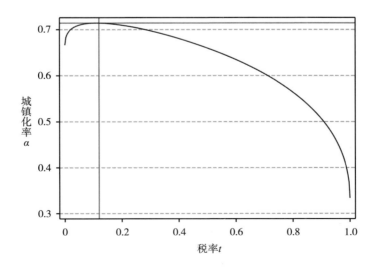

图5-4 均衡状态下城镇化率与税率的对应关系

提升城镇化水平，而当 $t > 0.12$ 时，降低税率有助于提升城镇化水平。另外，对公共产品与私人产品多样化消费偏好的增加，即 ρ 越趋近于 0，均衡状态下的税率与城镇化率水平越高，如当 $\rho = 0.3$ 时，税率与城镇化率的均衡点提升为（0.14，0.78）；可以直观理解为公共产品在整体效用水平中的作用增强会增加政府公共产品供给对城镇化水平提升的积极作用。

综上数理分析可以得出以下结论：财政支出规模与经济集聚（城镇化）之间存在倒"U"型关系，即财政支出规模的增加先促进经济集聚（城镇化），而后随着财政参与分配资源的过度增加最终会对经济集聚（城镇化）产生负向影响。

第三节　中国财政支出规模对城镇化效率的影响：实证研究

理论与数理分析表明，财政支出规模对城镇化发展具有重要影响，且微观作用呈倒"U"型关系。中国的城镇化发端于改革开放，是随着市场经济的发展而逐步发展起来的；同时，计划经济体制也是财政改革的起点，这决定了中国的财政支出相对规模不是从低起点开始，而是从高起点开始的。该部分将通过面板数据模型及动态空间面板模型对改革开放后中国财政支出规模对城镇化效率的影响进行实证研究，检验中国实践与理论分析的一致性关系如何。

一、变量选取、数据说明与数据准备

（一）变量选取与数据说明

本章节以各省份历年城镇化率数据作为城镇化发展水平的直接指标，选取各省份历年财政支出（一般公共预算支出）占 GDP 的比重作为财政支出水平的相对规模指标，选取人均 GDP 的对数值（$\ln pgdp$）和第二、第

三产业产值占 GDP 的比重作为控制变量。本章节以 1982～2018 年中国大陆 28 个省份（除去海南、重庆与西藏）的数据为分析样本，除 1982～2000 年各省份城镇化率数据来源于周一星（2006）及部分年份通过插值法获得城镇化率数据外，其他数据均来自国家统计局官网和历年《中国统计年鉴》。

需要特别说明的是，本章节将 1982～2018 年的数据切割为 1982～1996 年与 1997～2018 年两组，原因在于：第一，由图 5－3 可以看出，1982～1996 年期间财政支出的相对规模在不断降低，而 1997～2018 年则整体保持持续增长趋势，数据分组有助于分析因时期转变而导致的变量间关系的结构性变化（而通常的基于年份的门限回归由于年份较少而无法进行）；第二，1982～2018 年的城镇化率变量面板数据平稳性检验无法通过，而分组后两组数据的城镇化率变量均是平稳的，增加了分析的稳健性；第三，相比而言，长面板（T＞N）数据分析要面临更多问题，而短面板（T＜N）数据分析则相对更为有效，可提升回归分析的稳健性。

（二）面板数据单位根检验

短面板数据是否需要进行平稳性检验通常是经验性的，一般而言，"large N large T" 或 "large N small T" 面板数据，即便非平稳会导致标准差偏误，但参数值的点估计通常是一致的，也就是说，伪回归的问题即便产生也往往不严重。稳妥起见，在模型分析之前对变量 urb（城镇化率）、$fegdp$（财政支出占 GDP 比重）、$\ln pgdp$（人均 GDP 的对数值）和 $nonagri$（第二、第三产业产值占 GDP 比重）进行费雪式单位根检验（Fisher-type unit-root test），检验结果如表 5－4 所示。

表 5－4　　　　面板数据单位根检验（1982～1996 年）与（1997～2018 年）

	Fisher-type unit-root test	urb	$fegdp$	$\ln pgdp$	$nonagri$
1982～1996 年	Inverse chi-squared（58）　P	143.4243 ***	156.6504 ***	120.3092 ***	139.2895 ***
	Inverse normal　Z	－5.5909 **	－7.1303 ***	－4.8720 ***	－6.1205 ***
	Inverse logit t（149）　L*	－6.2106 ***	－7.6239 ***	－4.8604 ***	－6.2892 ***
	Modified inv. chi-squared Pm	8.2608 ***	9.5106 ***	6.0766 ***	7.8701 ***

Fisher-type unit-root test		*urb*	*fegdp*	ln*pgdp*	*nonagri*
1997 ~ 2018 年	Inverse chi-squared（58）P	115.3791 ***	120.5902 ***	105.1807 ***	193.7726 ***
	Inverse normal　Z	− 3.8601 ***	− 5.1238 ***	− 2.1568 **	− 8.3129 ***
	Inverse logit t（149）L*	− 4.2550 ***	− 5.0076 ***	− 2.5757 ***	− 9.3702 ***
	Modified inv. chi-squared Pm	5.6108 ***	6.1032 ***	4.6471 ***	13.0183 ***

注：*、**、*** 分别表示 10%、5%、1% 水平上显著。

1982 ~ 1996 年与 1997 ~ 2018 年两组数据相应四个变量费雪式单位根检验结果表明，每个变量对应的四个检验统计量均强烈拒绝存在面板单位根的原假设，相应的 p 值（除 ln*pgdp* 的 P 统计量的 p 值为 0.0155 外）均小于 0.01 的显著性水平。因此，可以认为该两组数据四个变量在各组都是序列平稳的。

二、面板数据回归分析

（一）回归模型设定

首先通过静态面板数据模型对变量间关系进行初步分析，模型设定如下：

$$urb_{i,t} = \beta_1 fegdp_{i,t} + \beta_2 fegdp_{i,t}^2 + \beta_3 \ln pgdp_{i,t} + \beta_4 nonagri + \beta_5 region_{j,t} + \beta_6 t + \xi_{i,t}$$

$$(5-37)$$

为考察财政支出占 GDP 比重对城镇化率的非线性影响，模型中加入了其平方项 $fegdp_{i,t}^2$ 作为解释变量，并且为考察东部、中部、东北及西部地区（采用通用划分标准）之间的差异，模型引入虚拟变量 $region_{j,t}$，j 的对应取值分别为（1，2，3，4）。其他变量的指代关系上文已有说明。

（二）模型诊断

对于时间维度较小的面板数据而言，通常不必考虑扰动项的自相关问题；但当时间维度较大时（T≥15），扰动项的自相关与同期相关问题就不应该被忽视。基于回归模型（5-37），对残差进行组间异方差沃尔德检验、组内自相关沃尔德检验及组间同期相关的 Pesaran 检验，检验结果如表 5 - 5 所示。

表 5 - 5　　　　　　　　　　　面板数据回归残差诊断

时间	组间异方差检验		组内自相关检验		组间同期相关检验	
	chi2	Prob > chi2	F	Prob > F	Pesaran	Pr
1982 ~ 1996 年	1851. 81	0. 0000	40. 448	0. 0000	8. 301	0. 0000
1997 ~ 2018 年	1056. 20	0. 0000	282. 848	0. 0000	15. 967	0. 0000

面板序列 FGLS 回归模型组间异方差修正沃尔德检验结果显示，1982 ~ 1996 年与 1997 ~ 2018 年的两组数据均强烈拒绝同方差原假设，认为均存在组间异方差。组内自相关的沃尔德检验结果显示，1982 ~ 1996 年与 1997 ~ 2018 年的两组数据均强烈拒绝"不存在一阶组内自相关"的原假设，认为存在组内自相关问题。组间同期相关的 Pesaran 参数检验结果显示，1982 ~ 1996 年与 1997 ~ 2018 年的两组数据均强烈拒绝"无组间同期相关"的原假设，认为存在组间同期相关问题。

（三）回归分析

诊断结果表明，模型扰动项存在组间异方差、组内自相关与组间同期相关问题。解决与处理方法有两种，一是采用"OLS + 面板校正标准误"方法，二是采用全面 FGLS 估计；前者估计更为稳健，后者估计更有效率。鉴于全面 FGLS 具有更强的可操作性，本文选用该方法对 1982 ~ 1996 年与 1997 ~ 2018 年的两组数据分别进行估计。估计结果如表 5 - 6 所示。

表 5 - 6　　　　　　　　　　　全面 FGLS 回归结果

变量	时间	
urb	1982 ~ 1996 年	1997 ~ 2018 年
$fegdp$	0. 8168268 ***	0. 096333 ***
$fegdp2$	- 1. 552604 ***	- 0. 0529659 ***
$lnpgdp$	0. 2234857 ***	0. 0704845 ***
$nonagri$	0. 1231105 ***	0. 0264233 ***
$region1$	- 1. 412209 ***	- 0. 0810447 ***

变量	时间	
urb	1982~1996 年	1997~2018 年
region2	− 0.0161377 **	− 0.1419489 ***
region3	0.0894814 ***	− 0.0174806 ***
region4	− 0.0132038	− 0.1586136 ***
t	− 0.0089063 ***	0.0040448 ***
AR（1）	0.8517	0.9513
Wald chi2	4458.27 ***	20688.82 ***

注：*** p < 0.01，** p < 0.05。

从回归结果来看，1982~1996 年和 1997~2018 年财政支出占 GDP 比重（*fegdp*）的系数均为正，而其二次项 *fegdp*² 的系数却均为负；这表明财政支出占比对城镇化率（*urb*）的影响呈现先正向后负向的倒"U"型作用关系，即初期财政支出占比的增加会对城镇化率产生积极推动作用，但随着财政支出占比的过度增加，则会对城镇化率产生抑制作用。这与上文理论分析的结论是一致的。ln*pgdp*（人均 GDP 取对数）与 *nonagri*（非农产业产值占比）的回归系数在两组数据中均为正值，表明人均 GDP 及非农产业占比的增加对城镇化率具有正向，即人均 GDP 及非农产业占比的增加有助于提升地区城镇化水平。region1-region4 的系数差异表明东部、中部、东北与西部地区的城镇化发展水平具有明显的地区差异。

三、动态空间面板回归分析

（一）空间相关性检验

1. 空间模型 LM 检验

中国 28 个省份的城镇化率存在显著的"集聚"特征，而同样具有空间集聚特征的财政支出水平（相对规模）增加了城镇化的空间依赖关系，因此应考虑采用空间计量模型分析两者之间的相关关系。在确定是否采用空间模型之前需要进行 LM 检验，检验结果如表 5 - 7 所示：空间误差（Spatial error）的 LM 与 R-LM 统计量值均在 1% 的显著性水平上显著，空间滞后（Spatial lag）的 LM 统计量值不显著，但 Robust LM 值在 1% 的显著性水平上显著。因此，应该采用空间计量模型进行分析。

表 5 – 7   空间模型 LM 检验

年份	Spatial error		Spatial lag	
	LM	R-LM	LM	R-LM
1982~1996	65.683 ***	83.313 ***	3.630 *	21.259 ***
1997~2018	54.394 ***	88.451 ***	0.497	34.554 ***

注：*** p<0.01，* p<0.1。

2. 空间相关性 Moran 分析

在确定是否使用空间计量方法时应首先检验数据是否存在空间依赖性。而在此之前需要对特定研究的空间权重矩阵进行定义。由于需考察空间临近的经济溢出效应，故选取中国省际地理邻接空间权重矩，即若两省份存在共同边界，则权重系数为 $w_{ij}=1$，反之则 $w_{ij}=0$；因此，该空间权重矩阵是行列数均为 28 的对称方阵，也被称为 "基于距离的二进制空间权重矩阵"。通过测算全国 28 个省份 1982~2018 年城镇化率（urb）、财政支出占比（$fegdp$）、人均 GDP 取对数（$lnpgdp$）及非农产业占比（$nonagri$）的空间自相关全局莫兰指数（Moran'I）及个别年份相应的局部莫兰指数散点图来分析变量的空间依赖性。

由表 5 – 8 可知，1982~2018 年城镇化率（urb）的莫兰指数除个别年份在 10% 的显著性水平显著外，大部分均在 5% 或更低的显著性水平下显著为正，莫兰指数平均值约为 0.246，呈现显著的空间正相关性，即高城镇化率与高城镇化率省份相邻、低城镇化率与低城镇化率省份相邻。从变化趋势上来看，1982~1997 年城镇化率莫兰指数呈现逐步变小趋势（期间均值为 0.217），空间依赖性减弱；但 1998 年以后，城镇化率莫兰指数出现显著增大趋势（期间均值为 0.269），空间依赖性明显增强，在一定程度上反映出地区间经济与人口集散的分化。财政支出占 GDP 比重（$fegdp$）的莫兰指数均在 5% 及以下的显著性水平下显著为正，全局莫兰指数平均值约为 0.384，空间正相关关系明显，即低比重与低比重省份相邻、高比重与高比重省份相邻。从变化趋势上来看，财政支出占 GDP 比重的莫兰指数变化波动频度较高，长期呈现增大趋势且与经济周期的相关性较强，如 1989～1990 年、1998～2000 年、2008～2010 年较高的指数水平正好对应了该时期国内出现的经济危机，这可能与财政的逆周期调节有关。

表 5 - 8　　　　　　　　　变量 Moran'I 指数及检验（twotail）

年份	urb（I）	fegdp（I）	lnpgdp（I）	nonagri（I）
1982	0.249 **	0.323 ***	0.247 **	0.288 ***
1983	0.246 **	0.313 ***	0.262 ***	0.230 **
1984	0.242 **	0.372 ***	0.265 ***	0.241 **
1985	0.240 **	0.352 ***	0.281 ***	0.275 ***
1986	0.235 **	0.377 ***	0.287 ***	0.304 ***
1987	0.231 **	0.419 ***	0.304 ***	0.317 ***
1988	0.233 **	0.431 ***	0.322 ***	0.285 ***
1989	0.220 **	0.454 ***	0.315 ***	0.315 ***
1990	0.215 **	0.473 ***	0.279 ***	0.237 ***
1991	0.213 **	0.350 ***	0.279 ***	0.261 ***
1992	0.206 **	0.404 ***	0.300 ***	0.288 ***
1993	0.204 *	0.383 ***	0.325 ***	0.287 ***
1994	0.184 *	0.362 ***	0.343 ***	0.231 **
1995	0.183 *	0.344 ***	0.363 ***	0.205 **
1996	0.183 *	0.297 ***	0.371 ***	0.231 **
1997	0.180 *	0.250 **	0.369 ***	0.229 **
1998	0.187 **	0.300 ***	0.367 ***	0.204 **
1999	0.198 **	0.293 ***	0.370 ***	0.158 **
2000	0.219 **	0.356 ***	0.365 ***	0.172 **
2001	0.231 **	0.367 ***	0.363 ***	0.170 **
2002	0.243 **	0.413 ***	0.365 ***	0.173 **
2003	0.256 ***	0.395 ***	0.366 ***	0.180 **
2004	0.268 ***	0.409 ***	0.368 ***	0.182 **
2005	0.281 ***	0.384 ***	0.368 ***	0.204 **
2006	0.281 ***	0.374 ***	0.358 ***	0.221 **
2007	0.286 ***	0.381 ***	0.349 ***	0.211 **
2008	0.289 ***	0.519 ***	0.335 ***	0.233 **

年份	urb (I)	fegdp (I)	lnpgdp (I)	nonagri (I)
2009	0.298 ***	0.494 ***	0.328 ***	0.212 **
2010	0.293 ***	0.428 ***	0.328 ***	0.205 **
2011	0.288 ***	0.377 ***	0.319 ***	0.215 **
2012	0.280 ***	0.355 ***	0.299 ***	0.209 **
2013	0.281 ***	0.377 ***	0.283 ***	0.198 **
2014	0.281 ***	0.373 ***	0.260 **	0.215 **
2015	0.289 ***	0.394 ***	0.249 **	0.227 **
2016	0.295 ***	0.434 ***	0.239 **	0.242 **
2017	0.298 ***	0.438 ***	0.277 ***	0.254 **
2018	0.301 ***	0.451 ***	0.256 **	0.237 **

注：* 、 ** 、 *** 分别表示 10% 、5% 、1% 水平上显著。

1982 ~ 2018 年人均 GDP（lnpgdp）的莫兰指数均在 5% 及以下的显著性水平下显著为正，全局莫兰指数的平均值约为 0.317，呈现明显的空间正相关性，即低水平与低水平省份相邻，高水平与高水平省份相邻。从变化趋势上来看，整体相关性呈现先增强后减弱的态势，如 2005 年莫兰指数达到峰值 0.368，后呈现明显的减小趋势；这在一定程度上说明了中国区域经济差异表现出先扩大后缩小的趋势。非农产业占比（lnpgdp）的莫兰指数均在 5% 及以下的显著性水平下显著为正，全局莫兰指数的平均值约为 0.231，呈现空间正相关关系，即低比重与低比重省份相邻，高比重与高比重省份相邻。从变化趋势上来看，1982 ~ 2001 年莫兰指数呈下降趋势，2002 年以后呈上升趋势；这在一定程度上反映出中国产业发展的空间集散演变特征。

图 5 - 5 分别标示了 2018 年中国城镇化率（urb）、财政支出占比（fegdp）、人均生产总值（lnpgdp）及非农产业占比（nonagri）的局部莫兰指数图，当年局部莫兰指数分别为 0.436、0.529、0.203、0.377 和 0.343，呈现出较强的空间正相关关系，与全局莫兰指数表现出的空间依赖关系相同。

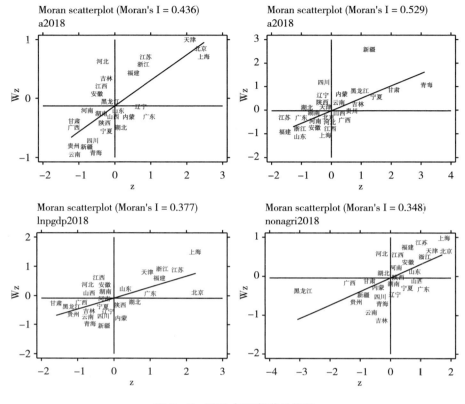

图 5 - 5　2018 年局部莫兰指数

（二）动态空间面板模型

动态空间面板模型的一般形式可表达为：

$$Y = \tau Y_{t-1} + \psi W Y_{t-1} + \rho W Y + X\beta + DZ\delta + \mu + \gamma + \varepsilon$$

$$\varepsilon = \lambda M\varepsilon + \upsilon; \upsilon \sim N(0, \sigma^2 I_n) \tag{5-38}$$

其中，W、D、M 分别表示被解释变量及其时间滞后项的空间权重矩阵、解释变量的空间权重矩阵和扰动项的空间权重矩阵，三者可以为同一矩阵。Y、Y_{t-1}、X、Z 分别指被解释变量、被解释变量时间滞后一期项、解释变量、具有空间作用的解释变量。μ、γ 分别为个体效应与时间效应。τ、ψ、ρ、δ、λ 分别为相应项的系数（待估参数）。该一般空间面板模型根据各待估参数是否为零可以相应退化为 SAR（spatial autoregressive model）、

SAC（spatial autocorrelation model）、SDM（spatial durbin model）、SEM（spatial error model）模型。

该部分模型设定的一般形式为：

$$urb_{i,t} = \tau urb_{i,t-1} + \psi Wurb_{i,t-1} + \rho Wurb_{i,t} + \beta_1 fegdp_{i,t} + \beta_2 fegdp_{i,t}^2 + \beta_3 \ln pgdp_{i,t} +$$

$$\beta_4 nonagri + W(\gamma_1 fegdp_{i,t} + \gamma_2 fegdp_{i,t}^2 + \gamma_3 \ln pgdp_{i,t} + \gamma_4 nonagri) +$$

$$\mu_i + \varepsilon_{i,t}$$

$$\varepsilon_{i,t} = \lambda W \varepsilon_{i,t} + \upsilon_{i,t}; \upsilon_{i,t} \sim N(0, \sigma^2 I_n) \tag{5-39}$$

其中，τ、ψ 和 ρ 分别为时间滞后系数、时空滞后效应系数和当期空间滞后系数，W 为所有涉及空间效应的空间权重矩阵，μ_i 为个体效应，β 及 γ 系列为相应变量的系数，λ 为误差项空间滞后系数。1982～1996 年组数据采用 SAC 模型，模型表达式为：

$$urb_{i,t} = \rho Wurb_{i,t} + \beta_1 fegdp_{i,t} + \beta_2 fegdp_{i,t}^2 + \beta_3 \ln pgdp_{i,t} + \beta_4 nonagri + \mu_i + \varepsilon_{i,t}$$

$$\varepsilon_{i,t} = \lambda W \varepsilon_{i,t} + \upsilon_{i,t} \tag{5-40}$$

1997～2018 年组数据采用动态 SAR 模型，模型表达式为：

$$urb_{i,t} = \tau urb_{i,t-1} + \rho Wurb_{i,t} + \beta_1 fegdp_{i,t} + \beta_2 fegdp_{i,t}^2 +$$

$$\beta_3 \ln pgdp_{i,t} + \beta_4 nonagri + \mu_i + \varepsilon_{i,t} \tag{5-41}$$

两组数据对应模型的空间面板模型回归结果如表 5-9 所示。

表 5-9　　　　　　　　　动态空间面板回归结果

变量	1982～1996 年	1997～2018 年
	SAC 模型	SAR 动态模型
urb L1.	—	1.03 ***
fegdp	1.062 **	0.0814 ***
fegdp^2	-1.932 **	-0.041 *
lnpgdp	0.111 **	0.006 **
nonagri	0.024	0.001
Spatial rho	0.322	0.143 ***
lambda	-0.458 **	—
Variance sigma2_e	0.000295 ***	0.0000254 ***

注：*、**、***分别表示10%、5%、1%水平上显著。

　　为消除问题残差的影响，所有模型参数的显著性检验均采用稳健标准误（Robust standard error）。由于 SAC 与动态 SAR 模型只能在固定效应条件下运行，所以也就不需要对采用固定效应还是随机效应进行选择。1982～1996 年的回归结果表明，财政支出占比（$fegdp$）的系数显著（5% 显著性水平上）为正，财政支出占比平方项（$fegdp^2$）的系数显著（5% 显著性水平）为负，表明财政支出占比（$fegdp$）与城镇化率（urb）之间存在一种倒"U"型变化关系，即财政支出占比的适度增加会促进城镇化率的增加，但财政支出占比的过度增加将对城镇化水平产生抑制作用。人均 GDP 取对数（$lnpgdp$）的系数显著（5% 显著性水平）为正，表明人均 GDP 水平的提升有助于提升城镇化率。非农产值占比（$nonagri$）的系数为正，但并不显著，这与上述静态面板回归的结果有所不同。城镇化率的空间滞后系数（Spatial rho）为正，但并不显著；可能的原因在于，改革开放初期的城镇化集聚效应并不十分显著，市场经济条件下的经济极化发展的效应还未充分显现。误差项空间滞后系数（lambda）显著（5% 显著性水平上）为负，表明模型未穷尽的因素呈现较强的空间负相关性。

　　1997～2018 年回归结果表明，城镇化率的一阶时间滞后项（urb L1.）对当期城镇化率具有显著（1% 显著性水平上）为正的解释能力，即上期城镇化率越高，当期的城镇化水平也就越高。财政支出占比（$fegdp$）及其二次项（$fegdp^2$）分别显著（%1 显著性水平）为正和显著（10%）为负，与 1982～1996 年结果相似，表现出财政支出占比（$fegdp$）与城镇化率（urb）之间存在倒"U"型关系。人均 GDP 取对数（$lnpgdp$）的系数显著（5% 显著性水平）为正，也表明人均 GDP 水平的提升有助于提升城镇化率。非农产值占比（$nonagri$）的系数为正，但同样不显著。城镇化率的空间滞后系数（Spatial rho）显著（1% 显著性水平）为正，这表明相邻地区较高的城镇化水平将会对本地区城镇化水平产生正向溢出影响，即该时期城镇化开始呈现空间上的集聚与极化特征（见表 5 - 10）。

表 5 - 10　　　　　　　　　　　　各变量空间效应分解

变量	1982 ~ 1996 年			1997 ~ 2018 年		
	LR_Direct	LR_Indirect	LR_Total	SR_Direct	SR_Indirect	SR_Total
$fegdp$	1.118 **	0.488	1.606 **	0.081 ***	0.013 **	0.094 ***
$fegdp^2$	-2.037 **	-0.868	-2.905 **	-0.039	-0.007	-0.046
$lnpgdp$	0.120 ***	0.045	0.165 **	0.006 **	0.001 *	0.007 **
$nonagri$	0.027	0.004	0.031	0.002	0.000	0.002

注：*、**、*** 分别表示 10%、5%、1% 水平上显著。

　　现将模型回归中相应的解释变量对被解释变量的影响分解为直接效应和间接效应。需要说明的是，SAC 模型只输出长期效应，而动态 SAR 模型中各解释变量（除 $fegdp$ 的总效应在 1% 的显著性水平上显著外）各类长期效应均不显著，故只对重要部分进行列示。单就财政支出占比（$fegdp$）及其平方项（$fegdp^2$）来看，1982 ~ 1996 年两变量的长期直接效应分别显著为正和显著为负，表示本地区财政支出占比对本地区城镇化率具有显著影响，包括本地区财政支出占比对临近地区城镇化率的影响又反过来影响本地区城镇化率的反馈效应；两变量的长期间接效应均不显著，表明临近地区的财政支出占比对本地区城镇化率的影响并不显著。1997 ~ 2018 年财政支出占比（$fegdp$）的短期直接效应显著为正，表明本地区财政支出占比对本地区城镇化率具有正向影响（包括反馈效应）；财政支出占比（$fegdp$）的短期间接效应显著为正，表明临近地区的财政支出占比对本地区城镇化率产生了显著正向影响，即财政支出具有正向空间溢出效应。

　　综合实证分析可知，中国财政支出规模对城镇化的影响呈现非线性倒"U"型关系，与理论分析相吻合。前述理论分析表明，适度的财政支出规模能够提供多样化的公共产品，能够有效"迎合"居民的偏好结构与生产要素配比结构；但过度的财政支出形成过量的公共产品，将会挤占私人投资与私人消费，从而导致财政支出社会边际效益下降，使居民更愿意留在农村以获得更加符合偏好结构与要素生产结构的"公""私"比例关系。中国城镇化是在改革开放以后逐步发展起来的，与之相应的是政府与市场关系的不断调整。财政支出相对规模在改革开放之初相对较高（计划经济体制影响），阻滞了城镇化的发展；随着财政支出相对规模的不断收缩，市场经济繁荣推动了城镇化的发展。当中国以市场为基础的工业化与城镇化进入起步与加速阶段后，对公共产品的巨大需求推动了财政规模的持续扩张，财政支出成为推动经济与城镇化发展的重要力量。但从近期中国部分省份（如北京、上海、浙江等）的数据来看，财政相对规模开始下降回调；长期来看，财政相对规模可能会在倒"U"型的顶端附近徘徊，以适应经济与城镇化的发展。中日对比发现，中国改革开放后财政支出规模对城镇化发展的影响与日本"二战"前后的状况较为相似，展现出较为一般化的特征。

本章小结

本章旨在从理论上分析财政支出规模与城镇化效率之间的关系，在实证上说明中国财政支出规模对城镇化效率的影响。第一部分概括地介绍了中国改革开放后城镇化的规模、速度、省际及地区差异，同时对财政支出的一般变化趋势、城镇化相关财政支出（如住房保障投入与农民工市民化财政支出成本核算）进行了描述性分析。第二部分首先从抽象的理论概念入手分析了公共产品与经济集聚的互动关系，其次通过现实中的实践内容（如基础设施需求、住房保障需求、教育服务需求、医疗服务需求等）分析了城镇化发展过程中财政支出的必要性，最后构建数理模型分析了财政支出对经济集聚、劳动力城乡转移与城镇化效率的影响。第三部分基于中国 1982～2018 年省级面板数据，通过建立静态面板模型与动态空间面板模型对中国财政支出规模对城镇化发展的影响进行计量分析，结果显示财政支出规模对城镇化效率的影响呈现非线性倒"U"型关系，与理论分析相吻合，且与日本实践经验类似。

第六章

中国财政支出结构对城镇化质量
与效率的影响研究

经济系统的结构性演变需要动态调整的财政支出结构与之相适应，具体表现为：生产性财政支出能否适应新经济增长，消费性或服务性财政支出能否满足居民新需求，转移性财政支出能否实现社会福利水平的普遍改善，这也是城镇化水平持续提升的保障与内在要求。健康的城镇化需要城镇化质量与效率的协调与统一，城镇化质量的核心内涵包括城镇自身发展状况、城镇化推进效率与城乡协调发展程度（魏后凯，2014）。从日本城镇化发展经验来看，城镇化质量与规模间的矛盾存在先激化后弥合的变化关系，而财政支出结构的适时调整是平抑二者矛盾状况的重要手段。中国城镇化历经四十余年的快速发展，城镇化规模与质量间的矛盾处于扩大与缩小的转折点，财政支出结构的调整是否及时、适当，对未来中国城镇化发展走向具有重要影响。本章在初步分析改革开放以来中国城镇化质量与财政支出结构变化的基础上，通过理论与数理模型分析财政支出结构对城镇化发展的作用机制，在此基础上，以中国改革开放后全国数据与省级面板数据对二者关系进行实证分析，以期在产业变革、需求层次提升及福利公平约束背景下如何通过财政支出结构调整推动中国未来城镇化的高水平与高质量发展提供有益借鉴。

第一节　中国城镇化质量与财政支出结构实践

中国城镇化道路与西方发达国家相比具有较大不同，中国的城镇化走的是先从"农民到农民工"、再从"农民工到市民"的两段式发展道路。至少到目前为止，第一阶段已实现大半，而第二阶段却相对缓慢；其中一个重要原因在于财政支出结构无法适应大规模人口城镇化的发展。以下将对改革开放以来中国城镇化发展质量状况及财政支出结构的变化状况进行描述性说明。

一、中国城镇化质量状况

城镇化质量可以从多个角度进行定义，该部分对城镇化质量的定义最直观地体现在"以人为核心"的城镇化上，这也是中国新型城镇化发展战略的核心内涵。以下将从三个方面描述中国改革开放以来城镇化发展的"质量"特征。

（一）常住人口与户籍人口城镇化率

改革开放后的户籍制度在人口管理上有其积极意义，但同时也对农村人口向城镇的合理转移产生了消极影响，户籍人口城镇化率显著慢于常住人口城镇化率，且二者在总体上分化态势明显。由图 6-1 可知，1982～2019 年户籍人口城镇化率由 17.6% 增加至 44.38%，与常住人口城镇化率的差值也由 3.53% 增加至 16.22%，其中 2013 年该差值达到 18.03% 的峰值，随后出现下降趋势。2019 年城镇常住人口与城镇户籍人口之间的实际规模差距为 2.27 亿人，相当于日本全国人口的 1.8 倍。常住人口城镇化率与户籍人口城镇化率差值的扩大与缩小，与增量和存量的相对改革速度、城乡劳动力年龄结构、城乡就业结构及人口管理能力等变化息息相关。随着户籍制度逐步回归其人口管理的本质，城镇空间均衡发展与积极的城镇公共资源投入将成为缩小两种城镇化率差距的主要手段，但由于差距规模巨大，二者关系的弥合仍需较长时间。

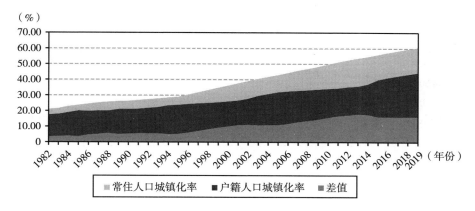

图 6-1 1982～2019 年全国常住人口城镇化率与户籍人口城镇化率

资料来源：户籍城镇化率以非农人口占总人口比重衡量，其中 1982～2005 年数据来源于相应年度《中国人口统计年鉴》，2006～2009 年数据来源于相应年度《中国人口和就业统计年鉴》。常住人口城镇化率数据由国家统计局官网相应数据计算得来，农民工相关数据来源于 2011～2019 中国农民工调查监测报告。

（二）土地与人口城镇化协调问题

由图 6-2 可知，1981～2018 年，城市建设用地面积由 6720 平方公里增加到 5.61 万平方公里，年均增长率为 5.9%；城镇常住人口由 2.02 亿人增加到 8.31 亿人，年均增长 3.9%；前者较后者增速高近 2 个百分点。全国城市人口密度由 1981 年的 3 万人/平方公里震荡下行至 2018 年的 1.48 万人/平方公里，城镇人均建设用地面积由 33.32 平方米增加到 67.45 平方米，年均增长 1.92%。从要素产出效率来看，1981～2018 年城市建设用地非农产业单位产值由 0.5 亿元/平方公里增长至 2.49 亿元/平方公里，年均增长率 4.58%；而城市人均非农就业增加值年均增长率 6.64%，前者与后者相差近 2.06 个百分点，表明城镇建设用地的产出效率的增加明显低于非农就业劳动力产出效率的增长。城镇建设用地面积的扩张从城镇居民居住条件改善角度看有其合理性，但过度扩张的原因则是制度性的，即以政府为核心，以土地运营为手段的城镇开发模式，在较大程度上导致城镇土地利用效率不高，并且也导致人口城镇化发展缓慢。

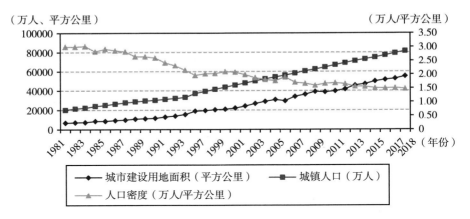

图 6-2　1981~2018 年城市建设用地、城镇人口与人口密度

注：由于 1994 年、1995 年城市建设用地面积数据出现异常，故剔除；在涉及产出的计算中，数据以 1978 年为基期核算。

资料来源：根据国家统计局官网和《中国城乡建设统计年鉴 2016》计算、整理得出。

（三）农民工市民化问题

工业化与城镇化相伴而生。按照霍利斯·钱纳里（1988）的核算标准，当一国人均国民收入达到 1000 美元以上时，其常态城镇化水平应达到 65.8% 以上；而中国 2019 年人均国民收入已达 10410 美元，但常住人口城镇化率仅为 60.6%；这也是常用的说明中国城镇化滞后于工业化的判断依据。从摆渡于城乡之间的农民工规模变化情况来看，2008~2019 年农民工总量由 2.25 亿人增长至 2.91 亿人，增速在 2010 年达到峰值 5.42%，之后年度整体呈下降趋势，2019 年增速下降至 0.8%（见图 6-3）。虽然农民工增长趋势有所下降，但其庞大的绝对规模将会持续较长时间，未来农民工市民化的压力依旧很大。

从农民工居住条件来看，2019 年中国城镇居民人均住房面积 39.8 平方米，而进城农民工人均居住面积为 20.4 平方米，仅相当于前者的约 1/2。从农民工所能享受的城市公共服务情况来看，以 2019 年农民工随迁子女教育问题为例，全国 50.9% 的农民工反应随迁子女在城市上学面临一些问

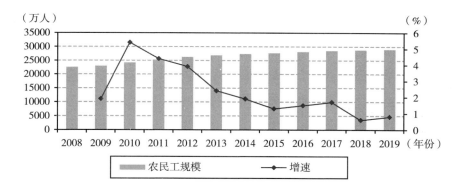

图 6 – 3　2008 ~ 2019 年农民工规模变化

资料来源：根据历年《农民工监测调查报告》计算、整理得出。

题；认为义务教育阶段本地升学难、费用高的农民工所占比重分别为
34.2% 和 28.9% ，分别比 2018 年提高 7.5 个和 1.7 个百分点。农民工与真
正城镇居民的生活差距依然较大。而解决该问题不能仅依靠市场，更重要
的是合理制定农民工市民化成本分担机制，提高与发挥财政在农民工市民
化过程中的积极引导作用。

二、中国财政支出结构演变

维托·坦齐（2000）在其著作《20 世纪的公共支出》一书中描述分
析了 1960 年与 1990 年 17 个工业化国家公共支出结构的变化，发现无论政
府规模大小如何，实际中生产性公共支出占比趋于下降，消费性公共支出
与转移支付支出占比却在快速增加。改革开放后，随着工业化与城镇化快
速的发展，中国财政支出结构变化也表现出类似特征。以下重点列示科教
文卫、社会保障与就业类服务性（或非生产性）财政支出的演变趋势。由
于 2007 年财政统计口径发生较大变化，故将改革开放至今划分为 1978 ~
2006 年和 2007 ~ 2019 年两个时期分别讨论。

由图 6 – 4 可知，1978 ~ 2006 年，文教、科学、卫生支出由 112. 66 亿
元增加至 7425. 98 亿元，年均名义增长率为 16. 14% ，占财政总支出的比
重由 10. 04% 增加到 18. 37% ，年均增长约 0. 3 个百分点；单从占比来看，

1994 年以后文教、科学、卫生支出占比呈下降趋势，这可能缘于财政分权体制改革改变了地方政府行为激励所致。社会保障支出由 1978 年的 18.91 亿元增长至 2006 年的 4361.78 亿元，年均名义增长率为 21.45%，占财政总支出的比重由 1.69% 增加至 10.79%，年均增长 0.33 个百分点；单从占比角度来看，1997 年以前社会保障支出占比基本维持在 1.73% 左右，但 1997 年以后社会保障支出占比快速增加，1997~2006 年年均增长近 0.8 个百分点，这可能缘于以国企改革为契机建立的初级社会保障制度引致了财政支出的快速增加。从总的服务性财政支出（包括文教、科学、卫生、社会保障）来看，服务性财政支出占总财政支出的比重由 1978 年的 11.73% 增加至 2006 年的 29.16%，年均增长 0.62 个百分点，财政支出结构服务化的趋势比较明显。

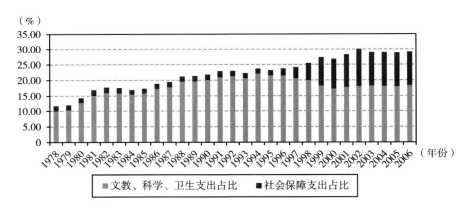

图 6-4　1978~2006 年服务性财政支出结构堆积

资料来源：根据历年《中国统计年鉴》计算、整理得出。

由图 6-5 可知，2007~2019 年，教育支出由 7122.32 亿元增加至 34796.9 亿元，年均名义增长率为 14.13%，占国家财政总支出的比重大致维持在 14.85%，其间（2011~2014 年）出现小幅上涨，但近年来又逐渐回落。国家财政文化体育与传媒支出由 2007 年的 898.64 亿元增加至 2019 年的 4086.31 亿元，年均名义增长率为 13.45%，占国家财政总支出的比重大致维持在 1.74 左右。国家财政医疗卫生支出由 2007 年的 1989.96 亿元增加至 2019 年的 16665.34 亿元，年均名义增长率为 19.38%，占国家财政总支出的比重由 4.0% 增加至 6.98%。国家财政科学技术支出由 2007 年的 2135.7 亿元增加至 2019 年的 9470.79 亿元，年均名义增长率为 13.21%，但占国家财政总支出的比重由 4.29% 小幅收缩至 3.97%。国家财政社会保障与就业支出由 2007 年的 5447.16 亿元增加至 2019 年的 29379.08 亿元，年均名义增长率为 15.08%，占国家财政总支出的比重由 10.94% 小幅增加至 12.3%。从总体来看，服务性财政支出（如教育、文体、医疗卫生、科学技术、社会保障与就业支出）占总财政支出比重由 35.34% 增加至 39.52%，年均增长 0.35 个百分点，总体呈小幅上升趋势，但财政支出结构服务化趋势开始放缓。

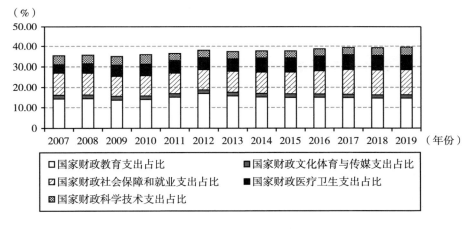

图 6 - 5　2007～2019 年服务性财政支出结构堆积

资料来源：根据国家统计局官方网站计算、整理得出。

随着经济与城镇化的发展，集聚的生活方式、社会公平认知及居民需求由产品向服务偏好演变，会引致财政支出结构的变化。反过来看，适时、适当的财政支出结构调整也会对经济与城镇化的发展产生积极作用。中国当前面临的人口城镇化发展滞后的问题，在很大程度上是由于财政支出结构阶段性失衡导致的。当前及未来较长一段时期内，中国迫切需要通过财政支出结构调整来提升城镇化发展质量和发展水平。

第二节　财政支出结构对城镇化发展的影响：理论分析

一、财政支出结构的城镇化发展效应分析

不同的经济发展阶段城镇化发展对财政支出结构的要求存在差异，并且不同的经济发展阶段财政支出的结构不同对城镇化发展的作用也有所不同。以下将从财政支出结构的经济增长效应、公共产品偏好结构效应、收入分配与福利效应及城镇综合承载力提升效应四个方面分析财政支出结构的适时调整对提高城镇化水平和城镇化质量的积极作用。

（一）经济增长效应

以工业化与经济集聚为特征的经济增长是城镇化持续发展的直接动力。生产性财政支出是生产要素的重要组成部分，是推动经济增长的重要力量。由于部分要素（从生产角度看）具有公共品、外部性及投资大、回收期长等特性，导致该部分要素因私人投入不足而出现供给短缺，进而制约整个经济系统的发展。从理论与发展实践来看，基于生产的生产性财政支出与私人投入间存在一个最优比例关系，生产性财政支出的过多或过少都会对经济系统带来负面（相对于最优）影响，并且不同的经济系统特性及同一经济系统的不同发展阶段，该最优比例的具体表现也不相同。生产性财政支出对经济增长的影响路径表现在以下几个方面：第一，生产性财政支出以资本要素的形式参与生产，其本身构成社会总供给的重要组成部分；第二，生产性财政支出的实物变现会带动社会总需求增加，并通过乘数与加速原理实现总需求的进一步扩张；第三，适当比例的生产性财政支出会提升私人投资的边际产出，引致私人资本投入水平的增加；第四，从新增长理论角度来看，财政教育类及基础研发类支出能够显著提升人力资本水平与科技水平，是经济长期增长的重要内生力量；第五，生产性财政基础设施支出能有效改善道路、通信等供需交易条件，有助于市场规模的

快速扩张。通过促进经济增长推进城镇化发展是财政支出影响城镇化进程的重要路径。所处阶段不同，经济增长与城镇化发展所要求的生产性财政支出结构有所不同。在经济早期起飞阶段，大规模的财政传统基础设施（如铁路、公路、电力等）投入对经济增长与城镇化发展的推动作用是巨大的也是主要的。但随着经济进入成熟阶段，一方面新业态对新的基础设施（如大数据中心、5G 基站等）产生新的需求，对财政基础设施支出产生新的要求；另一方面知识经济与服务经济在国民经济中占比逐步提升，迫切需要教育、基础科研类财政支出的快速增加以满足全社会人力资本与科技水平提升的要求。因此，从生产角度来看，财政支出结构应根据经济发展阶段的变化做出适时调整，以更好促进经济增长，更高效推动城镇化水平的提升。

（二）公共产品偏好结构效应

满足偏好需求的公共产品供给是影响乡村人口向城镇转移的重要决策因素，也是城镇居民效用水平提升的重要内容。通过优化财政支出结构改善公共产品供给结构，以更好地适应公共需求偏好的变化，是提升城镇化效率与改善城镇化质量的重要途径。财政支出结构（或公共支出结构）受制于集体偏好结构，而集体偏好结构又由个体偏好与集体选择规则决定。个体偏好具有多样性、多层次性和梯度演进特征，其中个体偏好的演进规律类似于马斯洛对需求层次（如生理、安全、情感与交往、尊重、自我实现）由低到高的划分；个体偏好结构会随着低层次需求得到满足而逐步向高层次需求迈进。经济的持续发展提高了居民收入水平，拓宽与更新了公共产品内容，为个体偏好结构演进提供了客观条件；城镇化的持续推进改变了居民生产生活方式，形成了个体偏好结构演进的主观需求。个体偏好结构的演变会推动公共产品需求结构的变化，具体表现为由工业化初期对道路、交通、电力等公共产品的需求偏好转向工业化后期对教育、科技、文化、医疗、卫生等方面的需求偏好，这一转变体现了工业化与城镇化进程中低层次需求逐渐得到满足、高层次需求重要性逐步上升的一般规律，也是基于个体偏好结构的集体偏好结构演进的核心动因。从城镇化过程中公共产品供给效益方面来看，经济集聚效应的持续释放增加了公共产品社会收益并降低了公共产品人均供给成本，并且随着集体选择规则的日益成熟，个体偏好向集体偏好转化的效率不断提升，这使得基于社会收益与社会成本考量的公共产品供给范围在一定程度上得以扩张，进而影响公共产品供给结构。综上所述，由于个体偏好结构的演进、集体决策机制的进步与公共产品供给效率的提升，公共产品实际需求结构会随着经济与城镇化发展发生变动，这将引致财政支出结构随之变动。因此，从偏好结构角度来看，城镇化发展与财政支出结构间存在相互作用关系：城镇化发展会推动财政支出结构演变，积极合理的财政支出结构有助于推动城镇化水平的提升与城镇化质量的改善。

（三）收入分配及福利公平效应

效率与公平的统一是城镇化高质量发展内在要求。但由于劳动力异质性、制度形成的非市场性及市场失灵状况的出现，市场配置资源方式会在一定程度上放大社会不公，并且会导致经济系统出现一定程度的结构性效率衰减。因此，在城镇化发展过程中，政府应通过实施合理的收入分配调节政策与公平的社会福利政策避免（发展实践中大量存在的）城乡分割及城镇内部二元分化状况的出现。财政支出结构是调节收入分配与福利分配格局的重要手段，其直接作用是通过调节财政支出结构改变初次分配状况（再分配功能），间接作用是通过支出结构调整改变资源配置状态以影响下一轮初次分配结果。不同发展阶段财政支出结构会有所不同，从收入分配角度来看其原因在于：第一，经济起步阶段更多生产性财政支出（经济建设投入）能够通过提高经济增长率普遍提升居民收入水平，其政策本身是一种帕累托改进；第二，随着经济与社会发展进入成熟阶段，更多的消费性或服务性财政支出（如民生支出、转移支付等）不仅能够缓解收入差距扩大与分配正义观念间的矛盾，也提升了经济系统长期的稳健性，其政策本身属于一种卡尔多－希克斯改进。因此，适时、适当的财政支出结构调整能够有效改善社会总体福利水平。另外，财政支出结构中不同财政支出类目的最终利益归宿存在差异，这就使不同财政支出结构对不同群体的收入及福利影响会有所不同。从大致的分类来看，生产性财政支出（尤其在资本稀缺发展阶段）的分配结果往往对资本所有者更为有利，而民生类财政支出的分配结果通常对普通居民更为有利；因此，基于利益归属的差异，不同的政策目标需要不同的财政支出结构安排。实践中城镇化发展往往伴随着城乡差距拉大和城市内部二元结构问题的出现，并且这些问题的持续恶化最终将制约城镇化的健康发展。因此，通过调整财政支出结构，以改善乡村及城镇中低收入群体福利状况为目标，加大财政在住房、教育、医疗、社会保障等民生领域的支出，对提升城镇化发展质量具有重要意义。

（四）城镇综合承载力提升效应

城镇化是经济要素由乡村向城镇不断转移的过程，城镇逐渐成为人类社会的主要承载空间。由于城镇经济社会的集聚特征，城镇化的不断推进极大地增加了城镇系统内部结构的复杂性，也使其与维持系统自组织发展的外部环境的矛盾日益突出。因此，如何提升城镇综合承载力是政府在城镇化发展到一定阶段必须重点关注的问题。城镇综合承载力主要包括城镇公共管理承载力、城镇资源承载力、城镇生态环境承载力，适时、适度的财政支出结构调整可有效提升城镇综合承载力。第一，城镇规模与要素密度的增加，迫切需要通过财政支出结构调整提升城镇公共管理的有效性，从而保持城镇内部要素流动的有序性，增加系统对要素扩张的涵养能力；如增加基础设施与公共服务类支出以减少公共产品消费拥挤，增加公共管理行政支出以降低摩擦成本（智慧城市建设），提升城镇整体运转效率。第二，土地和水资源是制约城镇发展的主要自然因素；土地资源的相对稀缺及经济要素集聚（如产业集聚效益、公共产品获得优势）所带来的土地升值是城镇化出现"离心"现象的主要原因，政府参与土地资源供需配置并在部分重大用地问题（如住房保障用地、新产业园区用地）上给予适当的财政补贴，是防止过早出现城镇规模极化的重要手段；更大规模与更高质量的城镇用水往往需要开展更大范围的地区间合作，通过地区间财政合作（如向水源地及上游地区给予发展补贴、共同修建引水净水工程等）保证城镇水资源供应。第三，城镇生态环境恶化或改善缓慢已经成为制约城镇化高水平发展的重要因素；财政作为治理生态环境外部性问题的重要手段，应适应居民不断增强的环境偏好，通过增加生态环境保护类财政支出和开展更大规模的地区生态保护财政合作，加强生态环境建设，以提升城镇居民生产生活质量。因此，城镇化发展到一定阶段，需通过财政支出结构调整支持城镇综合承载力的提升，为更高水平城镇化发展奠定"空间"基础。

二、财政支出结构与劳动力城乡转移：数理分析

基于上节理论分析，该部分重点关注财政支出结构调整对城乡劳动力转移的微观作用机制。该数理分析的核心是：公共资本效率与公私产品偏好结构变化状况下，财政支出结构调整对劳动力城乡转移决策及流动均衡的影响。符合经济规律的逻辑是：根据城镇生产的边际报酬递减所带来的收入水平增长减缓和居民随收入水平增加带来的消费性公共产品偏好增加而适当调整财政支出结构中生产性公共支出与消费性公共支出的比例关系；人口向城镇转移使城乡收入水平同步（但均衡状况大小不同）提高，但由于城镇可以通过将部分收入（符合偏好结构）转化为消费性公共产品而提高了总效用水平，而乡村由于过大的"运输成本"使消费性公共产品获得价格较高而使消费性公共产品对私人产品的边际替代率极高，乡村居民效用水平提升幅度较小；结果是均衡状态下单位收入所能获得的效用水平城镇明显高于农村，而人均收入水平乡村高于城镇，也就是说即便城镇的人均收入水平并没有乡村的高，也有更多的乡村人口向城镇转移了。

就模型构建而言，将生产性财政支出放置于城镇生产函数、将消费性财政支出放置于城镇消费者效用函数的方法并不利于模型的简化与核心逻辑的表达。本书所构建的模型在表达上做了转换：假定城乡单位有效产品总是能够满足单位效用水平，因此城乡劳动力的转移决策变量转化为城乡地区人均有效产品产出水平的高低比较。模型分析的基本假设：第一，假定财政收支行为只发生在城镇，乡村处于无政府的自然经济状态；第二，

将城镇财政支出简单二分为生产性财政支出与消费性财政支出；前者直接作用于私人产品的生产函数，后者直接作用于消费性公共产品生产函数；第三，消费性公共产品不会对乡村地区产生正向溢出，用空间经济语言表达为消费性公共产品运输成本无穷大，即乡村居民只能通过劳动力迁移获得消费性公共产品。具体模型分析如下。

（1）假定乡村地区农产品生产能够获得一个稳定的总产出水平 Y_2（常数），乡村地区人口（假定城乡人口均为劳动人口）数量为 L_2，则乡村地区人均产出为 Y_2/L_2，随着乡村人口向城镇转移（即 L_2 变小），乡村地区人均产出水平增加。

（2）城镇地区运用资本与劳动要素生产总量为 Y_P 私人产品和总量为 Y_G 消费性公共产品；假定资本总量为固定常数 K，城镇地区人口数量为 L_1，且城乡地区人口总量 $L_1 + L_2 = L$，L 为固定常量。城镇地区存在一个政府部门，通过向资本总量征收 t 比例的税收（即 tK），并将该税收的 s 比例（即 stK）以公共资本的形式助力私人产品生产，$1-s$ 比例（即（$1-s$）tK）用于可直接消费的消费性公共产品生产。城镇地区可生产的有效产品总量为：

$$Y_1 = \frac{1}{\rho} Y_P^{1-\rho} Y_G^{\rho} \tag{6-1}$$

（3）在城镇地区私人产品生产中，公共资本的作用在于提升有效资本存量水平，即有效资本存量：

$$\tilde{K} = \frac{\mu}{A(1-\mu)}(stK)^{1-\mu}\left[(1-t)K\right]^{\mu}$$

$$= \frac{\mu}{A(1-\mu)}(st)^{1-\mu}(1-t)^{\mu}K \tag{6-2}$$

其中，$0.5<\mu<1$，旨在表明私人资本在生产中的相对重要的地位。公私资本配置的最优状态要求公共资本的边际有效资本与私人资本的边际有效资本相等，应满足的最优条件为：

$$\frac{st}{1-t} = \frac{1-\mu}{\mu} \tag{6-3}$$

将式（6-3）带入式（6-2）可得最优有效资本为：

$$\tilde{K} = \frac{1-t}{A}\left(\frac{\mu}{1-\mu}\right)^{\mu} K \qquad (6-4)$$

其中，A 为常数且 $0 < A < 1 - t$，$\left(\frac{\mu}{1-\mu}\right)^{\mu} > 1$，旨在说明合理的公共资本与私人资本组合可以增加有效资本量，进而增加产出水平。

设定城镇地区私人产品生产函数为：

$$Y_P = \tilde{K}^{\alpha} L_1^{1-\alpha} \qquad (6-5)$$

其中，$0 < \alpha < 1$。城镇消费性公共产品的生产函数为：

$$Y_G = \left[(1-s) tK \right]^{\beta} \qquad (6-6)$$

其中，$0 < \beta < 1$，表明公共产品生产对资本存在边际报酬递减规律，并且城镇消费性公共产品可以被人均等分消费。基于转换的城镇地区总产出函数表述为：

$$Y_1 = \frac{1}{\rho} Y_P^{1-\rho} Y_G^{\rho} \qquad (6-7)$$

其中，$0 < \rho < 1$；该函数形式的经济学意义在于：在其他条件不变情况下，政府根据公私产品的边际贡献相等选择私人产品与公共产品数量，最优产出条件为 $\frac{Y_P}{Y_G} = \frac{1-\rho}{\rho}$，此时城镇地区最优有效总产出为：

$$Y_1 = \frac{1}{\rho}\left(\frac{1-\rho}{\rho}\right)^{1-\rho} Y_G = \frac{1}{\rho}\left(\frac{1-\rho}{\rho}\right)^{1-\rho}\left[(1-s) tK \right]^{\beta} \qquad (6-8)$$

为表达公共产品与私人产品组合所带来的积极效应，要求最优总产出 $Y_1 > Y_P + Y_G$，为满足这一条件需进一步假定 $0 < \rho < 0.5$。将式（6-3）带入式（6-8）可得：

$$Y_1 = \frac{1}{\rho}\left(\frac{1-\rho}{\rho}\right)^{1-\rho}\left[\frac{t-(1-\mu)}{\mu}K\right]^{\beta} \qquad (6-9)$$

其中，$1 - \mu < t < 1$。当城乡人均产出相等时城乡劳动力流动达到均衡状态，即：

$$\frac{Y_1}{L_1} = \frac{Y_2}{L_2} = \frac{Y_2}{L - L_1} \qquad (6-10)$$

将式（6-10）带入式（6-9）可得：

$$Y_2 \frac{L_1}{L - L_1} = \frac{1}{\rho}\left(\frac{1-\rho}{\rho}\right)^{1-\rho}\left[\frac{t-(1-\mu)}{\mu}K\right]^{\beta} \qquad (6-11)$$

式（6-11）的经济学意义在于：（1）在其他参数不变的情况下，税率 t 越大，城镇人口 L_1 越大，即劳动力流动均衡状态下的城镇化水平越高；由于 $0 < \beta < 1$，二者的正相关关系会随着税率 t 的增大而呈现衰减趋势。（2）当城镇人口既定不变时，公共产品的贡献水平 ρ 增加，要求税率 t 增加及 s 的减小来维持城镇总产出水平的不变；表明随着公共产品消费贡献水平的提升，增加税率水平，并减少用于公共投资的比重，有利于人均福利水平的提升。（3）结合式（6-3）与式（6-11），假定税率 t 不变情况下，公共资本的贡献水平下降（即 $1-\mu$ 变小），用于公共资本的比例 s 会减小，而公共产品的贡献水平 ρ 的增加方能维持城镇人口不变，表明公共支出结构会随着公共资本与公共消费产品的贡献度变化出现调整；而就现实经济中的一般规律而言，公共资本的贡献水平会逐渐下降，而公共消费产品的贡献水平则逐渐上升，这就要求公共投入结构随着经济的发展而逐渐偏向消费性公共产品。

虽然模型在城镇公共产品对乡村地区溢出效应上的假设过于严格，且未能将财政支出中的转移性支付纳入模型分析，但在分析效果上仍能得出强有力的结论：由公共资本效率与公私产品偏好结构变化所推动的财政支出结构调整对劳动力城乡转移决策及流动均衡具有重要影响。

第三节　中国财政支出结构对城镇化质量与效率的影响：实证分析

在发展实践中，既定财政支出规模条件下，财政支出中公共资本的适度增加可以提升劳动力名义转移效率，但容易形成"半城镇化"或"人口城镇化滞后"问题；原因在于生产性公共资本投入增加了居民私人产品消费能力，但却减少了公共产品消费水平，使劳动力转移实际效率下降。而财政支出中消费性支出的增加会提升城镇居民公共产品消费水平，但其对公共资本的"挤出"会降低私人产品消费能力，从而降低劳动力名义转移水平。

从财政支出结构的变化趋势来看，服务性财政支出（类比为上述理论分析中的消费性公共支出）占比会随着工业化与城镇化的发展而不断提高。改革开放后，中国城镇化长期面临人口城镇化发展滞后问题，财政支出结构也在此期间发生了较大变化。该部分旨在实证分析改革开放后中国财政支出结构（在操作中主要考察服务性财政支出的作用）对城镇化质量与效率的实际影响；在分析步骤上，首先从全国层面对主要变量间关系进行时间序列协整分析，再从省级层面分析服务性财政支出对城镇化效率与质量的作用。

一、时间序列协整分析

协整分析一方面能够消除非平稳时间序列间的伪回归问题，另一方面能够使用原序列以保证变量间关系的经济意义可分析性。就中国的城镇化发展而言，财政支出结构与城镇化发展质量间可能存在某种长期均衡关系，故通过协整分析考察二者的关系。被解释变量城镇化质量用全国常住人口城镇化率与户籍人口城镇化率的比值表示即 $urbqua$；核心解释变量为反应财政支出结构的服务性财政支出与生产性财政支出的比值（$serprod$）及其二次项 $serprod^2$，选择二次项的原因是理论上来说财政支出结构对城镇化质量的影响存在抛物线性质的非线性关系，其中服务性财政支出包括科教文卫及社会保障支出，生产性财政支出是指除服务性财政支出以外的支出（由于 2007 年统计口径发生较大变化，故作简化处理）；控制变量选择 $fegdp$，表示全国财政支出占 GDP 的比重（没有过多选择控制变量的原因在于时间序列样本量较少，过多的变量会使得在后续 VAR 模型中损失过多的自由度而导致模型估计困难）。数据时间跨度为 1982 ～ 2019 年，数据来源与国家统计局和历年《中国统计年鉴》。

（一） 平稳性检验及单整阶数确定

时间序列分析首先要做的就是对各变量序列进行平稳性检验，平稳的数据可以使用计量经济学经典方法进行估计，非平稳数据可以通过差分等变换转化为平稳序列后再进行经典计量分析，也可以在通过系列检验后运用协整方法直接进行计量分析。对各变量进行 ADF 检验，通过 $p_{max} = 12 \times (T/100)^{1/4}$确定最大滞后阶数，按照李子奈 ADF 模型检验顺序，并通过观察 ADF 检验中最后一阶回归系数是否显著来确定具体检验模型，结果发现四个变量原序列均非平稳。对变量做一阶差分处理，并按照上述步骤做 ADF 检验，结果发现各变量一阶差分后平稳，即原序列均为一阶单整，检验结果如表 6 – 1 所示。

表 6 – 1　　　　　　　　　　时间序列平稳性检验

变量	d. $urbqua$	d. $serprod$	d. $serprod^2$	d. $fegdp$
Z (t)	– 4. 020	– 6. 571	– 6. 446	– 3. 099
$p\text{-}value$	0. 0013	0. 0000	0. 0000	0. 0267

（二） 协整秩检验

协整秩检验的目的在于分析变量间协整关系的个数（或者说线性无关的协整向量个数）。协整关系检验的方法包括 EG 两步法和 Johansen 极大似然法两种，由于后者相对前者更有效率，因此选用 Johansen 极大似然法对变量间协整关系进行检验。Johansen 协整检验的基础是 VAR 模型，因此首先需要确定协整系统对应的 VAR 模型的滞后阶数，确定标准基于 HQIC 和 SBIC 信息准则，分析结果（HQIC = – 23. 3244 和 SBIC = – 22. 7328）选定滞后阶数为 1 阶。进一步的 Johansen 协整检验结果显示存在一个线性无关的协整向量，即协整秩为 1，具体结果如表 6 – 2 所示。

表6-2 **Johansen 协整关系检验**

rank	LL	trace statistic	5% critical value
0	424.91252	41.6897	39.89
1	435.09414	21.3264 *	24.31
2	440.56658	10.3815	12.53
3	444.77041	1.9739	3.84

注: * 表示 10% 水平上显著。

（三）长期协整关系

在完成协整秩检验并确定 $h \geq 1$ 后，可以对向量误差修正模型（VECM）进行最大似然估计，可得长期的协整回归，结果如表6-3所示。

表6-3 **协整方程回归结果**

变量	urbqua	serprod	serprod²	fegdp	_cons
Coef.	1	-2.499887	2.559549	-1.194517	-0.5987027
z	—	-3.70	3.13	-3.67	—
P > │z│	—	0.000	0.002	0.000	—
chi2	64.0975（0.0000）				

由表6-3回归结果可得变量间协整方程为：

$$\overline{urbqua} = 0.599 + 2.45 serprod - 2.56 serprod2 + 1.195 fegdp \qquad (6-12)$$

（四）模型检验

与 VAR 模型类似，在估计完 VECM 模型后，也应该对模型的假设进行检验。首先对 VECM 模型估计后生成的残差进行 LM 检验，以考察是否存在自相关问题；检验结果显示，滞后一阶的 chi2 值为 11.2897，概率值为 0.79126，滞后二阶的 chi2 值为 12.9386，概率值为 0.67724，均无法拒绝无自相关的原假设，表明残差无自相关问题。然后对 VECM 系统的稳定性进行检验，检验结果表明，除了模型本身所假设的单位根外，伴随矩阵的所有特征值均落在单位圆以内，表明模型是稳定的。

（五）模型经济意义说明

由式（6-12）可知，serprod 的系数为正，而其二次项 $serprod^2$ 的系数为负，表明财政支出结构（serprod）变化对城镇化质量（urbqua）的影响呈倒"U"型关系。urbqua 表示常住人口城镇化率与户籍城镇化率的比值，该值越大表明常住人口城镇化率与户籍人口城镇化率之间的差距越大，城镇化质量水平就越低。serprod 表示服务性财政支出与生产性财政支出的比值，该值越大表明财政支出中服务性财政支出所占比重越大。协整模型所显示的财政支出结构（serprod）与城镇化质量（urbqua）的倒"U"型关系表明：在正相关阶段，财政服务性支出的相对增加会拉大常住人口与户籍人口城镇化率间的差距，降低城镇化质量，可能的原因是早期服务性财政支出更多地提高了城镇户籍居民的公共服务水平，而非城镇户籍流动人口所能享用的较少，由财政服务性支出支撑的城镇户籍人口增长速度较慢；在负相关阶段，财政服务性支出的相对增加会缩小常住人口与户籍人口城镇化之间的差距，原因在于公共服务均等化政策缩小了城镇常住（非户籍）人口与户籍人口间的公共服务差距，加速了城镇常住（非户籍）人口在城镇落户的速度。控制变量 fegdp（财政支出占 GDP 的比重）的系数为正，表明财政支出规模的增加会扩大常住人口与户籍人口城镇化率之间的差距，可能的解释为财政支出的经济增长效应提高了常住人口城镇化速度，而户籍人口城镇化速度并未得到相应提高，从而导致两者差距的扩大。

二、省级面板数据分析

（一）描述性分析

对财政支出结构描述性分析的重点放在服务性财政支出占财政总支出的比重上，其中服务性财政支出包括教育、科学技术、文化体育与传媒、医疗卫生、社会保障与就业支出。从 31 个省份服务性财政支出占比情况来看，如图 6-6 所示（1～31 代表各省份，依据统计年鉴地区省份顺序列示），各省份服务性财政支出占比总体水平与变化趋势不尽相同，部分省份呈上升趋势，如河北、江苏、安徽、江西、山东等；部分省份波动较大，如辽宁、青海、西藏等。从地方总体变化趋势来看，如图6-7所示，地方服务性财政支出总和占地方财政支出总和的比重总体呈上升趋势，地方财政支出结构服务化趋势明显。从地方差异变化来看，计算各省服务性财政支出占比的截面标准差以反映各省差异的变化趋势，如图6-8所示，服务性财政支出占比的截面标准差呈变大态势，表明各省之间的财政支出结构呈发散而非收敛的变化趋势。

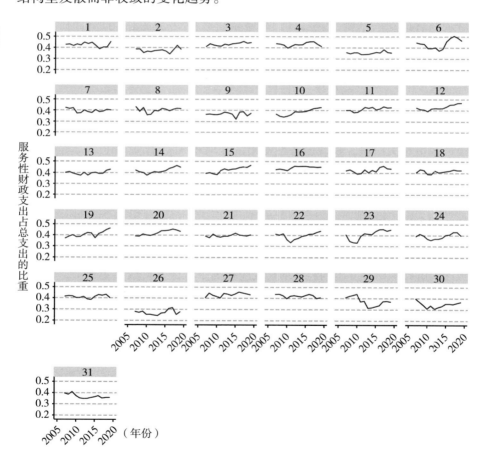

图6-6　各省服务性财政支出占总支出比重变化趋势

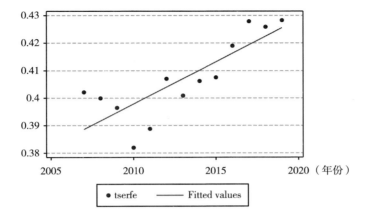

图6-7　地方服务性财政支出总和占地方财政支出总和的比重变化趋势

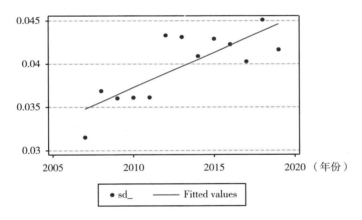

图6-8　服务性财政支出占比省级截面标准误变化趋势

（二）财政支出结构与常住城镇化率

该部分选择中国31个省份2007～2019年数据（2007年之前财政支出与城镇化率的统计口径发生不可比的变化）作为样本，分析财政教育支出占比（*edufe*）、科学技术支出占比（*scife*）、文化体育与传媒支出占比（*culfe*）、社会保障与就业支出占比（*secfe*）、医疗卫生支出占比（*healfe*）对常住人口城镇化率（*urb*）的影响，并引入人均国内生产总值（lnpgdp）和财政支出占GDP的比重（*fegdp*）作为模型控制变量，其中人均国内生产总值已转换为 1978 年基期数据，并做对数化处理；数据均来自国家统计局官网与历年《中国统计年鉴》。由于样本时间跨度为 13 年，为稳妥起见，在进一步计量分析之前，先对涉及的各变量做面板数据费雪式单位根检验（Fisher-type unit-root test），检验结果如表 6-4 所示。

表 6-4　　　　　　　　面板数据单位根检验（2007~2019 年）

Fisher-type unit-root test	Inverse chisquared (62)　P	Inverse normal　Z	Inverse logit t (159)　L*	Modified inv. chi-squared Pm
urb	124. 6826 ***	− 4. 9575 ***	− 4. 9989 ***	5. 6291 ***
edufe	251. 197 ***	− 11. 2163 ***	− 12. 3057 ***	16. 9904 ***
scife	155. 5044 ***	− 5. 9987 ***	− 6. 4639 ***	8. 3969 ***
culfe	212. 8066 ***	− 9. 6624 ***	− 10. 2158 ***	13. 5428 ***
secfe	171. 7421 ***	− 7. 2485 ***	− 7. 6444 ***	9. 8551 ***
healfe	200. 7922 ***	− 9. 2401 ***	− 9. 6386 ***	12. 4639 ***
lnpgdp	165. 9726 ***	− 6. 0832 ***	− 6. 0976 ***	9. 3370 ***
fegdp	206. 7939 ***	− 8. 4391 ***	− 9. 3509 ***	13. 0029 ***

注：*、**、***分别表示 10%、5%、1% 水平上显著。

检验结果表明，各变量均能在 1% 的显著性水平上拒绝存在单位根的原假设，故各变量序列均为平稳序列。初步构建面板数据固定效应模型，并进行回归；在回归之后检验残差是否存在组间异方差、组内自相关和组间同期相关问题。

由表 6-5 检验结果可知，回归残差存在明显的组间异方差（1% 显著性水平上拒绝同方差原假设）、组内自相关（1% 显著性水平上拒绝不存在一阶组内自相关的原假设）和组间同期相关（1% 显著性水平上拒绝无组间同期相关的原假设）问题，故采用全面的 FGLS 估计对面板数据线性模型进行重新估计。模型估计选项认为不同个体的扰动项同期相关且有不同方差，组内自相关阶数为 1 且截面间自相关系数相同。回归结果如表 6-6 所示。

表 6-5　　　　　　　　面板数据回归残差诊断

年份	组间异方差检验		组内自相关检验		组间同期相关检验	
	chi2	Prob > chi2	F	Prob > F	Pesaran	Pr
2007~2019	776. 31	0. 0000	72. 752	0. 0000	17. 729	0. 0000

表 6 – 6　　　　　　　　　　全面 FGLS 回归结果

urb	edufe	scife	culfe	secfe	healfe	lnpgdp	fegdp
Coef.	0.086	0.238	– 0.434	– 0.033	0.119	0.001	– 0.019
P > │z│	0.000	0.000	0.000	0.104	0.013	0.097	0.065
AR（1）	0.7254						
Wald chi2（19）	23617.35（0.0000）						

从全面 FGLS 回归结果来看，财政教育支出对常住人口城镇化率的影响显著（1% 显著性水平）为正，表明财政支出中教育支出的增加有助于推动城镇化的发展，动力机制源于教育需求在居民偏好中的相对重要性在不断上升。财政科学技术支出对常住人口城镇化率的影响显著（1% 显著性水平）为正，表明财政支出中科学技术支出的增加有助于城镇化水平的提升，原因在于科学技术既是效用函数的重要组成部分又是生产长期发展的动力，从两个渠道促进农村劳动力向城镇转移。文化体育与传媒支出对常住人口城镇化率的影响显著（1% 显著性水平）为负，与理论相悖，原因可能是对于大部分地区居民而言，该类服务并未在居民效用函数中占有较为重要的地位。社会保障与就业支出对常住人口城镇化率的影响为负，但并不显著，可以理解为社会保障与就业支出的增加并未对常住人口城镇化率产生实质影响。财政医疗卫生支出对常住人口城镇化率的影响显著（5% 显著性水平）为正，表明财政支出中医疗卫生支出的增加对城镇化的发展具有积极作用，原因在于医疗服务在居民需求偏好中的地位越来越重要，已经成为劳动力迁移决策的重要决策变量。

（三）财政支出结构与户籍人口城镇化率

常住人口城镇化率与户籍人口城镇化率是中国制度变迁过程中特有的存在，两者之间的差异能够在一定程度上反应中国人口城镇化的质量水平。构建人口城镇化压力指数，计算方法为：人口城镇化压力指数 =（城镇常住人口 – 非农业人口）/城镇常住人口，该指标反映的是城镇常住人口中非城镇户籍人口所占比重。由于 2014 年以后国家不再公布各省"农业"与"非农业"户籍人口数据，并且难以找到可以有效替代的指标，所以该

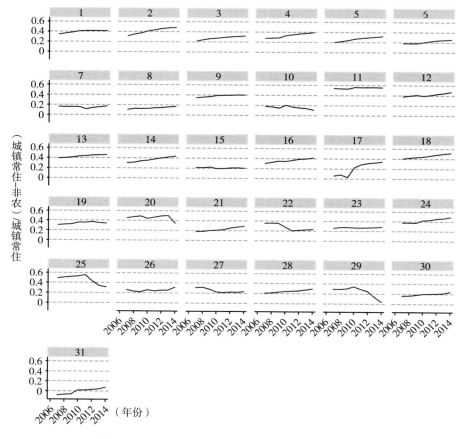

部分选定 31 个省份 2007～2014 年的相应数据为样本。绘制 31 个省份面板数据时序图，如图 6-9 所示，结果发现：2007～2014 年除江苏、广西、云南、青海的人口城镇化压力指数有所下降外，其余省份的压力指数均出现不同程度上升。

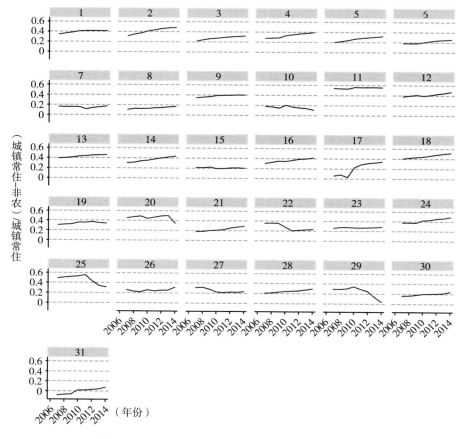

图 6-9 2007～2014 年各省份人口城镇化压力指数

户籍对城镇化的约束是制度性的，但决定户籍制度改革的因素却是经济性的，其中最关键的因素就是财政资源的分配问题。接下来将根据 2007～2014 年样本数据，分析服务性财政支出对人口城镇化质量水平的实际影响。被解释变量为人口城镇化压力指数（*urbqua*），解释变量为财政教育支出占比（*edufe*）、科学技术支出占比（*scife*）、文化体育与传媒支出占比（*culfe*）、社会保障与就业支出占比（*secfe*）、医疗卫生支出占比（*healfe*）；

控制变量仍为人均国内生产总值（ln*pgdp*）和财政支出占 GDP 的比重（*fegdp*），其中仍将人均国内生产总值转换为 1978 年基期数据，并做对数化处理；数据均来自国家统计局官网、历年《中国统计年鉴》和《中国人口和就业统计年鉴》。模型设定为带截面虚拟变量的面板数据线性模型。

由于时间跨度较小，忽略面板数据的单位根问题，且假设模型扰动项不存在组内自相关问题。对模型作面板数据固定效应回归，并对其残差进行组间异方差与组间同期相关检验，检验结果表 6 - 7 所示。

表 6 - 7   面板数据回归残差诊断

年份	组间异方差检验		组间同期相关检验	
	chi2	Prob > chi2	Pesaran	Pr
2007 ~ 2014	3770. 59	0. 0000	3. 571	0. 0004

由表 6 - 7 检验结果可知，面板固定效应回归残差存在明显的组间异方差（1% 显著性水平上拒绝同方差原假设）和组间同期相关（1% 显著性水平上拒绝无组间同期相关的原假设）问题，故采用面板校正标准误对线性模型进行重新估计，以消除组间异方差和组间同期相关对估计量假设检验的影响。面板校正标准误回归结果如表 6 - 8 所示。

表 6 - 8   面板校正标准误回归结果

urbqua	*edufe*	*scife*	*culfe*	*secfe*	*healfe*	ln*pgdp*	*fegdp*
Coef.	0. 302	1. 853	− 1. 855	0. 331	0. 956	0. 037	0. 01
Panel-corrected Std. Err.	0. 179	0. 915	1. 112	0. 256	0. 284	0. 016	0. 068
P > | z |	0. 092	0. 043	0. 095	0. 197	0. 001	0. 017	0. 889
R-squared	0. 8871						
Wald chi2 （14）	5244. 27 （0. 0000）						

从面板校正标准误回归结果来看，财政教育支出对人口城镇化压力指数的影响显著（10% 显著性水平）为正，表明财政支出中教育支出的增加对城镇化质量产生了负面影响；原因在于城镇偏向性教育支出的增加加快了常住人口城镇化率水平，但户籍人口城镇化速度并未同步提高。财政科学技术支出对人口城镇化压力指数的影响显著（5% 显著性水平）为正，

表明财政支出中科学技术支出的增加会对城镇化质量产生负面影响；原因仍在于科学技术支出对常住人口城镇化率水平提升具有积极作用。文化体育与传媒支出对人口城镇化压力指数的影响显著（10%显著性水平）为负，表明财政支出中文化体育与传媒支出增加会提升城镇化质量。社会保障与就业支出对人口城镇化质量的影响为负，但并不显著，可以理解为社会保障与就业支出的增加并未对城镇化质量水平产生实质影响。财政医疗卫生支出对人口城镇化压力指数的影响显著（1%显著性水平）为正，表明财政支出中医疗卫生支出的增加对城镇化质量水平提升产生负面影响；原因在于医疗服务支出增加加速了农村人口向城镇转移，但户籍城镇化速度并未同步提高。为考察服务性财政支出对人口城镇化质量的综合影响，将服务性财政支出占财政支出比重（如教育、科学技术、文化体育与传媒、社会保障与就业、医疗卫生支出占比的总和）与人口城镇化压力指数进行回归（包括控制变量 $fegdp$ 与 $\ln pgdp$），回归系数为 0.383（在 1% 显著性水平上显著），表明财政支出结构的服务化不但没有改善城镇化质量，反而对城镇化质量产生负面影响；这再一次说明了 2007～2014 年，财政支出结构的变化进一步迎合了决定劳动力转移的公共需求偏好结构，使更多劳动力涌向城镇，但又由于更多的财政资源提供给了城镇户籍居民，使人口城镇化质量水平有所下降。

2014 年至今，中国户籍制度改革加速进行。2014 年国务院出台《关于进一步推进户籍制度改革的意见》对中、大、特大城市的具体落户条件进行规范化说明，并推出居住证制度以促进城镇常住人口公共服务全覆盖，鼓励大、特大城市建立与完善积分落户制度。在中小城市及建制镇全面放开落户限制之后，2016 年国务院出台《关于深入推进新型城镇化建设的若干意见》，要求"除超大城市和特大城市外，其他城市不得采取要求购买房屋、投资纳税、积分制等方式设置落户限制"，大城市不合理的落户限制也基本被解除。为在更高的层次上促进劳动力的配置效率，2020 年，中共中央、国务院出台《关于构建更加完善的要素市场化配置体制机制的意见》，要求"推动超大、特大城市调整完善积分落户政策，探索推动在长三角、珠三角等城市群率先实现户籍准入年限同城化累计互认"

"放开放宽除个别超大城市外的城市落户限制，试行以经常居住地登记户口制度"，户籍制度改革取得实质性突破。从政策效果上来看，1亿农业转移人口市民化目标基本实现，户籍人口城镇化率与常住人口城镇化率差值逐年收窄，人口城镇化质量显著提升；与此相应的是财政支出结构中服务性财政支出占比稳步提升，成为推动城镇化发展质量与发展效率均衡发展的重要推动力量。

本章小结

本章旨在从理论与实证方面分析财政支出结构对城镇化质量与效率的影响。第一部分首先从常住与户籍人口城镇化率、土地城镇化状况和农民工市民化状况三个角度对改革开放后中国城镇化发展质量进行概括性介绍，并同时对全国财政支出的结构特征及变化趋势进行描述性分析。第二部分首先逻辑分析了财政支出结构的经济增长效应、公共产品偏好结构效应、收入分配及福利效应、城镇综合承载力提升效应；其次通过建立财政支出结构与劳动力城乡转移均衡数理模型证明了由公共资本效率与公私产品偏好结构变化所推动的财政支出结构调整对劳动力城乡转移决策及流动均衡具有重要影响。第三部分基于1982~2019年全国数据构建时间序列协整模型，得出了财政支出结构中服务性支出比重与城镇化质量间存在倒"U"型关系；基于2007~2014年的省级面板数据模型分析得出财政支出结构中的教育支出、医疗卫生支出对城镇化质量提升均产生了负面影响，并且社会保障与就业支出并未对城镇化质量提升产生显著影响。

第**七**章

中国财政分权对城镇空间形态
与城镇化效率的影响研究

城镇空间形态对城镇化的持续健康发展具有重要影响。日本经验表明，最优城市规模、空间效率与区域平衡间存在权衡取舍的关联关系，并且在时序上具有差序与序贯发展的特征。城镇空间形态与经济集聚效率、资源要素分布特征、城镇空间综合承载力及公共资源空间配置有关。改革开放后，面对剧烈的工业化与城镇化进程，中国的城镇空间形态出现了诸如集聚效益不高、"城市病"及大中小城市发展不平衡等问题。而产生此类问题的一个重要原因之一就是基于中国特有政治制度与行政管理体制的财政分权状况。本章在介绍中国改革开放后财政分权与城镇空间形态发展实践的基础上，深入分析财政分权对城镇空间形态与城镇化效率的影响机理，并进一步考察中国财政支出分权对城镇化体系及空间特征的影响，以及央地财政支出分权对城镇化效率的实际影响。

第一节　中国财政分权与城镇空间形态演变

一、中国财政分权概述

（一）财政分权改革历程简述

1949～1978 年，中国实施了"统收统支"的高度集权财政管理体制，期间也出现向地方政府"放权让利"的改革调整，但属于计划经济体制基础上的制度微调。1978年改革开放以后，中国财政管理体制经历了两次重大变革，即1980~1993年的财政承包制改革与1994年的分税制改革；前者延续并实质性扩大了改革开放之前的分权化趋势，后者则具有较为明显的收入集权特征。1994年分税制改革为中国现代财政管理体制奠定了的基础，且之后始终处于动态调整优化之中。该次改革扭转了早期"两个比重"持续下降的不利态势，通过统一对财权与事权划分从制度层面上稳定与规范了中央与地方关系，并且建立了以税收返还、财力性转移支付和专项转移支付为核心的中央财政转移支付制度。从省以下地方财政关系来看，省以下财政关系的改革并非像中央与地方关系改革那样整齐划一，其改革路径、改革节奏与具体形式有所差异；正如修订后《中华人民共和国预算法实施条例》第八条对省以下财政体制安排做出的规定，"县级以上地方各级政府应当根据中央和地方分税制的原则和上级政府的有关规定，确定本级政府对下级政府的财政管理体制"，即省级以下地方财政关系具有一定的灵活性；但从1994年分税制改革以来省级以下地方财政关系呈现出一个鲜明特征，即收入权利层层上移，支出责任层层下放，纵向财政失衡问题较为突出，这也成为城市空间布局不协调现象发生的一个重要原因。

（二）财政分权发展实践

从中央与地方财政分权发展趋势来看（见图7-1），1978年后地方财政收入占比逐年下降，后经1985年"分级包干"改革地方财政收入占比开始回升；1994年分税制改革后地方财政收入占比出现断崖式下降，由1993年的77.98%陡然下降至1994年的44.3%，财政收入集权改革特征明显。地方财政支出占比整体呈上升趋势，由最低点（1981年）的45.04%上升至1996年的72.9%；后因应对东亚金融危机中央财政支出较快增长，1997~2000年地方财政支出占比有所下降；2001~2011年地方财政支出占比快速增长，由2001年的69.49%增长到2011年的84.88%，年均增长约1.54个百分点；2012年至今地方财政支出水平大致稳定在85.29%左右。地方财政自给率（地方财政收入/地方财政支出）整体上呈现明显的下降趋势，1994年以前财政收支略有结余或收支基本平衡，但1994年分税制改革后地方财政自给率陡降至0.57，后震荡下行至2019年的0.5。综上可以看出，1994年分税制改革后，中国财政管理体制呈现明显的收入集权、支出分权特征。

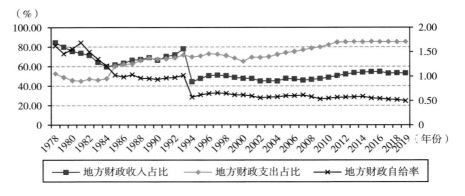

图7-1 1978~2019年地方财政收支占国家财政收支的比重及地方财政自给率变化

注：财政收入与财政支出均指一般公共预算收支，下同。

资料来源：根据国家统计局公布数据计算、整理得出。

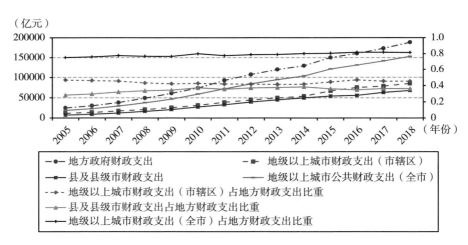

图7-2 2005~2018年省、地级以上城市、县及县级市财政支出状况

资料来源：根据历年《中国城市统计年鉴》计算、整理得出。

从地方各行政层级财政支出来看，如图7-2所示，2005~2018年整体呈上升趋势。地级以上城市财政支出（全市）占地方财政支出的比重呈上升趋势，由 2005 年的 75.15% 上升至 2018 年的 81.41%。地级以上城市财政支出（市辖区）占地方财政支出的比重有所波动，2005～2013 年该比重由 46.8% 下降至 41.4%，2014～2016 年该比重由 41.66% 快速上升至 46.9%，后又小幅下调至 2018 年的 45.29%。2005～2018 年县及县级市财政支出占地方财政支出比重整体呈先上升后略有微调的趋势，2005～2014 年该比重由 28.35% 增加至 38.43%，后小幅下调至 2018 年的 36.13%。总体上看，2005～2018 年地方各级政府财政支出分权程度略有加强，尤其是县及县级市财政支出水平增长明显，显示出财政支出事权下沉的特征。

从地方各行政层级财政收入来看，如图 7－3 所示，2005～2018 年地级以上城市财政收入（全市）占地方财政收入的比重由 81.11% 上升至 85.03%，平均水平在 84.34% 左右；地级以上城市财政收入（市辖区）占地方财政收入的比重年均维持在 58.84% 左右，2005～2014 年期间略有下降，后又逐渐恢复到 2018 年的 59.88%；县及县级市财政收入占地方财政收入的比重由 20.88% 上升至 25.15%，2005～2014 年呈上升趋势（2014 年达 29.04%），后开始小幅度下调。从地方各行政层级财政自给率来看，2005～2018 年地级以上城市财政自给率（全市）、地级以上城市财政自给率（市辖区）、县及县级市财政自给率平均水平大致为 60.67%、75.83%、41.54%；三者的变化趋势具有同步协调特征，2005～2010 年整体均呈

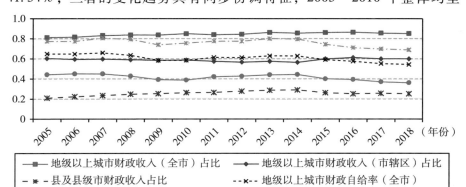

图 7－3　2005～2018 年省、地级以上城市、县及县级市财政收入及财政自给率

资料来源：根据历年《中国城市统计年鉴》计算、整理得出。

下降趋势，2011～2014年整体均呈上升趋势，2015～2018年均出现了较大幅度的下降。由此可以看出，地方各层级财政关系呈现明显的收入集权特征，地级以上城市财政自给率（市辖区）较高，而县及县级市财政自给率平均仅相当于前者的52.65%，财政自主与经济自我发展能力相对较低。

二、中国城镇空间形态演变

（一）中国城镇化空间布局政策演变

从城镇规模层面上来看，改革之初，计划经济时期以就业为中心的城市涵养与管理能力较差，客观上要求城市在可控的范围内发展。"六五""七五""八五"计划提出要严格"控制大城市规模"，"合理发展"中等城市，小城市也由（"六五""七五"计划）"积极发展"收缩为（"八五"计划）"合理发展"。1992年社会主义市场经济改革目标的确立极大地活跃了城市经济，1994年的财政分权改革也使城市发展能够获得更多的公共资源，城市经济发展由此进入快车道。"九五"计划要求逐步建立"大中小城市和城镇规模适度，布局和结构合理的城镇体系"，不再明令控制大城市发展，对各城市规模要求的表述也具有弹性。"十五"计划首次确立"大中小城市和小城镇协调发展"方针，并要求"积极发展中小城市"，这是对城镇发展认识的一次重要调整，强调了"协调"的重要性。"十一五"规划在坚持大中小城市和小城镇协调发展的基础上，提出要"提高城镇综合承载能力"，并将"城市群作为推进城镇化的主体形态"，这标志着中国对城镇空间布局的认知已基本成熟，其后的城镇布局相关政策表述与此基本相同，如"十二五"规划表述为"以大城市为依托，以中小城市为重点，逐步形成辐射作用大的城市群，促进大中小城市和小城镇协调发展"；"十三五"规划表述为"以城市群为主体形态""大中小城市和小城镇合理分布、协调发展""加快发展中小城市和特色镇"。

从城市间的经济关系来看，随着城市改革的深入，计划经济体制下孤立与机械的城市间经济关系逐步向市场经济条件下有机联系、协同发展的城市间经济关系转变。党的十二届三中全会要求"充分发挥城市的中心作用"，其政策重点是通过城市发展带动小城镇与农村发展。党的十三大提出"把城市首先是大中城市建设成为多功能、现代化的经济中心"，开始意识到大中城市作为现代经济载体在工业化、现代化进程中的重要作用。自党的十四大首次提出要充分发挥"中心城市"作用以来，"九五"计划要求"以中心城市和交通要道为依托，逐步形成7个跨省区市的经济区域"，"十五"计划要求"完善区域性中心城市功能，发挥大城市的辐射带动作用"，对"中心城市"在区域经济发展中的带动作用的认识逐步加深。"十一五"规划提出"要把城市群作为推进城镇化的主体形态"，"以特大城市和大城市为龙头，发挥中心城市作用，形成若干用地少、就业多、要素集聚能力强、人口分布合理的新城市群"；党的十七大报告进一步提出"以增强综合承载能力为重点，以特大城市为依托，形成辐射作用大的城市群，培育新的经济增长极"；由此，中国进入以城市间基础设施互联互通为特征的城市群初期建设阶段。2013年，中央城镇化工作会议开启了中国城镇化空间布局的新局面，在充分考虑区域均衡发展、产业集聚效率及城镇综合承载力约束的基础上，自2015年始，国家陆续批复了长江中游、哈长、成渝等国家与区域级城市群建设规划，城镇化的空间布局与形态基本形成。总体来看，中国的政策布局在摸索中前进，从发展结果上来看也是有效的，但受制于制度的（尤其是财政分权体制）内在作用，政策效果也出现了一定程度的偏移。

（二）中国城镇化空间形态演变

1. 城镇化区域发展差异

由表5-1可知，2018年中国东部、东北、中部和西部地区常住人口城镇化率分别为67.78%、62.68%、55.60%和52.92%，由东到西递次减少，东部与东北地区（中部与西部地区）高于（低于）全国水平。2005～2018年，东部、东北、中部和西部地区常住人口城镇化率年均增长1.13个、0.58个、1.47个和1.42个百分点，中部和西部城镇化速度高于东部和东北地区，也高于全国（1.28 个百分点）城镇化增速，东北地区城镇化速度相对较为迟缓。将该时期分为 2005～2011 年和 2012～2018 年两组以对比各地区城镇化率年均增长速度在两阶段的变化，结果发现：东部、东北、中部和西部地区城镇化率都出现了不同程度的增速下滑，其中尤以东部地区下滑最甚，年均增速从 1.27 个百分点减至 0.99 个百分点；东北、中部和西部年均增速分别下滑了 0.085 个、0.089 个和 0.05 个百分点，尤其是中部和西部，城镇化势头依然强劲。空间上非平衡增长是中国经济发展的重要特征，由于中国具备产业由东向西梯度转移的经济纵深，因此工业化与城镇化也会随着产业结构（国际与国内）的发展与演变呈现梯度变化。

2. 不同等级城镇数量与规模变化

不同经济体的城镇化过程呈现出不同的大中小城镇发展倾向。就中国而言，1990～2018 年，400 万以上规模城市数量比重与人口比重均不断增加，200 万～400 万人规模城市数量比重与人口比重均出现先下降后增长（2000 年左右为结点）的变化趋势，100 万～200 万人规模城市数量比重与人口比重波动中上升，50 万～100 万人规模城市数量比重与人口比重则出现先上升后下降的趋势，而 50 万人以下规模城市数量比重与人口比重均出现不断下降（以 2000 年左右为结点）的态势（见表 7-1）；这在一定程度上反映出中国大城市超先发展、中小城镇发展相对滞后的城镇化特征。中国的城镇化政策始终重视小城镇的发展，但由于制度性原因（如土地财政与财权分配结构导致的各级城镇可支配公共资源的较大差距）及经济集聚的巨大"虹吸效应"，使大城市对小城镇形成绝对发展优势。但随着大城市发展溢出、交通通信成本的降低、专业化城镇的兴起等，这种大城市超先发展与中小城镇相对滞后的状况将逐步得到改善。

表 7-1　　　　　　　　　城镇数量与城镇规模变化

城市人口规模		400 万人以上	200 万～400 万人	100 万～200 万人	50 万～100 万人	50 万人以下
1990 年	城市数量（个）	4	12	82	153	210
	数量比重（%）	0.87	2.6	17.79	33.19	45.55
	人口比重（%）	7.58	9.81	30.72	32.49	19.41

城市人口规模		400万人以上	200万~400万人	100万~200万人	50万~100万人	50万人以下
2000年	城市数量（个）	7	14	145	278	231
	数量比重（%）	1.04	2.07	21.48	41.19	34.22
	人口比重（%）	9.78	6.86	34.55	35.48	13.32
2010年	城市数量（个）	13	30	154	274	187
	数量比重（%）	1.98	4.56	23.4	41.64	28.42
	人口比重（%）	15.68	12.11	32.45	30.47	9.49
2018年	城市数量（个）	20	43	160	248	194
	数量比重（%）	3.01	6.47	24.06	37.29	29.17
	人口比重（%）	24.59	17.84	34.37	14.45	8.74

注：统计数据以城镇户籍人口为基础。

资料来源：根据《中国人口和就业统计年鉴》及四普、五普、六普数据计算、整理得出。

第二节　财政分权对城镇空间形态与城镇化效率的影响：理论分析

一、机理分析

（一）财政分权的逻辑

财政分权通常是指主权国家各级政府间征税权与财政支出权的相互让渡与分配。财政分权体制通常包括财政收入责任安排、财政支出责任安排及政府间转移支付制度三部分。财政分权的经济学底层逻辑是知识分立、资源禀赋差异与剩余分配激励，区域性的地方政府拥有较为独立且不能被更高层级政府所尽知的关于偏好、生产、分配等的详细知识；区域性地方政府拥有不同于其他地方的，可供生产、分配与经营的独特的资源禀赋，地方政府独立经营所带来的剩余分配（如财政扩张与政治获得）能够对治理责任者产生积极有效的激励。这构成了市场经济体制下财政逐步走向分权的核心推动力量。但即便是在市场经济与民主政治体制下，财政分权程度也并非没有限度；任何一个完全主权政府都会在财政集权与分权程度上做出符合自身实际的权衡。单从经济角度而言，主权政府权衡财政集权与分权程度的因素大致包括以下几个方面：是否有利于地方经济的持续发展，是否有利于地方与全域公共产品供给效率与供给水平的提升，是否有利于维护全域市场统一，是否有利于促进地区间均衡发展；对该系列因素的权衡会因自身发展实际不同与发展阶段变化而产生不同的财政分权特征与演变路径。对政府本质的设定（如以地区社会福利最大化为目标和以地区财政收支扩张与官员政治获得为目标）会对财政分权制度下政府行为及其所产生的经济效应产生重大影响；基于政府本质的两种假定，财政分权均会使地方政府形成财政竞争与财政激励，但是其产生的经济效应可能会出现较大差异，这缘于财政分权异化了两种行为假定下的政府行为。财政分权制度对地方政府行为的影响主要表现在以下三个方面：一是财政收入努力程度与努力方向（是否存在强烈的税收努力，是否会更倾向于地方债和对财政公共池资源的挤占等）；二是财政支出的规模与结构（如财政支出规模扩大化倾向与"重生产而轻民生"的支出结构倾向）；三是地方市场保护倾向与对内部经济主体市场扩张的扶持倾向。因此，财政分权所产生的经济效用因势、因时而异，而并非一成不变的。

（二）城镇化空间发展规律

经济集聚是城镇化发展的核心动力，集聚效应持续产生的原因在于：生产的规模经济、与空间距离相关的交易费用、广泛存在的外部性、公共部门与公共服务存在的规模效应及广泛存在的企业垄断竞争。城镇化的空间发展形态呈现出城市序贯增长（即先大后小）与城市集群特征。城市先大后小的序贯增长特征形成原因在于以下几个方面：第一，大城市基于早期禀赋优势与（不可逆）物质资本积累而产生自我强化的锁定效应，并产生持续的经济集聚能力；第二，成长阶段大城市集聚效应的持续释放能够在与小城市的产业同质化竞争中获得更多劳动与资本要素的涌入，这种"非小即大"的产业竞争增加了大城市对小城市的"虹吸效应"；第三，随着技术进步、产业升级与分工深化，大城市与小城市间的产业关系由同质化竞争向产业内及产业间协同发展转变，如大城市处于产业链的上游，而小城市处于产业链的中下游，抑或是大城市重服务，小城市重制造；第四，大城市土地资源紧缺及由此引发的社会生产与生活平均成本的上升，推动部分低利润企业与低收入劳动者向次级规模城市转移；第五，大城市持续增加的人口密度增加了域内居民公共产品消费的竞争性，削弱了大城市公共产品供应水平及其产生的集聚效应优势；第六，公共服务均等化趋势缩小了大城市与小城市在公共产品供给上的差距，增加了劳动者流向小城市的激励；第七，交通、通信等基础设施的改善增加了产品与服务的空间可贸易性，使得城市内集聚效益可以在更大范围的城市间产生。城镇化的城市集群发展特征是城市序贯增长的常见形态，其形成原因可以总结为以下四个方面：第一，城市序贯增长机制的作用；第二，较低的运输成本使临近核心大城市的小城市更容易获得大城市的产业与要素转移；第三，由于更加接近大市场，临近大城市的小城市也更容易获得来自区域外的产业与要素流入；第四，临近小城市的发展在市场规模与产业协同方面又巩固了地区大城市的核心地位。虽然城镇化空间形态呈现城市序贯增长与城市集群发展特征，但该特征的展现程度和路径却可以有不同的类型，如是一种过度极化后被动分散的路径还是适度极化后主动分散的路径，而路径的选择需要对更广泛与更多维度的利益与成本进行权衡。

（三）财政分权的城镇化空间效应

财政资源投入是城市经济社会发展的重要推动力量，在实际中财政资源空间再平衡是实现空间经济均衡发展的重要手段。基于多级政府行政层级划分的财政分权，会通过广泛与多维度的利益与成本权衡对城镇化空间形态的演变产生重要影响。就对城市发展而言，财政分权的作用表现为以下几个方面。第一，财政分权对地方政府形成有效的财政激励，促使地方政府努力通过多样化经营发展地方城市经济；第二，财政分权加剧了城市间财政竞争的烈度，不仅有利于改善财政运行效率，也会显著提升财政服务于经济和民生的效能，并以此获得更多的要素流入；第三，财政分权使掌握更多公共产品需求信息的地方政府获得了更多的公共产品供给能力，能够有效提升城市公共产品的供给效率。基于财政分权对城市发展的作用，且由于城市发展禀赋的差异，财政分权的城市空间效应表现为以下几个方面。第一，财政资源横向失衡问题会在一定时期内加重，城市间发展差距也会在财政资源分配"马太效应"的作用下呈现扩大趋势；第二，财政分权使符合禀赋优势的城市得以快速发展，有助于形成内容上多样化、空间上多极化的城市发展生态；第三，分权条件下长期的公共资源积累与灵活的财政自主性，使小城市能够在大城市经济溢出或小城市获得序贯增长的优势时期迅速把握与大城市对接与发展的机会。因此，更大程度财政分权的核心作用在于通过财政激励、财政竞争及充分利用信息优势激发地方经济活力，在"空间"市场经济机制的作用下实现短期与区域经济效率最优。但过度的财政分权也会导致地方经济发展差距拉大、人口向发达地区过度集中等问题，又会对长期经济效率与社会公平产生负面影响。以中国的发展实践为例，改革开放后的财政分权制度改革（由计划经济财政制度向社会主义市场经济财政制度转变）对城镇化空间布局产生了以下几个积极与消极方面的影响。第一，财政分权改革使地方经济发展活力被充分激发，大量人口向沿海及中部重点区域转移，空间经济效率得以优化提升；第二，中央与地方转移支付制度对中西部地区发展及区域经济均衡发展发挥了积极作用；第三，地方城市间行政等级与经济"锦标赛"晋升机制使等级越高的城市获得的财政资源与（制度性）发展机会越多，最终形成大城市过度拥挤、中小城市发展失速的两极分化城市体系，城镇化质量及效率下降问题逐渐显现；第四，各级政府间财权与事权划分不合理导致地区间基本公共服务供给水平差异较大，使人口更倾向于流向公共服务水平较高的大城市，为城市体系极化问题增添了新的动力源。

二、数理分析

财政分权会对城镇空间形态及城镇化效率产生重要影响。从纯理论角度来看，财政分权对公共产品供给效率的影响是财政分权影响城镇空间布局及城镇化效率的核心。空间经济学理论将城市公共产品规模经济的持续释放与人均公共产品支出的持续降低作为空间经济集聚的重要原因之一，这对于早期的经济集聚现象而言具有较强解释力。但随着城市规模的过度增长，土地要素及公共产品拥挤所产生的负面效应也开始逐渐积累；城市土地拥挤、公共产品效率损失成为现实中形塑城市空间体系的重要影响因素。该部分以土地拥挤、公共产品拥挤及公共产品供给效率损失为前提，分析比较产业分散与集中对城镇非农产出、城乡劳动边际产出及城镇化水平的影响。模型首先以土地拥挤展开，之后通过类比分析说明公共产品拥挤与公共产品供给效率损失对目标变量的影响。

（一）土地约束下的单中心与多中心均衡

土地是城镇的空间载体。对于城市规模而言，交流互动需求是一种向心力，而过度的土地竞争具有离心力的作用（藤田昌久，2017）。土地稀缺与拥挤是促使城镇发展由单中心向多中心发展的重要因素。该部分将在土地约束下分析比较单中心均衡与多中心均衡状态下总产出水平、劳动边际产出水平与城镇化水平大小状况。

1. 单中心初始均衡状态

假定中心城市 C 存在三种产业 A、B 和 C，产业 A 和产业 B 为基础产业，产业 C 为基础产业的衍生产业，其产业规模由两大基础产业共同决定，如式（7－3）所示，其经济学意义可理解为由基础产业的空间临近所产生的集聚效益。各生产要素关系满足以下设定。

单中心城镇土地总面积为单位 1，各产业使用土地面积满足 $E_A + E_B + E_C = 1$。资本总量为单位 1，各产业实际用量满足 $K_A + K_B + K_C = 1$。城镇非农劳动就业人口满足 $L_A + L_B + L_C = L_1$，且假定城镇劳动力在非农产业中的调整优先于农业劳动力向城镇的转移；城乡劳动力水平满足 $L_1 + L_2 = L$。进一步假设城镇非农产业 A、B、C 及乡村农业产业的生产函数（及数量关系）分别为：

$$Y_A = E_A^\alpha K_A^\beta L_A^{1-\alpha-\beta} \tag{7-1}$$

$$Y_B = E_B^\alpha K_B^\beta L_B^{1-\alpha-\beta} \tag{7-2}$$

$$Y_C = \sqrt{Y_A Y_B} = E_C^\alpha K_C^\beta L_C^{1-\alpha-\beta} \tag{7-3}$$

$$Y_2 = L_2^{1-\alpha-\beta} \qquad (7-4)$$

城镇非农产业内部均衡需满足各产业间土地边际产出、资本边际产出和劳动边际产出均相等，整理后可得：

$$\frac{K_A}{E_A} = \frac{K_B}{E_B} = \frac{K_C}{E_C} \qquad (7-5)$$

$$\frac{L_A}{E_A} = \frac{L_B}{E_B} = \frac{L_C}{E_C} \qquad (7-6)$$

则均衡状态的解为：

$$E_A = E_B = E_C = 1/3$$

$$K_A = K_B = K_C = 1/3$$

$$L_A = L_B = L_C = L_1/3$$

城乡劳动力的边际产出分别为：

$$\frac{\partial Y_A}{\partial L_A} = (1-\alpha-\beta)L_1^{-\alpha-\beta} \qquad (7-7)$$

$$\frac{\partial Y_2}{\partial L_2} = (1-\alpha-\beta)L_2^{-\alpha-\beta} \qquad (7-8)$$

则由城乡均衡状态下劳动力的边际产出相等可得：

$$L_1 = L_2 = \frac{1}{2}L \qquad (7-9)$$

进一步整理可得城乡劳动的边际产出与城镇非农总产出分别为：

$$\frac{\partial Y_A}{\partial L_A} = \frac{\partial Y_2}{\partial L_2} = (1-\alpha-\beta)\left(\frac{1}{2}L\right)^{-\alpha-\beta} \qquad (7-10)$$

$$Y_1 = Y_A + Y_B + Y_C = L_1^{1-\alpha-\beta} = \left(\frac{1}{2}L\right)^{1-\alpha-\beta} \qquad (7-11)$$

2. 三中心分散均衡

假设中心城镇 C 经营可以迁移的基础产业 A、产业 B 和不可迁移的衍生产业 C，且其周围存在分别只经营产业 A 和产业 B 的城镇 A 和城镇 B。在城镇完全分工经营情况下基础产业 A、产业 B 分别全部迁移至城镇 A 和城镇 B。要素层面上，各城镇的土地面积均为单位 1，资本与劳动要素关系与单中心时一致，则：

$$E_A = E_B = E_C = \frac{1}{3} + T \qquad (7-12)$$

$$K_A + K_B + K_C = 1 \qquad (7-13)$$

$$L_A + L_B + L_C = L_1 \qquad (7-14)$$

$$L_1 + L_2 = L \qquad (7-15)$$

其中，T 表示基础产业 A、产业 B 所处城镇与衍生产业 C 所处城镇之间的运输成本，在此表示因城镇间运输成本而产生的土地的拥挤程度，即城镇间距离过近（或运输成本过小）仍会引起一定程度的土地拥挤，从而导致各城镇实际可用的有效土地规模小于单个城镇面积。在取值上，当 $0 < T \leqslant \frac{2}{3}$ 时，$\frac{1}{3} < E_A = E_B = E_C \leqslant 1$，表示城镇间土地处于相互作用的拥挤状态，距离越大拥挤程度越小，各城镇所能使用的土地就越多；当 $T \geqslant \frac{2}{3}$ 时，$E_A = E_B = E_C = 1$，即不存在土地使用拥挤，各产业可以使用所处城镇最大规模土地。由于 $0 < T \leqslant \frac{2}{3}$ 和 $T \geqslant \frac{2}{3}$ 两种情况会分段影响产业实际使用的所在城镇土地规模，因此在比较静态分析时将分开讨论两种情况。

保持各产业生产函数与单中心状态一致，化简后可得城镇非农产业及乡村农业产业的生产函数（及数量关系）分别为：

$$Y_A = \left(\frac{1}{3} + T \right)^{\alpha} K_A^{\beta} L_A^{1-\alpha-\beta} \qquad (7-16)$$

$$Y_B = \left(\frac{1}{3} + T \right)^{\alpha} K_B^{\beta} L_B^{1-\alpha-\beta} \qquad (7-17)$$

$$Y_C = \frac{1}{1+T} \sqrt{Y_A Y_B} = \left(\frac{1}{3} + T \right)^{\alpha} K_C^{\beta} L_C^{1-\alpha-\beta} \qquad (7-18)$$

$$Y_2 = L_2^{1-\alpha-\beta} \qquad (7-19)$$

式（7-18）表示，由基础产业 A、产业 B 协同衍生出的产业 C 会因其各自所在城镇间距离的增加而出现协同产出衰减，经济学意义可理解为基础产业分散将导致的经济集聚效应衰减。均衡状态下，不同城镇间劳动力与资本的边际产出均相等，整理后可得：

$$\frac{K_A}{L_A} = \frac{K_B}{L_B} = \frac{K_C}{L_C} \qquad (7-20)$$

则均衡状态的解为：

$$K_A = K_B = \frac{T+1}{2T+3} \qquad (7-21)$$

$$K_C = \frac{1}{2T+3} \qquad (7-22)$$

$$L_A = L_B = \frac{T+1}{2T+3}L_1 \qquad (7-23)$$

$$L_C = \frac{1}{2T+3}L_1 \qquad (7-24)$$

则城镇劳动力的边际产出为：

$$\frac{\partial Y_A}{\partial L_A} = (1-\alpha-\beta)\left[\left(\frac{1}{3}+T\right)\left(2+\frac{1}{T+1}\right)\right]^{\alpha}L_1^{-\alpha-\beta} \qquad (7-25)$$

由均衡状态下城乡劳动力的边际产出相等可得：

$$(1-\alpha-\beta)\left[\left(\frac{1}{3}+T\right)\left(2+\frac{1}{T+1}\right)\right]^{\alpha}L_1^{-\alpha-\beta} = (1-\alpha-\beta)L_2^{-\alpha-\beta}$$

即

$$\frac{L_1}{L_2} = \left[\left(\frac{1}{3}+T\right)\left(2+\frac{1}{T+1}\right)\right]^{\frac{\alpha}{\alpha+\beta}} \qquad (7-26)$$

令 $\left[\left(\frac{1}{3}+T\right)\left(2+\frac{1}{T+1}\right)\right]^{\frac{\alpha}{\alpha+\beta}} = F$，进一步整理可得城乡劳动的边际产出

与城镇非农总产出分别为：

$$\frac{\partial Y_A}{\partial L_A} = \frac{\partial Y_2}{\partial L_2} = (1-\alpha-\beta)(F+1)^{\alpha+\beta}L^{-\alpha-\beta} \qquad (7-27)$$

$$Y_1 = Y_A + Y_B + Y_C = \left(2+\frac{1}{T+1}\right)Y_A = F(F+1)^{\alpha+\beta-1}L^{1-\alpha-\beta} \qquad (7-28)$$

3. 比较均衡分析（$0 < T \leqslant \frac{2}{3}$）

根据式（7-28）与式（7-11）可得三中心与单中心均衡总产出比为：

$$Y_{2/1} = 2^{1-\alpha-\beta}F(F+1)^{\alpha+\beta-1} \qquad (7-29)$$

由 $F = \left[\left(\frac{1}{3}+T\right)\left(2+\frac{1}{T+1}\right)\right]^{\frac{\alpha}{\alpha+\beta}}$ 可知，$\frac{\partial F}{\partial T} > 0$，表明 F 会随着 T 的增加

而增加；由式（7-29）可知，$\dfrac{\partial Y_{2/1}}{\partial F} > 0$，表明 $Y_{2/1}$ 会随着 F 的增加而增加。

因此，当 $0 < T \leqslant \dfrac{2}{3}$ 时，随着 T 的增加 $Y_{2/1}$ 也会不断增加，经济学含义是：各产业所在城镇的距离增加所带来的集聚效应衰减，并未抵消掉由于土地拥挤程度降低而增加的有效土地要素所带来的总产出增加，即在土地拥挤边界内的产业空间分散有助于城镇总产出水平的提升。

根据式（7-27）与式（7-10）可得三中心与单中心均衡劳动力边际产出比为：

$$\left(\frac{\partial Y_A}{\partial L_A} \right)_{2/1} = 2^{-\alpha-\beta}(F+1)^{\alpha+\beta} \tag{7-30}$$

由 $F = \left[\left(\dfrac{1}{3} + T \right) \left(2 + \dfrac{1}{T+1} \right) \right]^{\frac{\alpha}{\alpha+\beta}}$ 可知，$\lim\limits_{T \to 0} F = 1$，所以当 $0 < T \leqslant \dfrac{2}{3}$ 时，$\left(\dfrac{\partial Y_A}{\partial L_A} \right)_{2/1} > 1$，即三中心均衡状态下的劳动边际产出大于单中心均衡，说明分散状态下城镇非农产业与乡村农业产业的劳动力收入水平都得到了提升，并且随着 T 的增加，$\left(\dfrac{\partial Y_A}{\partial L_A} \right)_{2/1}$ 也会增加，这是由于土地拥挤程度降低所带来的城镇总产出增加引致的。

根据式（7-26）与式（7-9）可得三中心与单中心均衡城镇化水平比为：

$$\left(\frac{L_1}{L_2} \right)_{2/1} = F = \left[\left(\frac{1}{3} + T \right) \left(2 + \frac{1}{T+1} \right) \right]^{\frac{\alpha}{\alpha+\beta}} \tag{7-31}$$

由于 $\lim\limits_{T \to 0} F = 1$，所以 $\left(\dfrac{L_1}{L_2} \right)_{2/1} > 1$，即三中心均衡状态下的城镇化水平要高于单中心均衡，说明城镇分散状态下有利于城镇化水平的提升。并且随着 T 的增加，$\left(\dfrac{L_1}{L_2} \right)_{2/1}$ 也会增加，同样也是由于土地拥挤程度降低所带来的城镇非农产业劳动边际产出水平增加而引起的乡村劳动力进一步向城镇转移。

4. 比较均衡分析（$T \geqslant \frac{2}{3}$）

假定 $T \geqslant \frac{2}{3}$ 时，城镇间由于空间相邻而产生的土地拥挤会消失，即各产业在各自所处城镇可以获得 1 单位土地，则产业分散状态下的土地要素与生产函数可表达为：

$$E_A = E_B = E_C = 1 \tag{7-32}$$

$$Y_A = K_A^{\beta} L_A^{1-\alpha-\beta} \tag{7-33}$$

$$Y_B = K_B^{\beta} L_B^{1-\alpha-\beta} \tag{7-34}$$

$$Y_C = \frac{1}{1+T}\sqrt{Y_A Y_B} = K_C^{\beta} L_C^{1-\alpha-\beta} \tag{7-35}$$

城乡要素流动均衡解仍然为：

$$K_A = K_B = \frac{T+1}{2T+3} \tag{7-36}$$

$$K_C = \frac{1}{2T+3} \tag{7-37}$$

$$L_A = L_B = \frac{T+1}{2T+3}L_1 \tag{7-38}$$

$$L_C = \frac{1}{2T+3}L_1 \tag{7-39}$$

由均衡状态下城乡劳动力的边际产出相等可得：

$$\frac{L_1}{L_2} = \left(2 + \frac{1}{T+1}\right)^{\frac{\alpha}{\alpha+\beta}} \tag{7-40}$$

进一步整理可得城乡劳动的边际产出与城镇非农总产出分别为：

$$\frac{\partial Y_A}{\partial L_A} = \frac{\partial Y_2}{\partial L_2} = (1-\alpha-\beta)\left[\left(2+\frac{1}{T+1}\right)^{\frac{\alpha}{\alpha+\beta}}+1\right]^{\alpha+\beta}L^{-\alpha-\beta} \tag{7-41}$$

$$Y_1 = Y_A + Y_B + Y_C = \left(2 + \frac{1}{T+1}\right)Y_A$$

$$= \left(2+\frac{1}{T+1}\right)^{\frac{\alpha}{\alpha+\beta}}\left[\left(2+\frac{1}{T+1}\right)^{\frac{\alpha}{\alpha+\beta}}+1\right]^{\alpha+\beta-1}L^{1-\alpha-\beta} \tag{7-42}$$

根据式（7-42）与式（7-11）可得三中心与单中心均衡总产出比为：

$$Y_{2/1} = 2^{1-\alpha-\beta}\left(2+\frac{1}{T+1}\right)^{\frac{\alpha}{\alpha+\beta}}\left[\left(2+\frac{1}{T+1}\right)^{\frac{\alpha}{\alpha+\beta}}+1\right]^{\alpha+\beta-1} \qquad (7-43)$$

由式（7–43）可知，$Y_{2/1}>1$，表明三中心均衡的城镇总产出水平始终高于单中心均衡；$\frac{\partial Y_{2/1}}{\partial T}<0$，表明 $Y_{2/1}$ 会随着 T 的增加而减小。其经济学含义是：当土地拥挤不再由于城镇空间临近而继续存在时，城镇总产出水平将不会因土地拥挤减小而增加，各产业所在城镇的距离增加将带来城镇经济集聚效应的持续衰减。

根据式（7–41）与式（7–10）可得三中心与单中心均衡劳动力边际产出比为：

$$\left(\frac{\partial Y_A}{\partial L_A}\right)_{2/1} = 2^{-\alpha-\beta}\left[\left(2+\frac{1}{T+1}\right)^{\frac{\alpha}{\alpha+\beta}}+1\right]^{\alpha+\beta} \qquad (7-44)$$

由式（7–44）可知，$\left(\frac{\partial Y_A}{\partial L_A}\right)_{2/1}>1$，即三中心均衡状态下的劳动边际产出大于单中心均衡，说明分散状态下城镇非农产业与乡村农产业的劳动力收入水平都得到了提升，但随着 T 的增加，$\left(\frac{\partial Y_A}{\partial L_A}\right)_{2/1}$ 会出现下降，这是由于各产业所在城镇距离增加带来的城镇经济集聚效应衰减引致。

根据式（7–40）与式（7–9）可得三中心与单中心均衡城镇化水平比为：

$$\left(\frac{L_1}{L_2}\right)_{2/1} = \left[\left(2+\frac{1}{T+1}\right)\right]^{\frac{\alpha}{\alpha+\beta}} \qquad (7-45)$$

由式（7–45）可知，$\left(\frac{L_1}{L_2}\right)_{2/1}>1$，即三中心均衡状态下的城镇化水平要高于单中心均衡，说明城镇分散状态下有利于城镇化水平的提升，并且随着 T 的增加，$\left(\frac{L_1}{L_2}\right)_{2/1}$ 会不断下降，原因在于城镇各产业间的集聚效应随着城镇间距离的增加而减少，导致城镇非农总产出和城镇劳动边际产出水平下降，使得城镇劳动力向乡村回流，降低了总体城镇化水平。

5. 模型评述

模型设定的关键点在于对土地拥挤的分段表达和与所处城镇空间距离

相关的衍生产业集聚效应衰减。三中心均衡与单中心均衡的比较静态分析结果显示：第一，城镇的分散布局有利于城镇非农总产出和城乡劳动边际产出的增加，并且有助于城镇化总体水平的提升；第二，城镇的空间分散应以土地拥挤边界为界，即城市群或城镇布局存在最优空间距离，在该最优距离上的城镇非农总产出、城乡劳动边际产出及城镇化水平达到最大值。

（二）财政分权、公共产品、城镇单中心与多中心均衡

由财政集中提供的公共产品效率损失是城市由单中心向多中心发展的另一个重要原因。公共产品效率损失表现为财政支出的效用衰减。类比于土地拥挤，与空间集散状态有关的公共产品有效规模损失来源于两个方面：（1）公共产品拥挤；（2）由产业公共产品偏好差异及信息不完全导致的公共产品供给偏差。以土地拥挤模型分析为基础，通过类比转换可以得到公共产品的分析逻辑与结果。土地拥挤模型中单中心与多中心的差异在于土地供给的不同，单中心土地供应为 $E_A + E_B + E_C = 1$，多中心的土地供应为 $E_A + E_B + E_C = 1 + 3T$ 或 $E_A + E_B + E_C = 3$。在公共产品分析中可将土地理解为由固定财政支出能够提供的有效公共产品数量，单中心条件下财政资源的集中且单一支出（假定不同产业所需公共产品不同，单一城镇只能提供一种公共产品），公共产品出现拥挤和基于生产的效率损失，导致参与生产的有效公共产品数量变小为 1 单位；当财政根据产业协同关系将公共资源投入相应的三个城镇时，公共产品拥挤状况改善，公共产品供给的准确性增加，能够参与生产的有效公共产品数量由 1（或 $1 + 3T$）变大为 3 单位，且每个城镇都能获得 1 单位的有效公共产品。因此转换模型可以获得相似的分析结论：（1）根据产业关系将财政资源分散支出到多个城镇有助于整体经济产出水平的提升；（2）财政分散支出有助于提升城乡劳动边际产出水平；（3）对多中心城镇的财政分散支出能够显著提升城镇化水平；（4）从公共产品拥挤来看，多中心城镇间距离（或运输成本）会影响财政分散支出带来的城镇非农总产出、城乡劳动边际产出与城镇化水平的改善效果，且存在一个最优空间距离使目标变量达到最优；（5）从公共产

品供给偏差来看，财政分权程度（T 值的大小）会对城镇非农总产出、城乡劳动边际产出与城镇化水平产生倒"U"型影响（超过分权临界将导致公共产品供给偏差消失，但类比于中央财政效应的衍生产业将因过度分权而萎缩）。

（第三节）中国财政支出分权对城镇空间形态与城镇化效率的影响：实证研究

理论分析表明，财政分权会对公共产品供给效率、城镇空间形态及城镇化效率产生较大影响。该部分将以中国数据为基础分析以下两个问题：第一，核算各层级城市的财政支出分权指数，并考察其对劳动力流动、城镇空间形态形塑的影响；第二，考察央地财政支出分权对城镇化发展的影响，其中包括在不同城镇化水平下财政支出分权对城镇化影响大小的变化。

一、中国财政支出分权对城镇空间形态的影响

财政资源或是最终能够转化为财政资源的资源已经成为城市经济或地区经济发展的要素禀赋。尤其对于中国而言，财政资源的分配会在较大程度上影响城市空间体系的构建和区域经济发展的均衡关系，并深刻影响城镇化的空间布局与推进效率。基于中国独特的政治制度与行政管理体制，各级政府在晋升压力下倾向于将（广义）财政资源投向有助于整个地区发展水平提升的区域；但该财政资源分配方式将在"棘轮效应"与"马太效应"作用下逐步对经济发展效率与发展公平产生负面影响。正如何艳玲等（2019）指出的，中国"当前的问题在于，经济增长所需要的城市空间与行政管理所划定的城市空间之间出现分离"，城市发展的行政等级成为财政资源分配等级的划分标准，对健康城市体系构建与城镇化整体水平提升的负面影响逐渐开始显现。

（一）各层级城镇财政自给率与人均财政支出核算

为考察中国不同层级城镇的财政状况，将城镇划分为直辖市、副省级城市、地级市、县（包括县级市）及以下城镇。截至 2019 年，中国有 4 个直辖市（北京、天津、上海和重庆）、15 个副省级城市（广州、深圳、南京、武汉、沈阳、西安、成都、济南、杭州、哈尔滨、长春、大连、青岛、厦门、宁波）、278 个地级市、378 个县级市、1440 个县城和 21013 个镇。财政自给率（地方财政收入/地方财政支出）是反映地方政府财政自由程度的重要指标，人均财政支出能够反映地区内财政资源的水平高低。依据 2005～2018 年可获得数据，对直辖市、副省级城市、地级市及县级地区的财政自给率和人均财政支出水平进行核算，具体结果如表 7-2 所示。

表 7-2　　　　　2005～2018 年各层级城市财政自给率与人均财政支出

年份	直辖市		副省级城市		地级市		县级地区	
	财政自给率	人均财政支出（元）	财政自给率	人均财政支出（元）	财政自给率	人均财政支出（元）	财政自给率	人均财政支出（元）
2005	0.832	4999.37	0.805	2972.32	0.748	1482.62	0.442	907.80
2006	0.839	5679.08	0.822	3303.41	0.746	1834.43	0.451	1149.88
2007	0.904	6875.11	0.873	4042.87	0.769	2197.23	0.450	1580.00
2008	0.896	8120.27	0.876	4831.93	0.756	2624.80	0.429	2144.18
2009	0.828	9470.87	0.847	5516.24	0.707	3168.24	0.393	2751.14
2010	0.842	10777.71	0.873	6837.55	0.726	3770.23	0.388	3676.99
2011	0.869	13341.06	0.888	8409.54	0.743	4395.17	0.422	4484.38
2012	0.864	14827.86	0.909	8994.90	0.744	5117.88	0.427	5423.58
2013	0.872	15953.81	0.971	10083.52	0.779	5406.05	0.440	6275.44
2014	0.804	17210.21	0.928	10552.61	0.793	5770.82	0.444	6984.76
2015	0.825	20714.33	0.860	12001.75	0.715	7520.85	0.401	7516.85
2016	0.801	22847.93	0.831	12815.28	0.677	8175.02	0.394	7930.37
2017	0.781	23848.79	0.806	13491.62	0.668	8268.21	0.371	8979.79
2018	0.760	25397.27	0.830	13810.89	0.664	8977.52	0.362	9797.53
均值	0.837	14290.26	0.866	8404.6	0.731	4907.79	0.415	4971.62

注：直辖市、副省级城市和地级城市数据均为市辖区财政自给率与人均财政支出，而县级地区数据为全县（而非县城）财政自给率与人均财政支出；另外，由于城镇户籍人口与常住人口的差异较大，由城镇户籍人口计算出的人均财政支出水平偏差较大，因此采用一定方法估算出各层级城市常住人口。

资料来源：根据历年《中国城市统计年鉴》相关数据计算、整理得出。

从财政自给率绝对值来看，直辖市与副省级城市的财政自给率显著高于地级市（均值分别为 0.837 和 0.866），地级市的财政自给率（均值为 0.731）又显著高于县级地区（均值为 0.415）；2008 年以前，直辖市的财政自给率略高于副省级城市，2008 年以后副省级城市财政自给率开始显著高于直辖市。这表明较高层级城市的财政自由程度较高，经济发展与财政能力的双向促进作用较强；相比而言，县级地区的财政自由程度较低，经济发展自主性受到较大约束，对预算外资金及上级转移支付资金的依赖性较强。从财政自给率变化趋势上来看，2005～2018 年，除副省级城市总体略有增加外，直辖市、地级市与县级地区的财政自给率均出现不同程度的下降；其中 2013 年与 2014 年以前各级城市财政自给率大致呈上升趋势，但 2014 年以后均出现了显著下降；原因可能在于"新常态"经济形势下，各级城市财政收入能力下降而逆向调节的财政支出不断增加所致。

从人均财政支出的绝对数额来看，直辖市的人均财政支出水平显著高于副省级城市，副省级城市的人均财政支出水平显著高于地级市，而地级市的人均财政支出与县级地区整体差距不大。2005～2018 年，各级城市的人均财政支出年均增长率分别为 13.32%、12.54%、14.86% 和 20.08%，县级地区人均财政支出增长较快。从财政支出总额变化来看，直辖市财政支出总额由 2005 年的 3634.04 亿元增加到 2018 年的 23467.08 亿元，年均增长 15.43%；副省级城市财政支出总额由 2947.7 亿元增长至 20224.96 亿元，年均增长 15.97%；地级市财政支出总额由 5190.9 亿元增加至 41532.63 亿元，年均增长 17.35%；县级地区财政支出总额由 7131.49 亿增加到 67985.9 亿元，年均增长 18.94%，反映出地级市与县级政府的财政支出水平在 2005～2018 年间增长较快。另外，各层级城市人均财政支出与财政支出总额增长率的差异也反映出人口向地级以上城市转移的趋势。

第七章 中国财政分权对城镇空间形态与城镇化效率的影响研究

（二）财政支出分权指数核算与城市体系变化

根据各层级城市的财政支出与人口数据计算各级财政支出分权指数，具体计算表达式分别为：直辖市财政支出分权指数 = 直辖市人均财政支出/（直辖市人均财政支出 + 中央一级人均财政支出）；副省级城市财政支出分

权指数＝副省级人均财政支出/（副省级人均财政支出＋省一级人均财政支
出＋中央一级人均财政支出）；地级市财政支出分权指数＝地级市人均财
政支出/（地级市人均财政支出＋省一级人均财政支出＋中央一级人均财政
支出）；县级以下财政支出分权指数＝县级以下人均财政支出/（县级以下
人均财政支出＋省一级人均财政支出＋中央一级人均财政支出）。计算结
果如表 7 - 3 所示。

表 7 - 3		2005～2018 年各层级城市财政支出分权指数					单位：万人	
年份	直辖市		副省级		地级市		县级地区	
	分权指数	城镇常住人口	分权指数	城镇常住人口	分权指数	城镇常住人口	分权指数	城镇常住人口
2005	0.882	7269	0.719	9917	0.56	35012	0.438	4014
2006	0.882	7448	0.712	10237	0.579	35201	0.463	5402
2007	0.888	7671	0.724	10406	0.587	36319	0.506	6237
2008	0.89	7927	0.717	10474	0.579	37332	0.529	6670
2009	0.892	8157	0.707	10634	0.581	38406	0.547	7315
2010	0.9	8449	0.742	10725	0.613	40145	0.607	7659
2011	0.916	8640	0.743	10787	0.601	41773	0.606	7879
2012	0.915	8807	0.734	11019	0.611	42365	0.625	8992
2013	0.914	8972	0.738	11292	0.602	44156	0.637	8691
2014	0.913	9086	0.737	11564	0.605	45042	0.649	9224
2015	0.918	9150	0.735	12404	0.634	43892	0.634	11670
2016	0.92	9203	0.74	13120	0.645	45687	0.638	11289
2017	0.917	9221	0.736	13974	0.63	45643	0.649	12509
2018	0.916	9240	0.72	14644	0.626	46263	0.646	12990
均值	0.904	8517	0.729	11514	0.604	41231	0.584	8510

注：直辖市、副省级城市和地级市数据均为市辖区财政分权指数，而县级地区数据为全县
（而非县城）财政分权指数，由于无法分离出市一级人均财政支出，因此县级地区财政分权者数值
实质上被高估了；副省级城市以下城镇常住人口数据根据全国户籍人口城镇化率与常住人口城镇
化率差异及各地户籍数据推算得来。

资料来源：根据历年《中国城市统计年鉴》《中国人口和就业统计年鉴》和国家统计局及个
别城市历年《国民经济和社会发展统计公报》相关数据计算、整理得出。

从财政支出分权指数数值大小来看，直辖市的财政支出分权指数（平
均 0.904）显著大于副省级（平均 0.729），副省级的财政支出分权指数显
著大于地市级（平均 0.604），而地市级的财政支出分权指数又略大于县级
地区（平均 0.584），表明层级越高的城市财政支出分权程度越高，财政与

经济互动循环的能力越强，而层级越低的城市财政支出分权程度越低，财政与经济的双向互动能力越弱。从财政支出分权指数的变化趋势来看，2005～2018年直辖市、副省级城市、地级市及县级地区的财政支出分权指数均有所提高，其中县级地区的分权程度提升最为显著（虽县级地区财政分权指数被高估，但变化趋势可信），表明各层级城市整体财政支出分权程度在逐步加深。从转移人口流向来看，2015年《农民工监测调查报告》最后一次报告了"外出农民工中，流入地级以上城市的农民工11190万人，占外出农民工总量的66.3%，其中8.6%流入直辖市，22.6%流入省会城市，35.1%流入地级市"；按当年城市数量计算，平均每个直辖市流入农民工240.59万人，平均每个省会城市流入农民工93.66万人，平均每个地级市流入农民工15.11万人。从表7-4中各层级城镇常住人口变化可知，2005～2018年，每个直辖市平均增加492.75万城镇常住人口，年均增加37.9万人；每个副省级城市平均增加315.14万城镇常住人口，年均增加24.24万人；每个地级市平均增加42.14万人城镇常住人口，年均增加3.24万人；每个县城平均增加5.81万人，年均增加0.4465万人。2005～2018年，各层级平均财政支出分权指数与每个城市增加的常住人口之间的Pearson相关系数为0.9378（显著性水平为6.22%），表明财政分权与城市常住人口增加间存在显著的正相关关系，即财政分权程度较高的城市获得了较多的人口流入。因此可以看出，中国对高层级城市存在财政分权偏向，导致大中小城市发展的不平衡，也是导致大城市病及经济集聚效益下降的重要原因。

表7-4　　　　　　　　2018年城镇数量与城镇规模变化

城市群	面积（平方公里）	人口（万人）	地区GDP（万亿元）
长三角城市群	21.2	15000	17.8
珠三角城市群	5.6	6580	8.1
京津冀城市群	22.3	11000	8.5
长江中游城市群	32.6	13000	8
成渝城市群	18.5	9500	5.7
合计	100.2	55080	48.1

资料来源：根据百度百科、新浪财经等网络资源检索整理得出。

（三）城市群特征

财政分权效率的发挥受城市空间距离的影响，城市群空间形态是财政分权城镇化空间效应释放的最优形态，并且发达国家工业化与城镇化的发展经验也是如此。高水平城市群的形成既需要市场力量的推动，也需要政策规划的助力。改革开放后的前三十年，点状的地区核心城市建设是发展重点；进入 21 世纪第二个 10 年，中国对城市群建设提升到战略高度；"十三五"规划要求建设长江三角洲、珠江三角洲、京津冀、长江中游及成渝、辽中南、山东半岛、海峡西岸、哈长、中原、关中、北部湾、天山北坡、晋中、呼包鄂榆、滇中、黔中、兰西及宁夏沿黄城市群 19 个城市群。从 2018 年的数据来看，19 个城市群在 25% 的土地上集聚了 75% 的人口，创造了 88% 的 GDP，城镇人口占比达 78%。表 7 - 4 列举了五大国家级城市群 2018 年的相关数据，其用占全国 10.4% 的土地集聚了全国 39.5% 的人口，创造了全国 52.3% 的 GDP。从 2018 年农民工输入地情况来看，在京津冀、长三角与珠三角就业的农民工总量达 12176 万人，占当年农民工总量的 42.22%，成为农民工的主要输入地。随着城市群战略规划的推进，中国城市群发展对城镇化的推动作用将越来越突出；而城市群发展既需要各层级财政间的区域统筹，更需要高层次的财政分权来赋予卫星城镇更多的发展自主权。

二、中国央地财政支出分权对城镇化效率的影响：省级面板数据

（一）样本选取与模型设定

关于衡量财政支出分权的核心解释变量，依据通用做法选取不包含中央一级人均财政支出的省级人均财政支出与包含中央一级人均财政支出的省级财政支出的比值来表示中央与地方的财政支出分权程度，具体表达式为：财政支出分权程度 = 省级人均财政支出/（中央一级人均财政支出 +

省级人均财政支出），用 *fisdec* 表示；被解释变量城镇化效率选用各省市常住人口城镇化率（*urb*）来表示；控制变量包括财政支出占 GDP 比重（*fegdp*）、以 1978 年为基期的人均 GDP 对数化值（ln*pgdp*）和第二、第三产业产值占比（*nonagri*）。选择 2007 ~ 2019 年中国 31 个省份面板数据作为研究样本，原因在于：（1）全国性的常住人口统计从 2005 年才开始普及，且 2007 年财政支出科目分类发生较大变化；（2）虽然 1994 年分税制改革对财政分权的影响较大，但该部分的研究重点在于展现经济规律而非分析制度变革的效应。相关数据来源于国家统计局、历年《中国统计年鉴》与《中国财政年鉴》。

由于城镇化的发展具有连续性，上期的城镇化水平对本期可能会产生影响（仅选择被解释变量的一阶滞后项），并且动态面板是减轻模型内生性问题的重要方式。另外，面板双向固定效应也能在一定程度上减轻模型内生性问题，因此将模型设定为动态面板双向固定效应模型，具体形式如下：

$$urb_{it} = \beta_0 + \beta_1 urb_{i,t-1} + \beta_2 fisdec_{it} + \beta_3 X_{it} + \mu_{it} + \lambda_{it} + \varepsilon_{it} \qquad (7-46)$$

其中，urb_{it} 表示第 t 年第 i 个地区的常住城镇化率，$fisdec_{it}$ 表示第 t 年第 i 个地区的财政支出分权程度，X_{it} 表示控制变量集合，β 表示相应变量系数，μ_{it} 表示地区固定效应，λ_{it} 表示时间固定效应，ε_{it} 为随机干扰项。

式（7-46）仅关注了财政支出分权对城镇化率条件均值的影响，可以采用分位数回归检验不同城镇化水平下财政支出分权在不同分位点上对城镇化率边际影响的变化，模型设定如下：

$$Quant_{\tau}(urb_{it}) = \beta_0 + \beta_1 fisdec_{it} + \beta_2 X_{it} + \mu_{it} + \varepsilon_{it} \qquad (7-47)$$

其中，$Quant_{\tau}(urb_{it})$ 表示与分位点 τ 相对应的分位数，β_1 表示在 τ 分位点上财政支出分权对城镇化率的边际影响。

面板数据在进行回归操作之前往往需要对各变量序列进行平稳性检验，但由于该样本数据为短面板且时间跨度较小，故假定各变量序列不存在单位根问题，不再对其进行面板数据单位根检验。

（二）动态面板双向固定效应模型

模型选用被解释变量 urb 的一阶与二阶滞后项作为 GMM 式工具变量，并运用 2SLS（或 one – step GMM）与系统 GMM 方法分别对模型进行估计，估计结果如表 7 – 5 所示。

表 7 – 5　　　　　　　　　动态面板双向固定效应回归结果

变量	2SLS	系统 GMM
$L.\,urb$	0.849 *** (0.0290)	0.851 *** (0.0276)
$fisdec$	0.229 *** (0.0728)	0.193 * (0.105)
$fegdp$	− 0.0729 *** (0.0162)	− 0.0677 *** (0.0213)
$nonagri$	0.112 ** (0.0474)	0.121 ** (0.0611)
$year10$	0.00439 ** (0.00195)	0.00549 ** (0.00230)
$year11$	0.00449 ** (0.00182)	0.00582 ** (0.00257)
$year12$	0.00541 *** (0.00197)	0.00686 ** (0.00272)
$year13$	0.00568 ** (0.00223)	0.00705 ** (0.00288)
$\_cons$	− 0.184 *** (0.0514)	− 0.166 *** (0.0517)
Arellano-Bond test for AR(1)	− 3.41(0.001)	− 3.24(0.001)
Arellano-Bond test for AR(2)	− 1.41(0.16)	− 1.49(0.135)
Hansen test of overid	23.55(0.315)	23.55(0.315)

注：时间固定相应不显著的变量 year2 ~ year9 未在表格中列示；2SLS 估计方法各变量系数对应括号内为稳健标准误，系统 GMM 估计方法各变量系数对应括号内为校正标准误；*，**，*** 分别表示 10%、5%、1% 显著性水平。

由表 7 – 5 可知，2SLS 与系统 GMM 估计方法的 Arellano-Bond test for AR（1）与 Arellano-Bond test for AR（2）检验均表现出扰动项差分存在一阶自相关且不存在二阶自相关，故均接受"扰动项无自相关的"原假设，可以对模型进行 GMM 估计；两种估计方法的较为稳健的过度识别 Hansen 检验结果相同，均能够接受"所有工具变量均外生"的原假设。从变量回归系数来看，被解释变量滞后一期 $L.\,urb$ 在两种估计方法下的系数均显著（1% 显著性水平）为正，而且差异较小，表明上期城镇化水平会对本期城镇化水平产生显著的正向影响。核心解释变量财政支出分权（*fisdec*）在两种估计方法下的系数显著为正（2SLS 估计在 1% 显著性水平上显著，系统 GMM 估计在 10% 显著性水平上显著），表明财政支出分权有助于推动常住人口城镇化水平的提升，原因在于：（1）财政支出分权提高了地方政府改善地方经济的行为激励；（2）更自主的财政支出能够形成相对其他地区的竞争优势；（3）更自主的生产性与消费性公共产品供给能够有效提升地方经济活力和改善城市居民生活。这都将促使农村人口不断向城市流动聚集，从而推动地区常住人口城镇化水平的提升。

（三）分位数回归

为了进一步了解不同城镇化水平下财政支出分权对城镇化发展的边际影响的变化情况，选取多个分位点对样本进行面板数据分位数回归，并根据式（7-47）对样本进行分位数回归分析。首先，绘制财政支出分权与城镇化率分位数（10%、20%、30%、40%、50%、60%、70%、80%、90%）拟合图。由图 7-4 可知，随着分位数数值的增加，拟合直线的斜率（均为正）也随之增大，表明城镇化率越高，财政支出分权对城镇化率的边际影响越大。其次，对样本进行混合面板分位数回归，并采用自助法（重复 400 次）获取标准误；表 7-6 的回归结果表明，在 10%、25%、50%、75% 和 90% 的分位数标准下，财政支出分权与城镇化率间的回归系数均在 1% 的显著性水平上显著，回归系数均为正且逐渐增大，表明财政支出分权对城镇化率的边际影响会随着城镇化率水平的增加而增加；相应的标准误依次减小，表明高分位数的估计结果相对更优。最后，对样本进行面板数据固定效应分位数回归，表 7-7 回归结果表明，在 10%、25%、50%、75% 和 90% 的分位数标准下，财政支出分权与城镇化率间的回归系数均在 1% 的显著性水平上显著，回归系数均为正且逐渐增大，也表明财政支出分权对城镇化率的边际影响会随着城镇化率水平的增加而增加；相应的标准误先减小后增加，表明中间分位数相对两端分位数的估计结果更优。

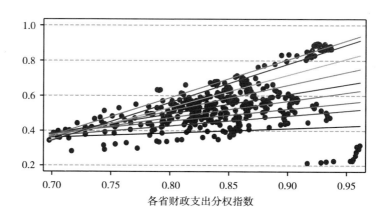

图 7 - 4   财政支出分权与城镇化率分位数拟合图

表 7 - 6   财政支出分权混合分位数回归结果

模型分位点	10%	25%	50%	75%	90%
fisdec	0.935 *** (0.272)	1.343 *** (0.175)	1.496 *** (0.166)	1.862 *** (0.129)	1.993 *** (0.093)
Pseudo R2	0.5976	0.5625	0.5608	0.5828	0.6579

注：括号内为标准误；*** 表示1%显著性水平。

表 7 - 7   财政支出分权固定效应分位数回归结果

模型分位点	10%	25%	50%	75%	90%
fisdec	0.618 *** (0.130)	0.625 *** (0.106)	0.640 *** (0.082)	0.660 *** (0.123)	0.672 *** (0.168)

注：括号内为标准误；*** 表示1%显著性水平。

以上分位数回归结果表明，财政支出分权对城镇化水平的提升具有正向影响，并且随着城镇化水平的提升，财政支出分权对城镇化率的边际影响在增大。产生这一现象的原因在于：（1）财政支出分权能够有效激发地方政府发展本地经济的活力，并且能够为地方经济发展和满足居民公共需求提供更为有效公共产品，从而正向推动城镇化水平的提升。（2）城镇化水平较低的地区或时期，经济发展水平也相对较低，财政支出分权对市场经济低迷或低水平发展阶段的作用并不显著，因此对经济发展与城镇化水平的提升作用也相对较小；随着经济发展水平与城镇化率的提高，市场经济的活跃与财政支出分权形成良好的互动与互补关系，财政支出分权所产生的经济激励与公共产品供给效应快速释放，城镇化水平也会加速提升。（3）中国在该时期（2007～2019 年）正处于城镇化快速发展时期，财政支出分权的边际影响持续释放；但从远期来看，随着城镇化水平日趋高水平临界值，财政支出分权对城镇化的边际影响也会出现下降。

本章小结

本章旨在从理论上分析财政分权对城镇空间形态与城镇化效率的影响，实证研究中国财政支出分权对城镇空间形态与城镇化效率的影响。第一部分分别对中国财政分权制度改革历程及财政分权实际状况的变化趋势、城镇化空间布局的政策演变及城镇化空间布局的变化趋势进行了概括性分析说明。第二部分在逻辑分析财政分权的城镇化空间效应的基础上，构建了公共产品拥挤条件下财政分权、城镇空间形态与城镇化效率的数理模型，结果显示财政分权程度会对城镇化水平产生倒"U"型影响。第三部分首先核算了各层级城市（直辖市、副省级城市、地级市与县级地区）的财政自给率与财政支出分权指数，发现城市层级越高财政自给率与财政支出分权指数越高，人口的平均流入规模越大；其次依据 2007～2019 年省级面板数据构建动态面板模型与分位数回归模型，结果显示财政支出分权有助于常住人口城镇化水平的提升，并且城镇化水平越高，该边际影响越大。

第八章

中国财政支出对城乡关系发展的影响研究

　　城乡关系健康发展是城镇化健康发展的重要组成部分。城镇化不应只具有经济发展的效率特征，还应具有公平、共享类的社会价值内涵。世界多数国家城镇化的经验教训表明，工业化强势推进所导致的农业经济萎靡、乡村凋敝、贫民窟、城乡分割等问题不仅会造成整体经济的效率损失，而且会因社会不公平加剧而反噬市场经济发展基础。日本经验则表明，良好的城乡关系对推动城市化持续健康发展具有重要作用，通过积极的财政再分配政策平抑初次分配所带来的分配极化，是实现城镇化进程中城乡关系健康发展的重要手段。本章在概括性描述改革开放后中国城乡关系发展关系实践及对财政支出的现实需求基础上，从理论上分析财政支出城乡分配对城乡关系发展的作用机理，并以改革开放后相关数据实证分析中国财政支出对城乡关系发展各维度的现实影响。

第一节　中国城乡关系与相关财政支出实践

一、中国城乡关系发展实践及成因分析

（一）中国城乡关系发展历程①

1. 自然经济条件下城乡低水平互动阶段（1949 年以前）

第一次鸦片战争（1840 年）以前，中国处于封建且封闭的自然经济时期（经济内卷化，严格符合马尔萨斯人口陷阱），城乡发展处于低水平分工状态，市场交换频度低且内容单一。城乡劳动力流动速度极慢，表层原因在于城镇自由择业者（旨在排除通过体制实现的劳动力转移）与乡村农民的收入差别并不明显，深层原因在于落后的农业生产不足以支撑过多的非农就业。城乡空间经济关系基本符合以农产品生产交换为主要内容的分布形态。城镇经济的发展更多的是城镇内部形成的一种排斥乡村的"闭路经济"，乡村依然延续着千年的自然经济生产生活状态，工业文明与农耕文明的反差逐渐明显。

2. 计划经济条件下城乡机械性互动阶段（1949～1978 年）

新中国成立后，中国为贯彻"重工业优先"发展战略建立了严格的计划经济体制（包括户籍制度、农产品统购统销制度与人民公社制度），城乡产品与要素市场被制度性割裂，市场的有机性遭到巨大破坏，城乡生产与分配关系出现严重错位。工业对农业剩余的长期侵占，减缓了乡村资本的原始积累速度，农业及乡村现代化发展缓慢，并且城镇工业对农业生产方式的改进（提供现代的生产技术和生产资料）作用也十分有限。该阶段城乡经济关系总体上是机械性的、受人为控制的，城乡互动的自然法则被计划替代，城乡关系畸形发展。

---

①　摘编自笔者前期研究成果《中国的城乡经济关系：逻辑、演进、问题与对策》，载于《云南社会科学》2019 年第 1 期。

3. 市场经济（不完善）条件下偏向性城乡互动阶段（1978～2003 年）

1978～1984 年率先开展的农村改革极大地促进了农业生产效率的提升和城乡产品统一市场的破冰[1]，市场经济意义上的城乡互动开始增加，并且由于乡村改革的制度供给远快于城镇，所以在形式上表现为一种乡村偏向型城乡经济关系。1984 年以后，市场经济改革的重心由乡村转向城镇[2]，一系列市场化改革（如收入分配、国企、财政等）使城镇具备了强有力的经济集聚能力，吸纳大量乡村转移劳动力和乡村储蓄资本；城镇居民收入水平的提高促进了农产品消费需求的快速增长，农民涉农收入不断提高；城镇工业有力地助推了农业现代化的发展，工农互进的正反馈机制初步形成。但由于农村改革相对较慢及城镇偏向的土地与财税政策造成城镇经济对乡村非农经济的挤压和替代，乡村产业发展较为缓慢。在该体制转轨阶段，城镇相对乡村均处于优势地位，属于典型的城镇偏向型城乡经济关系。

4. 市场经济条件下城乡有机互动并走向融合发展阶段（2004 年至今）

2004～2012 年，中央相继提出"两个趋向"论断[3]与"城乡经济社会发展一体化"[4] 目标，并通过"多予少取""以工促农、以城带乡"的城乡统筹发展理念缓解日益加深的城乡矛盾，但城乡不平衡关系并未得到根本缓解。党的十八大以来，在"五位一体"总体布局与五大发展理念的指引下，城乡经济关系进入全面融合发展阶段；"以人为本"的新型城镇化建设、城市群为主体形态的大中小城镇协同发展战略与乡村振兴战略的实施，推动了"工农互促、城乡互补、全面融合、共同繁荣"的新型工农城

---

[1] 1978 年，党的十一届三中全会同意将《中共中央关于加快农业发展若干问题的决定（草案）》等文件发到各省市自治区讨论和试行，随后正式发布。

[2] 1984 年 10 月，党的十二届三中全会通过的《中共中央关于经济体制改革的决定》提出"坚决地系统地进行以城市为重点的整个经济体制的改革，是当前中国形势发展的迫切需要"。

[3] 2004 年 9 月，党的十六届四中全会提出："综观一些工业化国家发展的历程，在工业化初始阶段，农业支持工业、为工业提供积累是带有普遍性的趋向；但在工业化达到相当程度以后，工业反哺农业、城市支持农村，实现工业与农业、城市与农村的协调发展，也是带有普遍性的趋向。"

[4] 党的十七大报告提出："建立以工促农、以城带乡的长效机制，形成城乡经济社会发展一体化新格局。"

乡关系的建立①；着眼全局的持续政策供给与资源倾斜，逐步推动中国城乡关系进入融合发展轨道。

（二）中国当前城乡关系现状

1. 城乡收支差距依然较大

城乡人均居民收入、人均消费支出与恩格尔系数是衡量城乡整体发展状况的重要指标。改革开放以来，中国城乡收入差距扩大趋势明显，2000年以后出现收窄迹象，但直到2018年城乡家庭人均可支配收入比仍高达3.21，且收窄趋势趋缓，城乡人均可支配收入绝对差额扩大至24633.8元。就人均消费支出与恩格尔系数水平来看，城乡差距先扩大后缩小的趋势明显，2018年城乡人均消费支出比高达2.15，消费支出水平差距依然较大，乡城恩格尔系数比为1.09（30.1/27.7），表明农村消费支出结构仍处于较低级状态，整体生活水平仍远低于城镇（见表8-1）。

表8-1　　　　　　1978~2018年城乡生活水平差距

项目	1978年	1990年	2000年	2010年	2018年
城乡人均可支配收入绝对差额（元）	209.80	823.90	3973.60	12506.70	24633.80
城乡家庭人均可支配收入比（1978年基期）	2.57	3.46	3.51	3.19	3.21
城乡居民人均消费支出差额（元）	251.00	694.26	3327.87	9089.63	13988.04
城乡居民人均消费支出比值	2.90	2.19	2.99	3.07	2.15
乡城恩格尔系数比值	1.18	1.08	1.24	1.15	1.09

资料来源：根据历年《中国统计年鉴》整理得出，其中2018年"乡城恩格尔系数比值"由网络检索数据计算、整理得出。

2. 城乡发展关系失衡

基于体制力量将乡村农业生产剩余向城镇转移是中国改革开放以前城乡发展关系的基本特征。改革开放后，农业农村改革率先取得突破，农业及乡镇企业发展迅猛，城乡间出现了基于体制梯度改革的短时期较为平等

---

① 2014年3月，中共中央、国务院印发《国家新型城镇化规划（2014~2020年）》；2016年12月发布《中共中央 国务院关于深入推进农业供给侧结构性改革 加快培育农业农村发展新动能的若干意见》；2018年1月发布《中共中央 国务院关于实施乡村振兴战略的意见》。

的发展关系。随着改革的深入，城镇经济获得了绝对的（市场与公共）资源禀赋优势，结果是乡村经济逐渐走衰，城乡发展关系逐渐失衡。

由表8-2可知，虽然农业生产价格不断上升，但1980~2009年农业生产资料与工业出厂价格上升幅度更大，2010年以后农业生产价格增长较快，与此同时农业生产资料价格相对工业出厂价格也出现较快增长、表明工农业产业互动在增强，但农民参与农业收益分配的能力并未显著提高。从固定资产投资方面来看，乡村（及人均）固定资产投资占全社会（及人均）固定资产投资比重下降趋势明显，且乡村人均固定资产投资相对水平极低，制约了城乡农业生产资料与农产品市场的良性互动。从资金流向上来看，1980年以后农村金融机构资金净流出规模逐年增加，这是城乡间"卢卡斯之谜"的现实展演，是中国城乡发展失衡的重要反映。另外，财政支出的城镇偏向是中国城乡发展失衡的重要原因，数据显示，中国财政支农支出占国家财政总支出的比重始终不高，并且在2000~2009年出现了较大幅度的下降，随之出现的是城乡矛盾的集中凸显；得益于城乡融合发展政策的推进，2010年以后财政支农支出占比显著回升。综上，城乡发展关系经历了改革前三十年的恶化阶段与近十年的修好阶段，但乡村产业不兴、城乡发展结构性失衡的状况并未得到根本扭转。

表8-2 城乡发展关系相关指标

项目	1980~1989年	1990~1999年	2000~2009年	2010~2018年
农业生产与生产资料价格指数比（1978年基期）	1.45	1.41	1.25	1.42
农业生产与工业出厂价格指数比（1978年基期）	1.54	1.48	1.44	2.19
乡村固定资产投资占比期间均值（%）	27.75	23.1	16.45	12.1
乡村人均固定资产/全国人均固定资产期间均值	0.37	0.32	0.29	0.28
1980年后累积农村金融机构资金净流出（亿元）	76.18	15651.19	29860.59	*
财政支农支出占比期间均值（%）	9.21	9.35	7.72	9.52

注：除了农村资金净流出指标外，其余均表示结点前时期的指标均值；另外，由于乡村金融机构商业化改革的深入，2010以后反映农村净流出的数据不再具有说服力。

资料来源：根据历年《中国农村统计年鉴》《中国统计年鉴》、国家统计局官网、《中国农村资金净流出的机理、规模与趋势》计算、整理得出。

（三）中国城乡关系特征的成因分析及城乡融合发展的意义

中国城乡关系特征的形成有工业化一般性规律的作用，也有中国自身禀赋与制度特征的影响。第一，突出的人地关系矛盾、土地的保障功能预期及缺乏市场流动性的土地制度，使传统小农户农业经营方式难以向各类现代农业生产方式转变，导致工业化与城镇化发展并未使得农民与土地彻底分离。第二，传统农业现代化的过程中所需的现代化生产资料，如良种、农机、农药、化肥、农业科技服务等，在农业产出中的分配占比过高，农民从劳动与土地中获得的分配额较低。第三，小规模分散经营的农业生产方式使农户对生产资料及农产品价格缺乏谈判力，农民收入中的农业产出被两头侵蚀。第四，与乡村地区关系较为紧密的小城镇发展缓慢，使与小农户经营相适应的农民兼业经营缺乏临近非农产业条件，导致乡村农民非农收入水平增长缓慢和普遍的农民工候鸟式生存现象。第五，计划经济时期重工业发展战略所积累的大量农业劳动力剩余和农业耕作技术进步持续释放的过剩劳动力在较短的工业化时期"集中"向城市非农产业释放，导致城乡"过密—过疏"矛盾阶段性加剧。第六，长期实施的户籍限制制度，使财政类公共资源更多聚焦城市生产性活动，在以经济发展强力"揽客"的同时，却在"待客"上进展迟缓；其实际效应是乡村流动劳动力对城市的逆向补贴，不但恶化了城乡实际收入关系，而且导致人口城镇化长期发展缓慢。第七，行政与财政体制使得公共资源向上集中，导致处于行政层级底层的乡村地区难以通过公共资源提供较为完善的公共产品；城乡公共产品供给差距致使人口与经济要素大量外流，而人口与经济要素向城镇流动又降低了乡村地区公共产品的供给能力与供给效率，从而形成"内卷化"循环。

乡村经济是国民经济的重要组成部分。随着需求特征的演变及空间经济逐步扁平化，乡村经济发展及其对城镇经济的推动作用将逐渐显现。因此，以产品与要素市场一体化、基本公共服务均等化及城乡产业协同为特征的城乡融合发展是城镇化持续健康发展的重要保障。第一，城乡融合发展所要求的城乡生产要素自由高效流动是城镇经济实现持续扩大再生产的必要条件，人口、土地、资本、科技的城乡自由流动不仅有助于城镇经济获得充足的要素供给，还有助于乡村生产要素的多样化利用。第二，城乡融合发展有利于乡村地区高效承接城镇经济溢出，提升空间经济效率，不仅有助于乡村产业振兴，还有利于城镇产业转型升级，为城镇化发展提供腾挪空间。第三，城乡融合条件下的以工促农有助于农业现代化发展，推动更多剩余劳动力向城镇非农产业转移，形成城乡互动的良性循环。第四，就需求层面而言，乡村生产生活方式的现代化及乡村居民收入水平的提高，可有效改善收入分配结构，消除相对生产过剩对经济长期发展的影响，推动社会总需求扩张，为城镇非农经济发展提供强大的牵引力。

二、中国城乡关系健康发展对财政支出的现实需求

（一）财政农业支出与农业发展

由于农业本身在工业化发展中的相对弱势地位，通过财政支持农业发展是世界各国的通行做法。中国政府对农业发展的重视是一贯的，中国财政通过农业基础设施建设、农业补贴、农产品价格补贴、农业技术服务与职业农民培训等方面投入支撑农业现代化发展，财政农业支出绝对规模快速增加。

从财政支出相对规模来看（见图 8－1），财政农业支出由 1978 年的150.66 亿元增加到 2006 年的 3172.97 亿元，年均增长 11.5%；同期，国家财政支出由 1978 年的 1122.09 亿元增加到 40422.73 亿元，年均增长13.66%；财政农业支出增速略落后于国家财政支出增速。但 2007～2018年国家财政用于农林水事务支出的金额由 3404.7 亿元增加到 21085.59 亿元，年均增长 18.03%；国家财政支出由 49781.35 亿元增加至 220904.13亿元，年均增长 14.51%；财政用于农林水事务支出的年均增速明显快于国家财政支出，财政农业支出占国家财政支出的比重也开始逐渐上升。从财政农业支出效果来看，1978～2006 年第一产业产值由 1018.5 亿元增加

到 23317 亿元，年均增长 11.8%；2007～2018 年第一产业产值由 27674.1 亿元增加到 64745.2 亿元，年均增长 8.03%；财政支农支出占第一产业产值的比重从 1995 年的 4.78% 逐步攀升至 2018 年的 32.57%；这在很大程度上表明财政支农支出对农业发展的重要性正逐步提升。

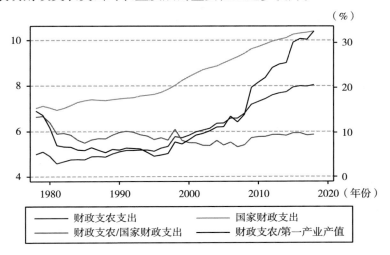

图 8 - 1　财政支农支出变化趋势

注：国家支农支出与国家财政支出已消除价格因素并做对数化处理；财政支农/国家财政支出与财政支农/第一产业产值为百分比。

资料来源：根据国家统计局官网数据与《中国农村统计年鉴》计算、整理得出。

从投资比较角度来看，2014～2018 年农村住户固定资产投资完成额大致呈收缩趋势（见表 8 - 3）；与此同时，国家财政用于农林水事务的支出却以年均 10.44% 增长，两者之比呈现明显的增长趋势，这进一步证明了财政在农业发展中的作用性正变得越来越重要。因此，财政通过支持现代农业发展，对推进城乡关系健康发展具有重要意义。

表 8 - 3　　　2014～2018 年国家财政农林水支出与农户固定资产投资

项目	2014 年	2015 年	2016 年	2017 年	2018 年
农村住户固定资产投资完成额（亿元）	10755.8	10409.8	9964.9	9554.4	10039.2
国家财政用于农林水各项支出（亿元）	14173.80	17380.49	18587.40	19088.99	21085.59
财政农林水支出/农村住户固定资产投资	1.32	1.67	1.87	1.99	2.1

资料来源：根据国家统计局官网数据和《中国农村统计年鉴》计算、整理得出。

（二）城乡基本公共服务均等化对财政支出的需求

城乡基本公共服务均等化是城乡关系的重要内容，也是中国新型城镇化建设的重要内涵。基本公共服务是指"建立在一定社会共识基础上，根据一国经济社会发展阶段和总体水平，全体公民不论种族、收入和地位差距如何，都应公平、普遍享有的服务，其规定的是一定阶段上基本公共服务应覆盖的最小范围和边界"（郭小聪等，2013）。基本公共服务水平差异是中国城乡不平衡的最突出表现，乡村基本公共教育、基本医疗卫生、基本社会保险、基本公共文化体育等基本公共服务供给不足构成了城乡实际收入水平差距的重要组成部分，而导致这一问题长期存在的核心原因就在于城乡财政支出的结构性失衡。从城乡医疗卫生方面来看，2013～2019 年城市每万人医疗机构床位数由 73.6 张增长至 87.81 张，年均增长 2.99%；农村每万人医疗机构床位数由 33.5 张增长至 48.09 张，年均增长 6.21%；城乡比由 2013 年的 2.20 缩减至 2019 年的 1.83，城乡医疗卫生差距有所改善，但绝对差距及隐性的医疗卫生质量差距依然很大（见表 8－4）。从城乡社会保障方面来看，2013～2019 年城镇居民人均可支配转移净收入由 4323 元增长至 2019 年的 7563 元，年均增长 9.77%；农村居民人均可支配转移净收入由 1648 元增长至 3298 元，年均增长 12.26%；城乡比值由 2.62 缩减至 2.29，城乡社会保障方面的差距近年来有所缩小，但绝对差值依然很大（见表 8－5）。

表 8－4　　　　2013～2019 年城乡每万人医疗机构床位数

项目	2013 年	2014 年	2015 年	2016 年	2017 年	2018 年	2019 年
城市每万人医疗机构床位数（张）	73.6	78.37	82.7	84.13	87.54	87	87.81
农村每万人医疗机构床位数（张）	33.5	35.4	37.1	39.09	41.87	45.6	48.09
城乡比值	2.20	2.21	2.23	2.15	2.09	1.91	1.83

资料来源：根据国家统计局官网数据计算、整理得出。

表 8－5　　　　2013～2019 年城乡居民人均可支配转移净收入变化

项目	2013 年	2014 年	2015 年	2016 年	2017 年	2018 年	2019 年
城镇居民人均可支配转移净收入（元）	4323	4816	5340	5910	6524	6988	7563
农村居民人均可支配转移净收入（元）	1648	1877	2066	2328	2603	2920	3298
城乡比值	2.62	2.57	2.58	2.54	2.51	2.39	2.29

资料来源：根据国家统计局官网数据计算、整理得出。

从城乡教育方面来看，2019 年全国普通小学生均一般公共预算教育经费为 11949.08 元，其中农村为 11126.64 元；全国普通初中生均一般公共预算教育经费为 17319.04 元，其中农村为 15196.86 元；义务教育（小学与初中）阶段城乡教育经费略有差距，但城乡教育服务的质量差异仍然较大，需要更多的教育政策与财政支出予以弥合。另外，城乡间在公共文化体育、基本劳动就业创业、基本社会服务等方面的差距也较大，都需要通过各级财政城乡支出的结构性调整来缩小城乡基本公共服务差距，这也是实现城乡基本公共服务均等化的主要手段和途径。

第二节　财政支出对城乡关系发展的影响：理论分析

一、财政支出的城乡关系发展效应

（一）市场规模扩张效应

城乡二元结构问题的症结在于城乡市场分割。自然经济条件下，以传统农业耕种为生计的乡村社会几乎没有形成自由市场的现实条件，即便存在小范围的传统乡村市场，也由于城镇工业发展的虹吸效应而导致其日渐萎缩甚至消失。连接城乡（包括乡村内部）的基础设施①建设是财政支出的重要内容，主要包括道路、公共交通、电力与通信。市场规模扩张与交易成本降低是加速社会分工、推动经济发展的基本条件，这是古典与新兴古典经济学的核心观点；而连接城乡的基础设施建设正是通过降低运输、通信等成本扩大了市场规模、降低了市场交易成本。

从城乡产品市场融合来看，道路交通设施的改善促进了以汽车为核心的交通工具类及物流服务类消费需求的快速增长，乡村电力设施的完善催生了乡村居民对家用电器类消费品的巨大需求，覆盖城乡的基础通信网络

---

① 该部分对基础设施的具体内容划分按其对城乡融合发展的不同效应分类描述。

的建立有力促进了乡村居民对各类通信终端设备、网络文娱等产品需求的提升及电子商务产业的发展。另外，连接城乡的基础设施的发展也促使乡村高端农产品走向城市，并且消除了乡村对特色生态、特色文化产品的供给与城镇居民对自然、传统类产品的需求之间的障碍，城乡产品市场得以在更大范围内运行。从城乡要素市场融合角度来看，随着连接城乡基础设施的完善，生产要素的配置范围不断扩大，并逐步实现了要素城乡双向流动、（符合生产技术条件的）均衡配置；农业就业人口向非农就业转移构成了城镇化发展的直接动力，也优化了农业现代化发展的生产边际条件。同时，乡村各类生产要素的价值在更大的市场范围内得以体现，使资本（逐利及对其他要素的依附特性）不断向乡村流动，有力支撑了乡村农业及非农产业的发展。

（二）风险补偿与生产导向作用

在经济发展不平衡及经济追赶阶段，财政的生产职能会显得格外重要。财政支出的生产功能表现在以下三个方面：一是生产要素供给；二是经营风险补偿；三是生产外部性补偿。生产要素供给指的是财政直接投入资源以满足生产所需最低要素（规模与结构）阈值，其作用往往是通过先导投入增强区域产业虹吸能力或提升低开发生产要素的市场价值。经营风险补偿是指通过财政行为辅助市场主体平抑市场风险、降低生产成本、增加信用评级，以维护确保其生存的收益水平和收益能力。生产外部性补偿主要是指财政给予有助于区域内生产性知识溢出、范围经济效益提升、（就业等）公共福利外溢等正外部效应产生的市场经营主体的平衡社会收益与社会成本的激励性补偿。

城乡经济发展不平衡问题的核心在于乡村产业不兴，其主要表现是农业现代化与乡村非农产业发展迟缓，导致该现象的原因包括发展阶段因素、资源禀赋特征及制度原因等，而解决该问题的主要手段就是着力发挥好财政要素供给、风险及外部性补偿等生产功能。就农业现代化来看，财政通过农业产业化发展与创新示范项目支出、农机购置与推广补贴、农业贷款、水利建设支出、科技转化与推广支出等要素供给措施，涉农保险补贴、创业担保贷款贴息、粮价支持补贴等风险补偿措施，规模化种养财政补贴、良种补贴、专业化劳动力技能培训支出等生产外部性补偿，推动中国农业由传统向现代转型。随着乡村地区基础设施逐步完善、城镇经济溢出及乡村（生态、文化等）要素价值的不断提升，迫切需要积极发挥财政的生产功能迎合与助推乡村非农产业的发展。财政对乡村非农产业的支持更加强调市场化手段，主要包括财政主导或参与合作的乡村文旅开发支出与涉及生产的基础设施支出（要素供给）、涉及乡村小微经营主体的普惠金融补贴（经营风险补偿）、对私有经营主体的贫困带动补贴（外部性补偿）等。因此，充分发挥财政生产功能，有助于推动农业现代化转型与乡村产业振兴，进一步促进城乡产业融合发展。

（三）收入与福利公平效应

收入分配是涉及效率与公平且具有价值判断意义的概念，其对整个经济系统的长期稳定与高效运转影响重大。由于劳动力异质性、制度形成的非市场性及市场失灵状况的出现，市场配置资源方式会在一定程度上放大社会不公（城乡收入不公平是整体收入不公平的主要方面），并且会导致经济系统出现一定程度的结构性效率衰减。福利经济学将国民收入水平与收入分配结构看作是影响社会总福利水平的两大关键因素；凯恩斯也认为收入分配不公平会致使社会有效需求不足，导致总需求与总供给的系统性失衡；马克思的相对生产过剩理论也是对该经济现象的揭示。城乡收入与福利差距产生原因主要源于两方面：一是基于禀赋差异与产业发展阶段特征的初次分配差距；二是基于市场与政治规则的公共资源再次分配不公平。而财政是弥合城乡收入与福利差距的主要手段。

财政对城乡初次分配的作用主要通过增加乡村资本与技术供给、改善乡村人力资本状况、降低城乡交易成本等方面增加乡村经济发展活力，以提升乡村要素参与经济初次分配的能力。财政对二次分配的影响主要体现在公共产品的城乡配置结构上。相比于城镇的高聚集经济形态，分散的乡村经济导致公共产品供给成本过高与居民消费能力不足，整体表现为乡村公共产品供给无效率，而公共产品供给水平差异业已成为城乡收入与福利差距的主要方面。基本公共服务一体化是以民生为导向的公共财政的重要内容，财政将公共基础设施服务、医疗卫生服务、文化教育服务、科技体育服务、社会保障服务等向乡村倾斜，可有效弥补乡村公共产品先天供给不足；在改善乡村居民生产生活水平的同时，收入能力的增加、生活成本降低及预防性储蓄的减少可有效释放乡村地区消费与投资潜能，以支撑城镇非农生产，促进城乡产品与要素的循环流动，实现城乡总体福利水平的提升。

（四）财政城乡分配结构效应

虽然面向乡村的财政支出对城乡关系的改善具备上述三个方面的积极作用，但这是在不存在涉农财政支出约束的假设下得出的结论。而在实际中，财政支出规模及其城乡分配结构的选择受到很多现实因素左右，导致其对城乡发展关系的影响并不总是积极的。原因大致有：第一，财政支出规模扩张的约束条件趋紧；第二，乡村居民在以公共选择为基础的财政资源分配制度中的博弈能力较差；第三，在不同的发展阶段城乡财政资源分配结构对经济效率的改良程度有所不同。首先，财政支出规模受制于发展阶段、税制结构、政治制度等诸多因素，其大小不可能无限扩张；且随着公共需求的增加和对财政效率要求的提高，乡村财政支出在规模上的扩张是比较有限的。其次，随着农业产出占国民生产总值比重及农业税占总税收比重的下降，再加上农民权力表达意识与表达能力的欠缺，即便农业是基础性的弱势产业，乡村居民也很难通过公共选择博弈获得更多的财政资源来发展乡村经济。再次，从工业化发展规律来看，工业化前期非农生产在城镇内部形成扩大再生产的自我循环，使城镇公共资源投入能够更有效（相对于将公共资源投向乡村）提升经济潜在增长水平，并实现财政收与支的高效循环，因而缺乏对乡村财政支出的激励。最后，基于"涓滴"效应、非均衡发展理念，经济政策的制定者往往将发展城镇非农经济、加快农业劳动人口转移作为发展城乡关系的重要手段，并将阶段性的城乡关系恶化作为工业化进程中的必然现象，从而弱化与乡村经济社会发展相关的财政扶持政策。因此，鉴于财政支出规模及其在城乡分配结构上的差异，虽然财政涉农支出对城乡关系改善具有积极作用，但财政总支出对城乡关系的影响具有不确定性。

二、财政支出对城乡关系的影响：数理分析

优化财政支出城乡分配结构是改善城乡关系的重要手段。该部分将通过构建数理模型揭示财政支出对城乡关系发展的微观作用机制。

（一）公共投资与产出水平

假设存在一个固定的资本存量 K，政府以资本存量为征税对象征收 TK 规模的税收，其中 T 为税率；有效资本 $\tilde{K}$ 与公共资本与私人资本间关系用柯布－道格拉斯函数表示：

$$\tilde{K} = \frac{1}{1-\mu}(TK)^{1-\mu}\big[(1-T)K\big]^{\mu} = \frac{T^{1-\mu}(1-T)^{\mu}}{1-\mu}K \qquad (8-1)$$

其中，$0.5 < \mu < 1$，旨在表明私人资本在生产中的相对重要的位置。最优状态要求公共资本的边际有效资本与私人资本的边际有效资本相等，此时最优税率 $T = 1 - \mu$；在 μ 固定不变时，$\dfrac{T^{1-\mu}(1-T)^{\mu}}{1-\mu}$ 的值会随着 T 的增加，先增加后减小；且在 $T = 1 - \mu$ 时，其值等于 $\left(\dfrac{\mu}{1-\mu}\right)^{\mu}$（大于1）；这说明合理的公共资本与私人资本组合可以增加有效资本量，进而增加总产出水平。

命题1：公共投资相对规模与总产出水平间存在倒"U"型关系。

（二）无政府情况下城乡人均收入差距的变化规律

该部分讨论封闭经济条件下城乡产出与城乡收入差距的变化。一个符合实际情况的假定是，城镇非农生产的资本与劳动力都是相对稀缺的，初始状态的劳动力大部分集中在乡村，资本大部分集中在城镇，但由于城镇资本具有较高的边际资本产出，所以城镇资本仍然是相对短缺的。假设城

镇存在一个虚拟的食利阶层，城乡的生产资本均由该食利阶层投入并获得与资本相关的产出分配额，该假设的经济学意义在于：资本对农业现代化推动的同时也分走了一定比例的农业产出，而这些资本并非主要由农业部门的内部积累，而通常是城镇非农产业资本与金融资本的介入。假设城镇非农业生产函数为：

$$Y_1 = A^\beta \left[(1-s)K \right]^\alpha L_1^{1-\alpha-\beta} \qquad (8-2)$$

其中，Y_1 为城镇总产出，$A(>1)$ 表示城镇固定的生产技术水平，K 为城乡总资本存量，s 为乡村所用资本占比，L_1 为城镇劳动力（居民）人口，α 和 $\beta(0<\alpha,\beta<1)$ 分别为资本和技术对非农生产的贡献比率。进一步假设乡村农业生产函数为：

$$Y_2 = E^\beta (sK)^\alpha L_2^{1-\alpha-\beta} \qquad (8-3)$$

其中，Y_2 为乡村农业总产出，L_2 为乡村劳动力（居民）人口（城乡总人口 $L = L_1 + L_2$），E（常数）为乡村农业生产的总土地数量。α 和 $\beta(0<\alpha,\beta<1)$ 分别为资本和土地对农业生产的贡献比率，且假定资本参与农业产品分配的份额归城镇食利阶层所有，土地参与农业产品分配的份额归乡村虚拟的食租阶层所有。在城乡要素可自由流动条件下，均衡状态要求城乡非农与农业生产的资本边际产出与劳动边际产出均相等，则均衡结果为：

$$\frac{L_1}{L_2} = \frac{1-s}{s} = \frac{A}{E} \qquad (8-4)$$

进一步可得：

$$s = \frac{E}{A+E} \qquad (8-5)$$

$$\frac{L_1}{L} = \frac{A}{A+E} \qquad (8-6)$$

根据假设可知城乡要素的初始分布为 $s > \frac{E}{A+E}$，$\frac{L_1}{L} < \frac{A}{A+E}$，这就说明在趋向均衡的过程中，资本与劳动要素均会由乡村农业生产流向城镇非农业生产，所以城镇非农产出会增加，乡村农业产出会减少。根据柯布－道格拉斯生产函数的特性和对要素所有权的设定，城乡总产出比及城乡人均

收入比分别为：

$$\frac{Y_1}{Y_2} = \left(\frac{A}{E}\right)^\beta \left(\frac{1-s}{s}\right)^\alpha \left(\frac{L_1}{L_2}\right)^{1-\alpha-\beta} \qquad (8-7)$$

$$\frac{y_1}{y_2} = \frac{(Y_1 + \alpha Y_2)/L_1}{(1-\alpha)Y_2/L_2} = \frac{1}{1-\alpha}\left[\left(\frac{A}{E}\right)^\beta \left(\frac{1-s}{s}\right)^\alpha \left(\frac{L_1}{L_2}\right)^{-\alpha-\beta} + \frac{\alpha}{L_1/L_2}\right] \quad (8-8)$$

将式（8-4）带入式（8-7）和式（8-8）化简后可得均衡状态的城乡总产出比和城乡人均收入比：

$$\frac{Y_1}{Y_2} = \frac{A}{E} \qquad (8-9)$$

$$\frac{y_1}{y_2} = \frac{A + E\alpha}{A(1-\alpha)} \qquad (8-10)$$

在假定的初始状态向均衡状态调整过程中，城乡总产出比会逐渐增加至均衡水平（A/E）。在现实经济中，资本的流动或调整速度要远快于劳动力的流动或调整速度，假设资本的调整即时完成，而劳动力的调整滞后一期，则城乡人均收入比会因资本即时向城镇非农产业流动而先增加（资本向城镇流动会扩大城乡劳动边际产出的差距，会加快劳动力的转移速度），又因滞后一期的劳动力向城镇流动而减少，最终收敛于 $\dfrac{A+E\alpha}{A(1-\alpha)}$ 的水平，并且由对初始状态的设定可知，该均衡值严格小于初始状态的城乡收入比值。

命题 2：无政府状态下，城乡收入比会先扩大后缩小。

（三）当城镇存在公共投资而乡村没有时，农业产出与城乡收入差距变化

城镇非农生产函数：

$$Y_1 = A^\beta \left[\frac{1-s}{1-\mu}T^{1-\mu}(1-T)^\mu K\right]^\alpha L_1^{1-\alpha-\beta} \qquad (8-11)$$

乡村农业生产函数为：

$$Y_2 = E^\beta (sK)^\alpha L_2^{1-\alpha-\beta} \qquad (8-12)$$

均衡条件下，城乡间资本的边际产出与劳动的边际产出均相等：

$$\frac{L_1}{L_2} = \frac{(1-s)T^{1-\mu}(1-T)^{\mu}}{s(1-\mu)} = \frac{A}{E} \qquad (8-13)$$

加之政府的最优税收满足 $T = 1 - \mu$，化简可得：

$$s = \frac{T^{1-\mu}(1-T)^{\mu}E}{(1-\mu)A + T^{1-\mu}(1-T)^{\mu}E} = \frac{E}{\left(\dfrac{\mu}{1-\mu}\right)^{-\mu}A + E} \qquad (8-14)$$

由于 $0.5 < \mu < 1$，则 $\left(\dfrac{\mu}{1-\mu}\right)^{-\mu} < 1$，相较于无城镇公共投资的式（8-5），均衡状态的 s 值变大了，原因是城镇公共投资增加了城镇有效资本存量，导致资本边际产出下降，使资本更多地流向乡村；又由于均衡状态下，有无公共投资的劳动力均衡状态均为 $\dfrac{L_1}{L} = \dfrac{A}{A+E}$，所以相较于无公共投资乡村农业生产的总量增加了（获得了更多的资本）。城乡总产出比可表达为：

$$\frac{Y_1}{Y_2} = \left(\frac{A}{E}\right)^{\beta}\left(\frac{(1-s)T^{1-\mu}(1-T)^{\mu}}{s(1-\mu)}\right)^{\alpha}\left(\frac{L_1}{L_2}\right)^{1-\alpha-\beta} = \frac{A}{E} \qquad (8-15)$$

由于乡村农业总产出增加了，在总产出比固定情况下，城镇非农总产出也会增加，即城镇公共投资增加了城乡总产出水平。

若政府对参与城镇投资的资本存量征税的税率 T 是外生的，根据式（8-14）可知，当 $0 < T < 1 - \mu$ 时，增加税率会导致城乡均衡状态 s 增加，即城镇公共投资有利于资本向乡村转移；当 $1 - \mu < T < 1$ 时，税率增加则会导致乡村资本回流城镇，并且增加至一定程度时会导致城乡生产总产出水平降低。

城乡人均收入水平比：

$$\frac{y_1}{y_2} = \frac{(Y_1 + \alpha Y_2)/L_1}{(1-\alpha)Y_2/L_2}$$

$$= \frac{1}{1-\alpha}\left[\left(\frac{A}{E}\right)^{\beta}\left(\frac{(1-s)T^{1-\mu}(1-T)^{\mu}}{s(1-\mu)}\right)^{\alpha}\left(\frac{L_1}{L_2}\right)^{-\alpha-\beta} + \frac{\alpha}{L_1/L_2}\right]$$

$$(8-16)$$

税率内生且城乡均衡状态下：

$$\frac{y_1}{y_2} = \frac{A + E\alpha}{A(1 - \alpha)} \quad\quad (8-17)$$

仍假定城乡要素的初始分布为 $s > \dfrac{E}{\left(\dfrac{\mu}{1-\mu}\right)^{-\mu} A + E}$，$\dfrac{L_1}{L} < \dfrac{A}{A + E}$，则由于

资本相较于劳动的调整速度更快，根据式（8-16）可得城乡人均收入比

仍是先增大后减小，并最终收敛于 $\dfrac{A + E\alpha}{A(1 - \alpha)}$；乡村的总产出水平萎缩了，

但均衡状态的产出水平相较于无城镇公共投资时增加了。

命题3： 当城镇存在公共投资而乡村没有时，农业产出会减少，城乡收入差距会拉大。

（四）当公共资本存在且按适当比例向乡村农业转移时，农业产出与城乡收入差距变化

城镇非农生产函数：

$$Y_1 = A^{\beta} \left[\frac{1-s}{1-\mu} T_1^{1-\mu} (1-T_1)^{\mu} K \right]^{\alpha} L_1^{1-\alpha-\beta} \quad\quad (8-18)$$

乡村农业生产函数为：

$$Y_2 = E^{\beta} \left(\frac{s}{1-\mu} T_2^{1-\mu} (1-T_2)^{\mu} K \right)^{\alpha} L_2^{1-\alpha-\beta} \quad\quad (8-19)$$

均衡条件下，城乡间资本的边际产出与劳动的边际产出均相等：

$$\frac{L_1}{L_2} = \frac{(1-s) T_1^{1-\mu} (1-T_1)^{\mu}}{s T_2^{1-\mu} (1-T_2)^{\mu}} = \frac{A}{E} \quad\quad (8-20)$$

$$s = \frac{T_1^{1-\mu} (1-T_1)^{\mu} E}{T_2^{1-\mu} (1-T_2)^{\mu} A + T_1^{1-\mu} (1-T_1)^{\mu} E} \quad\quad (8-21)$$

若政府征税率内生，则最优税收满足 $T_1 = T_2 = 1 - \mu$，化简可得：

$$s = \frac{E}{A + E} \quad\quad (8-22)$$

城乡总产出比：

$$\frac{Y_1}{Y_2} = \left(\frac{A}{E}\right)^\beta \left(\frac{(1-s)T_1^{1-\mu}(1-T_1)^\mu}{sT_2^{1-\mu}(1-T_2)^\mu}\right)^\alpha \left(\frac{L_1}{L_2}\right)^{1-\alpha-\beta} \qquad (8-23)$$

城乡均衡状态下，根据式（8-20）可得：

$$\frac{Y_1}{Y_2} = \frac{A}{E} \qquad (8-24)$$

即城乡总产出比没有变化。由于在税率内生条件下，最优税率 $T_1 = T_2 = 1-\mu$，城乡有效资本系数 $\left(\frac{\mu}{1-\mu}\right)^\mu > 1$，即城乡生产的有效资本量相对于无公共投资情况均有增加，所以城乡总产出水平增加了。

需要说明的是，乡村公共投资参与非农生产的分配额归乡村居民所有，因此城乡人均收入比可表述为：

$$\frac{y_1}{y_2} = \frac{(Y_1 + \mu\alpha Y_2)/L_1}{(1-\mu\alpha)Y_2/L_2}$$

$$= \frac{1}{1-\mu\alpha}\left[\left(\frac{A}{E}\right)^\beta \left(\frac{(1-s)T_1^{1-\mu}(1-T_1)^\mu}{sT_2^{1-\mu}(1-T_2)^\mu}\right)^\alpha \left(\frac{L_1}{L_2}\right)^{-\alpha-\beta} + \frac{\mu\alpha}{L_1/L_2}\right]$$

$$(8-25)$$

仍假定城乡要素的初始分布为 $s > \frac{E}{A+E}$，$\frac{L_1}{L} < \frac{A}{A+E}$，则由于资本相较于劳动的调整速度更快，根据式（8-25）可得城乡人均收入比仍是先增大后减小，并最终收敛于 $\frac{A+E\alpha}{A(1-\alpha)}$；乡村的总产出水平萎缩了，但均衡状态的产出水平相较于无城镇公共投资时增加了。

在税率内生且城乡均衡状态下，根据式（8-20）和式（8-24）可得：

$$\frac{y_1}{y_2} = \frac{A+E\mu\alpha}{A(1-\mu\alpha)} \qquad (8-26)$$

根据式（8-26）可知，相较于式（8-10）和式（8-17）（无公共投资和仅城镇公共投资）而言，税率内生且城乡均衡状态下的城乡人均收入比变小了。

命题4：当公共资本存在并按适当比例向乡村农业转移时，不仅会提升农业生产水平，还有助于缩小城乡收入差距。

中国财政支出对城乡关系发展的影响：
实证分析

　　财政支出会对城乡总产出、农业产出及城乡收入水平差异产生重要影响。为检验理论与实践的一致性关系，该部分以中国改革开放后发展实践为分析对象，重点分析财政农业支出对农业发展的作用和财政公共服务支出对城乡公共服务均等化的作用，并进一步对财政支出规模、结构及涉农支出对城乡收入差距的现实影响进行实证研究，从更全面的角度考察财政支出对城乡关系发展的影响。

一、中国财政农业支出对农业发展的影响：LMDI 分解分析

　　从世界各国农业发展经验来看，农业保护与农业支持政策是一国工业化与农业现代化过程中的通用做法（如 20 世纪 50 年代以后日本开始实行农产品保护政策）。对于拥有巨大人口规模与独特土地制度的中国而言，积极的财政支农政策尤为重要。改革开放后的中国农业发展主要得益于以下几个因素：稳定的土地制度激励（尤其在改革开放初期）、农业技术进步、农产品市场化、农产品结构多样化与农业投资水平的增加等，而财政农业支出会对农业投资水平增加、农业技术进步及农产品价格激励等产生推动作用。该部分将使用对数平均迪氏分解法（LMDI）对中国农业增长过程中财政农业支出的贡献进行分解，把总贡献拆分为财政农业支出的活动效应、结构效应和效率效应，以深入考察财政支出对农业增长的影响。

（一）模型说明

$$AG = \sum_i C \frac{C_i}{C} \frac{AG_i}{C_i} = \sum_i CS_i E_i \qquad (8-27)$$

其中，AG 表示中国样本省份农业生产总值之和，AG_i 表示 i 省份农业生产

总值，C 表示样本省份财政支农支出之和，C_i 表示 i 省份财政支农支出，$S_i(=C_i/C)$，表示 i 省份财政支农支出占全国总财政支农支出的比重，$E_i(=AG_i/C_i)$ 表示 i 省份财政支农支出的产出效率。由式（8-27）可得农业生产总值在报告期 T 与基期 $T-1$（即上一期为基期）之间的差异的加法等式：

$$\Delta AG_{tot} = AG^T - AG^{T-1} = \Delta AG_{act} + \Delta AG_{str} + \Delta AG_{eff} \qquad (8-28)$$

其中，ΔAG_{tot} 表示财政支农支出总效应，ΔAG_{act}、ΔAG_{str}、ΔAG_{eff} 分别表示加法分解下财政支农支出产生的活动效应、结构效应和效率效应。根据 LMDI 分解法可得：

$$\Delta AG_{act} = \sum_i \frac{AG_i^T - AG_i^{T-1}}{\ln AG_i^T - \ln AG_i^{T-1}} \ln \frac{C^T}{C^{T-1}} \qquad (8-29)$$

$$\Delta AG_{str} = \sum_i \frac{AG_i^T - AG_i^{T-1}}{\ln AG_i^T - \ln AG_i^{T-1}} \ln \frac{S_i^T}{S_i^{T-1}} \qquad (8-30)$$

$$\Delta AG_{eff} = \sum_i \frac{AG_i^T - AG_i^{T-1}}{\ln AG_i^T - \ln AG_i^{T-1}} \ln \frac{E_i^T}{E_i^{T-1}} \qquad (8-31)$$

将式（8-29）的两边同时除以 ΔAG_{tot} 可得：

$$1 = \frac{\Delta AG_{act}}{\Delta AG_{tot}} + \frac{\Delta AG_{str}}{\Delta AG_{tot}} + \frac{\Delta AG_{eff}}{\Delta AG_{tot}} \qquad (8-32)$$

其中，$\dfrac{\Delta AG_{act}}{\Delta AG_{tot}}$、$\dfrac{\Delta AG_{str}}{\Delta AG_{tot}}$、$\dfrac{\Delta AG_{eff}}{\Delta AG_{tot}}$ 分别表示财政支农支出各种效应对农业生产总值驱动效应的贡献率。

（二）数据说明

1997~2006 年财政支农支出数据为"支援农村生产支出""农业综合开发支出""农林水利事项等部门事业费"三项支出的合计，2007~2019 年财政支农数据为"农林水事务支出"，农业经济增长用第一产业产值表达。数据来源于历年《中国统计年鉴》《中国财政年鉴》《中国农村统计年鉴》。农业产值与财政支农支出均通过 GDP 平减指数转换为 1978 年不变价格值。

（三）LMDI 分解结果分析

从图 8 - 2 中可以看出全国（各省份的总和）财政支农支出与农业产值之间具有大致相同的变化趋势，但也大致表明财政支农支出的"边际产出"在下降。LMDI 分解总效应表示财政支农支出对农业产值的综合影响。由表 8 - 6 可以看出，除极个别年份外，财政支农支出对农业产值增长具有显著正效应，其中 1997～2006 年总效应的平均水平为 167.35，而 2006～2019 年总效应的平均水平增加至 367.28，呈现较为明显的时间差异。活动效应是指在财政支农支出结构效应和效率效应不变情况下，仅由财政支农支出变动引起的农业产值变化。由表 8 - 6 可知，财政支农支出对农业产值增长的贡献主要来源于活动效应，即财政支农支出的增加是引起农业产值增长的主要因素。1997～2006 年活动效应的平均水平为 592.36，而 2006～2019 年活动效应的平均水平增加至 1145.3，表明财政支出规模增加对农业产值增长的贡献明显增加。

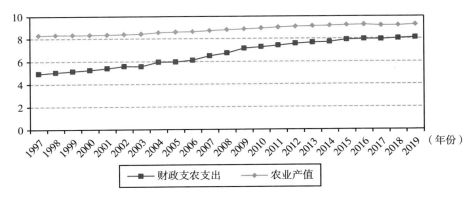

图 8 - 2 1997～2019 年全国财政支农支出与农业产值（均取对数）变化趋势

结构效应指的是在财政支农支出总量和财政支农支出产出效率不变情况下，仅由财政支农支出结构（省份间的支出结构）变化而引起的农业产值的变动。由表 8 - 6 可以看出，结构效应的值相对较小且正负波动较大，表明各省间财政支农支出的结构调整并未对农业产值产生显著的影响，并且由于省际的财政支农支出结构调整是非合作性的，导致财政支农支出的结构效应并不显著；由此可知，发挥中央财政在资金的统筹作用将对全国农业发展产生积极作用。效率效应指的是在财政支农支出总量和支出结构不变情况下，仅由财政支农支出产出效率变动而引起的农业产值的变化。由表 8 - 6 可以看出，效率效应在多数年份呈现负效应，表明财政支农支出的农业增产效益水平较低；其中 1997 ~ 2006 年效率效应的平均水平为 - 414.74，而 2006 ~ 2019 年效率效应的平均水平又进一步下跌至 - 764.99，财政支农支出效率效应也呈现出明显的时间差异，与图 8 - 2 显示的互动趋势一致。

表 8 - 6　　　　1997 ~ 2019 年财政支农支出对农业经济增长的影响因素 LMDI 分解

年份	活动效应		结构效应		效率效应		总效应
	效应	贡献率	效应	贡献率	效应	贡献率	
1997 ~ 1998	442.21	3.30	17.76	0.13	- 325.92	- 2.43	134.05
1998 ~ 1999	421.56	(- 42.13)	- 45.62	(4.56)	- 385.94	(38.57)	- 10.00
1999 ~ 2000	430.76	(- 24.13)	- 350.58	(19.63)	- 98.03	(5.49)	- 17.86
2000 ~ 2001	635.25	6.22	219.21	2.15	- 752.27	- 7.36	102.19
2001 ~ 2002	762.44	4.72	57.81	0.36	- 658.67	- 4.08	161.58
2002 ~ 2003	- 41.41	- 0.29	15.04	0.11	167.06	1.19	140.69
2003 ~ 2004	1807.38	2.88	- 50.28	- 0.08	- 1129.24	- 1.80	627.86
2004 ~ 2005	104.88	0.43	102.03	0.42	35.40	0.15	242.31
2005 ~ 2006	768.15	6.13	- 57.77	- 0.46	- 585.04	- 4.67	125.34
2006 ~ 2007	2190.05	3.97	93.09	0.17	- 1731.66	- 3.14	551.48
2007 ~ 2008	1522.32	2.91	27.53	0.05	- 1027.36	- 1.97	522.49
2008 ~ 2009	2816.86	7.84	98.77	0.27	- 2556.41	- 7.12	359.21
2009 ~ 2010	892.97	1.68	- 1.50	0.00	- 358.69	- 0.67	532.78
2010 ~ 2011	1008.79	1.62	- 3.52	- 0.01	- 381.68	- 0.61	623.59
2011 ~ 2012	1377.79	2.16	- 56.51	- 0.09	- 682.53	- 1.07	638.74
2012 ~ 2013	801.68	2.69	29.18	0.10	- 533.39	- 1.79	297.47
2013 ~ 2014	472.99	1.19	- 68.32	- 0.17	- 8.59	- 0.02	396.08
2014 ~ 2015	1925.47	4.71	19.45	0.05	- 1536.33	- 3.76	408.59
2015 ~ 2016	538.75	1.72	- 96.28	- 0.31	- 130.02	- 0.42	312.44
2016 ~ 2017	- 96.96	(0.15)	- 55.10	(0.08)	- 501.49	(0.77)	- 653.56
2017 ~ 2018	711.55	10.09	- 84.10	- 1.19	- 556.95	- 7.90	70.49
2018 ~ 2019	726.63	1.02	- 72.13	- 0.10	60.28	0.08	714.78

注：贡献率中括号内的数字表示因与总效应符号相同而可能导致的错误理解。

综上所述，通过 LMDI 分解法发现，财政支农支出对农业产出具有正向作用，即财政支农支出是推动农业经济发展的重要力量。但同时也发现，存在省际财政支农支出结构缺乏协同和财政支农支出产出效率较低的问题。

二、中国财政支出对城乡公共服务均等化的影响：以社会保障为例

(一) 全国视角

城乡社会保障服务均等化是城乡基本公共服务均等化的重要内容。城乡居民人均转移性收入的变化可以在一定程度上反映城乡社会保障服务均等化程度的变化。国家财政支出中的社会保障支出是支撑社会保障服务完善与发展的重要力量，但鉴于难以获得城乡分列的社会保障支出数据，只能通过城乡人均转移性收入的变化关系来分析财政社会保障支出在城乡间的分配状况及对城乡社会保障服务均等化的影响。

如图 8-3 所示，全国社会保障（和就业）支出由 1998 年的 595.63 亿元增加至 2019 年的 29379.08 亿元，年均增长 20.4%；社会保障（和就业）支出占国家财政支出的比重由 5.52% 增加至 12.3%；从变化趋势来看，1998～2002 年社会保障支出占比提升较快，2003～2009 年期间开始下降，2010 年以后开始逐渐上升。城乡居民人均转移性收入绝对额，除 2000～2003 年农村人均转移性收入绝对额出现下降外，整体呈上升趋势（2013年统计方法有变，虽前后不可比，但趋势一致）。从城乡居民人均转移性收入比的变化趋势来看，1998～2003 年该比值快速增加，2003 年高达21.81，表明城乡社会保障服务差距快速拉大；2004 年以后该比值开始逐渐缩小，2012 年缩小至 9.27（老口径），但城乡社会保障服务差距依然很大。由此可知，1998～2002 年国家财政社会保障支出占比的增加，其中较大部分用于提升城镇居民社会保障水平，农村居民社会保障水平不升反降；2003～2012 年，国家财政社会保障支出占比略有下降，城镇居民人均

转移性收入年均增长 13.05%，而农村居民人均转移性收入由 96.83 元增加至 686.7 元，年均增长达 24.32%，是城镇增长率的接近两倍，表明国家财政社会保障支出的分配结构开始向农村倾斜，城乡社会保障服务均等化程度得以提高。2013～2019 年国家财政社会保障与就业支出占比显著增加，与此同时，城乡居民人均可支配转移净收入比仍保持下降趋势，表明该阶段的社会保障支出增加推动了城乡社会保障服务水平向均等化方向继续发展。

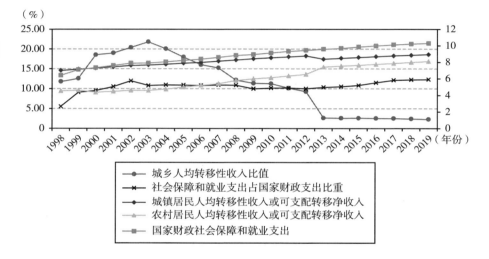

图 8-3　社会保障支出与城乡人均转移性收入比

注：关于社会保障支出，2007 年以前统计名称为"社会保障支出"，2007 年以后统计名称为"社会保障与就业支出"，数据总体连贯可比；关于转移性收入，2013 年以前统计名称为"城镇（农村）家庭人均转移性收入"，2013 年后统计口径发生变化，统计名称为"城镇（家庭）人均转移性净收入"，前后数据不可比。

（二）省级视角

从省级数据来看，选取 2007～2019 年城乡居民人均转移性收入或人均可支配转移性净收入（其中，2013 年以前为人均转移性收入，2013 年以后为人均可支配转移性净收入）和地区社会保障与就业支出占地区财政支出的比重指标，并将数据分为 2007～2012 年与 2013～2019 年两组，分别对两组数据进行简单的面板数据固定效应回归，回归结果如表 8-7 所示。

表 8 - 7　　　　　　　　　　　　　　　回归结果比较

城乡人均转移性收入比	2007 ~ 2012 年	2013 ~ 2019 年
社会保障支出与就业支出占比	0.731 *** (5.75) (4.22)	- 0.131 *** (- 7.03) (- 3.94)
联合 F 检验	33.12 ***	49.45 ***
固定效应 F 检验	13.9 ***	44.32 ***

注：每组数据第一个括号内的值为普通标准误计算的 t 值，第二个括号内为稳健（robust）标准误计算的 t 值；*** p < 0.01。

　　两组数据社会保障与就业支出占比的回归系数均在 0.01% 的显著性水平上显著（即便各自采用稳健标准误，也均在 0.01% 上显著），回归系数联合 F 检验均在 0.01% 的显著性水平上显著，表明方程变量系数整体显著不为零；固定效应与混合回归 F 检验均在 0.01% 的显著性水平上显著，表明强烈拒绝混合回归，固定效应模型更优。从社会保障与就业支出占比的系数来看，2007 ~ 2012 年为 0.731，2013 ~ 2019 年为 - 0.131，两组数据关键变量的回归系数出现方向性不同；这表明 2007 ~ 2012 年地区社会保障与就业支出对城乡人均转移性收入比产生正向影响，即该时期社会保障与就业支出扩大了城乡社会保障服务差距；而 2013 ~ 2019 年地区社会保障与就业支出对城乡人均转移性收入比产生负向影响，即该时期社会保障与就业支出对城乡社会保障服务差距的缩小起到积极作用。因此，从省级数据来看，地区财政社会保障与就业支出在早期恶化了城乡社会保障服务均等化关系，但近年来其又改善了城乡社会保障服务均等化关系；这在一个维度上表明党的十八大以来对乡村发展的重视起到了改善城乡关系的积极作用。

三、中国财政支出对城乡收入差距的影响

　　该部分基于 2007 ~ 2019 年省级面板数据，运用面板模型探究地方政府财政支出规模、结构及财政农林水事务支出与城乡收入差距之间的内在联系。数据来源于国家统计局官网及历年《中国统计年鉴》。被解释变量为城乡收入比（inequ），由城镇居民人均可支配收入与农村居民人

均纯收入（2007～2012 年）或农村居民人均可支配收入（2013～2019 年）的比值计算获得，主要涉及的解释变量包括一般公共预算支出占 GDP 比重（*fegdp*）、服务性财政支出占 GDP 比重（*sefegdp*）、生产性财政支出占 GDP 比重（*prfegdp*）、财政农林水事务支出占 GDP 比重（*agfegdp*）、城镇化率（*urb*）、人均 GDP（*pgdp*）、非农产业产值占比（*nonagri*）；其中服务性财政支出包括地方财政教育支出、医疗卫生支出、社会保障与就业支出、文化体育与传媒支出，生产性财政支出被概括为除服务性财政支出以外的支出；将包含价格因素的变量调整为以 1978 年为基期的可比序列。另将数值较大的变量做自然对数化处理，并以变量名称前加 ln 表示。

分别对变量 *inequ*、*fegdp*、*sefegdp*、*prfegdp*、*agfegdp*、*urb*、*nonagri* 作面板数据平稳性检验，对应 ADF-Fisher 检验的 Inverse chi-squared P 值、Inverse normal Z 值、Inverse logit t L 值及 Modified inv. chi-squared Pm 值均能够在 dfuller、drift、lags（1）及 demean 选项下在 1% 显著性水平上显著拒绝"存在单位根"的原假设，只有 lnpgdp 在 dfuller、drift、lags（1）选项下在 1% 显著性水平上显著；因此，可认为涉及的各变量均为平稳序列。回归模型设置如下：

$$inequ_{it} = \alpha_1 + \beta_1 fegdp + \beta_2 urb + \beta_3 nonagri + \beta_4 \ln pgdp + \mu_i + \varepsilon_{it} \quad (8-33)$$

$$inequ_{it} = \alpha_2 + \beta_1 sefegdp + \beta_2 urb + \beta_3 nonagri + \beta_4 \ln pgdp + \mu_i + \varepsilon_{it}$$
$$(8-34)$$

$$inequ_{it} = \alpha_3 + \beta_1 prfegdp + \beta_2 urb + \beta_3 nonagri + \beta_4 \ln pgdp + \mu_i + \varepsilon_{it}$$
$$(8-35)$$

$$inequ_{it} = \alpha_4 + \beta_1 agrife + \beta_2 urb + \beta_3 nonagri + \beta_4 \ln pgdp + \mu_i + \varepsilon_{it} \quad (8-36)$$

对四个模型分别做固定效应回归（原因在于面板数据组间异方差与组间同期相关检验需在固定效应模型回归之后进行），回归结果如表 8 - 8 所示。回归之后检验残差是否存在组间异方差与组间同期相关问题（因面板数据的时间维度较小，不考虑组内自相关问题），检验结果如表 8 - 9 所示。

表 8 - 8　　　　　　　　　　　　　固定效应回归结果

变量	模型（1）	模型（2）	模型（3）	模型（4）
$fegdp$	- 0.9108533 *** (0.000)	—	—	—
$sefegdp$	—	- 1.386085 ** (0.012)	—	—
$prfegdp$	—	—	- 1.385745 *** (0.000)	—
$agfegdp$	—	—	—	- 1.822058 ** (0.045)
urb	- 4.27224 *** (0.000)	- 4.351217 *** (0.000)	- 4.385414 *** (0.000)	- 4.51578 *** (0.000)
$lnpgdp$	- 0.0521719 ** (0.034)	- 0.0637048 ** (0.011)	- 0.049528 ** (0.043)	- 0.055713 ** (0.033)
$nonagri$	- 0.2188367 (0.712)	- 0.307648 (0.614)	- 0.0961964 (0.870)	- 0.3796813 (0.540)
$cons$	5.995277 *** (0.000)	6.109499 *** (0.000)	5.915568 *** (0.000)	6.120972 *** (0.000)
$R\text{-}sq$（$within$）	0.7625	0.7512	0.7663	0.9266
联合检验 F	295.32 *** (0.000)	277.79 *** (0.000)	301.63 *** (0.000)	275.50 *** (0.000)
固定效应 F	76.63 *** (0.000)	73.24 *** (0.000)	77.51 *** (0.000)	71.39 *** (0.000)

注：括号内显著性概率值；*** $p < 0.01$，** $p < 0.05$。

表 8 - 9　　　　　　　　　　　　　残差检验

项目	检验统计量	模型（1）	模型（2）	模型（3）	模型（4）
组间异方差	Modified Wald test chi2	1358.52 (0.000)	1319.12 (0.000)	1695.07 (0.000)	1342.14 (0.000)
组间同期相关	Pesaran's test	19.742 (0.000)	18.659 (0.000)	19.671 (0.000)	18.703 (0.000)

注：括号内为相应概率值。

　　由残差检验结果可知，四个模型固定效应回归残差的检验均在 1% 显著性水平上拒绝 "无组间异方差" 和 "无组间同期相关" 的原假设，即四个回归模型残差均存在组间异方差和组间同期相关问题。在此种情况下，虽然 OLS（或 LSDV）估计依然是一致的，但基于标准误的 t、F 检验均会失效。针对此类问题，需采用"面板校正标准误差"对模型进行重新估计，估计结果如表 8 – 10 所示。

表 8 – 10 　　　　　　　四个模型回归结果（面板校正标准误差）

变量	模型（1）	模型（2）	模型（3）	模型（4）
fegdp	− 0.9108533 *** (0.000)	—	—	—
sefegdp	—	− 1.386085 * (0.081)	—	—
prfegdp	—	—	− 1.385745 *** (0.000)	—
agfegdp	—	—	—	− 1.822058 (0.198)
urb	− 4.27224 *** (0.000)	− 4.351217 *** (0.000)	− 4.385414 *** (0.000)	− 4.51578 *** (0.000)
lnpgdp	− 0.0521719 ** (0.042)	− 0.0637048 ** (0.042)	− 0.049528 ** (0.045)	− 0.0557125 * (0.087)
nonagri	− 0.2188367 (0.638)	− 0.307648 (0.557)	− 0.0961964 (0.833)	− 0.3796813 (0.509)
R-squared	0.9304	0.9271	0.9315	0.9266
Wald chi2	63436.26 *** (0.000)	122739.68 *** (0.000)	78761.44 *** (0.000)	96087.73 *** (0.000)

注：括号内显著性概率值；*** $p < 0.01$，** $p < 0.05$，* $p < 0.1$。

从表 8 – 8 和表 8 – 10 可知，普通面板固定效应回归与面板校正标准误回归计算出的各变量系数大小是相同的，不同的是参数与模型检验所用的标准误有所差别。从四个模型整体来看，面板校正标准误方法获得的残差相较于普通面板固定效应获得残差具有更优良的性质，被解释变量拟合值与实际值的拟合效果也更好（省略了四个模型对应的 31 个省份的拟合图及整体残差图）。四个模型的普通面板回归的组内 R-squared 均在 0.75 以上，模型参数联合检验 F 值与固定效应（或混合回归）检验的 F 值均在

1%显著性水平上显著，模型拟合效果与模型整体显著性良好；四个模型的面板校正标准误回归的 R-squared 均在 0.92 以上，模型拟合效果较好，Wald chi2 值均显示在 1% 显著性水平上显著，模型整体显著性良好。

从主要解释变量参数情况来看，*fegdp*、*sefegdp*、*prfegdp*、*agfegdp* 回归系数均为负值，其普通面板回归 t 检验结果均在 5% 显著性水平上显著，其面板校正标准误 t 检验结果 *fegdp* 与 *prfegdp* 在 1% 显著性水平上显著、*sefegdp* 在 10% 显著性水平上显著、*agfegdp* 不显著。以面板校正标准误为依据，财政支出占比（*fegdp*）与城乡收入比（*inequ*）呈显著负相关关系，即财政支出占比的增加有助于缩小城乡收入差距；服务性财政支出占比（*sefegdp*）、生产性财政支出占比（*prfegdp*）与城乡收入比（*inequ*）也呈负相关关系，即服务性财政支出与生产性财政支出的增加均能够有效缩小城乡收入差距；财政农林水事务支出占比与城乡收入比间虽呈负相关关系，但并不显著。对主要解释变量综合来看，财政支出规模的增加改善了城乡收入关系，这是财政再分配效用的体现；服务性财政支出的增加推动了城乡基本公共服务均等化发展，对农村居民在公共服务方面的增收减支起到积极作用；生产性财政支出在推动经济发展的同时增加了农村居民收入（主要为非农收入）水平，这也是中国长期以来生产性财政的主要作用；财政农林水事务支出并未明显改善城乡收入关系，可能的原因在于，财政农林水事务支出虽支撑了农业的发展，但农业产出中分配给农民的份额并未提高，即农业增产并未带来农民增收，更多的农业产出分配给了资本与农业社会性服务机构。

从面板校正标准误回归中的其他解释变量来看，城镇化率（*urb*）系数在四个模型中均在 1% 的显著性水平上显著，表明随着城镇化率的增加，城乡收入差距在不断缩小；人均 GDP（ln*pgdp*）系数均在 10% 显著性水平上显著，表明随着经济发展水平的提高，城乡收入差距会逐渐缩小；非农产值占比（*nonagri*）在四个模型中均不显著，表明在此阶段非农产业的发展并未对城乡收入差距产生实质性影响。在四个模型中，31 个固定效应截距项中均有 30 个在 5% 显著性水平上显著不为 0，表明省际个体差异较为明显。另外，需要着重说明的是，该分析结果是基于 2007～2019 年数据获得的，只能在一定程度上说明该时期的变量间的经济关系，并不能代表变量间整体经济关系的全部。

本章小结

　　本章旨在从理论与实证上分析财政支出对城乡关系各方面的影响。第一部分首先对中国改革开放后城乡关系发展历程、重要指标的变化趋势及形成原因进行概括性分析；其次对从农业发展与城乡基本公共服务均等化两个维度描述性分析了城乡融合发展对财政支出的现实需求。第二部分首先从市场规模扩张效应、风险补偿与生产导向作用、收入与福利公平效应、城乡财政支出结构效应四个方面理论分析了财政支出的城乡发展效应；其次建立多种假定情况下财政支出、农业产出与城乡收入变化数理模型，发现财政支出在城乡之间的分配关系会带来农业产出与城乡收入差距的变化。第三部分首先运用对数平均迪氏分解法（LMDI）实证了中国财政农业支出对农业产出增加具有正向影响；其次以财政社会保障与就业支出为例，采用面板数据固定效应模型分析发现，财政转移性支出在不同时期对城乡公共服务均等化具有不同影响；最后采用面板校正标准误固定效应模型实证分析了财政支出规模与结构对城乡收入差距的现实影响。

第九章

结论与建议

第一节　主要结论

第一，日本在自然禀赋条件、工业化历程、政府参与程度及文化背景方面与中国改革开放后的工业化与城镇化过程较为相似，作为工业化与城市化的先行国家，其经验能够为中国发展带来重要启示。从城市化发展情况来看，日本的城市化发展速度较快，人口城市化水平较高（主要是"二战"后），城市空间布局经历由失衡到均衡的序贯增长过程，城乡关系状况良好（主要是"二战"后）。从城市化发展中财政支出规模来看，在第二次世界大战前后，日本城市化发展引致更高水平的财政支出需求，更高的财政支出水平提升了城市公共产品供给水平，进一步吸引农业人口转移进城。从城市化发展中的财政支出结构来看，日本"二战"前生产性财政支出水平极高，"二战"后城市化高速增长期生产性财政支出占比缓慢下降，在城市化后期消费性或民生性财政支出显著增加。从城市化进程中财政支出分权来看，"二战"前财政集权致使城市空间发展极化；"二战"后日本市町村获得的财政分权程度较为均衡，城市化空间形态也呈现先"聚"后"散"的序贯特征，大中小城市发展整体较为均衡。从财政支出对城乡关系的影响来看，日本财政支出对农业发展、农村工业化与农业兼业经营、农村基本公共服务改善都起到了重要作用。由此归纳出的日本经验，对理论分析框架的建立及对中国从财政支出方面推进城镇化健康发展具有重要的启示意义。

第二，理论分析表明，在公共产品非拥挤状态下，公共产品与经济集聚之间存在双向促进作用，即公共产品供给有助于经济集聚，经济集聚亦有助于公共产品供给效率提升。结合实际可知，城镇化发展过程中对住房保障需求、教育服务需求、医疗服务需求、基础设施需求、收入分配与福利公平需求会快速提升，迫切需要财政支出规模的适时增加以适应并推动城镇化的发展。关于财政支出、经济集聚与劳动力转移的数理模型分析表明，财政支出与经济集聚（城镇化）之间存在倒"U"型关系，即财政支出的增加先促进经济集聚（城镇化），而后随着财政参与分配资源的过度增加而对经济集聚（城镇化）产生负向影响。从实证分析结果来看，基于中国 1982～2018 年省级面板数据，通过建立静态面板模型与动态空间面板模型对中国财政支出规模对城镇化发展的影响进行计量分析，结果显示财政支出规模对城镇化效率的影响呈现非线性倒"U"型关系，即财政支出规模的适当增加会促进城镇化发展，而财政支出规模的过度增加会对城镇化发展产生负面影响，与理论分析结果相吻合。

第三，理论分析表明，财政支出结构的适时调整能够提高经济增长水平，更好满足居民公共产品偏好结构，改善收入分配差距与福利不公平状况，提升城镇空间综合承载力。关于财政支出结构与劳动力城乡转移的数理模型分析结果表明，由公共资本效率与公私产品偏好结构变化所推动的财政支出结构调整对劳动力城乡转移决策及流动均衡具有重要影响。从实证分析结果来看，基于 1982～2019 年全国数据构建时间序列协整模型，得出了财政支出结构中服务性支出比重与城镇化质量间存在倒"U"型关系；基于 2007～2014 年的省级面板数据模型分析得出财政支出结构中的教育支出、医疗卫生支出对城镇化质量提升均产生了负面影响，并且社会保障与就业支出并未对城镇化质量提升产生显著影响。

第四，理论分析表明，财政分权会通过财政激励、财政竞争与提升地区公共产品供给效率改善城市发展水平与居民福利水平，但也会因财政资源分配的"马太效应"而导致城市发展两极分化。关于财政分权、城镇空间形态与城镇化效率的数理模型分析发现，在公共产品拥挤条件下，财政分权程度会对城镇化水平产生倒"U"型影响，即财政分权程度过低与过高都不利于城镇化水平的提升，并在土地拥挤假设下得出城市群形态是城镇空间布局的最优形态。从改革开放后中国实践的实证分析结果来看，在核算了中国各层级城市（直辖市、副省级城市、地级市与县级地区）的财政自给率与财政支出分权指数之后发现，层级越高的城市财政自给率与财政支出分权指数越高，人口的平均流入规模越大；依据2007～2019年省级面板数据构建的动态面板模型与分位数模型回归结果显示，财政支出分权有助于常住人口城镇化水平的提升，并且城镇化水平越高，该边际影响越大。

第五，理论分析表明，连接城乡的基础设施建设财政支出能够有效扩大乡村产品市场规模；生产性财政支出可为乡村产业发展提供基本生产要素、经营风险补偿与生产外部性补偿，服务性财政支出能够促进乡村地区公共服务水平提升；但在实践中乡村地区由于在政治与经济上处于弱势地位，参与财政资源再分配的能力相对较弱。由财政支出、农业产出与城乡收入变化数理模型分析发现，当城镇存在公共投资而乡村没有时，农业产出会减少，城乡收入差距会拉大；而当公共资本存在并按适当比例向乡村农业转移时，不仅会提升农业生产水平，还有助于缩小城乡收入差距。对改革开放后中国实践的实证分析结果为：（1）对数平均迪氏分解法（LMDI）实证了财政农业支出对农业产出增加具有正向影响；（2）采用面板数据固定效应模型分析发现，财政社会保障与就业支出在不同时期对城乡公共服务均等化具有不同影响；（3）基于2007～2019年面板校正标准误固定效应模型实证结果发现，财政支出相对规模的增加、服务性财政支出与生产性财政支出的增加均能够有效缩小城乡收入差距，财政农林水事务支出占比与城乡收入比间虽呈负相关关系，但并不显著。

第二节　政策建议

第一，适当的财政支出规模与城镇化之间存在双向促进关系，但财政支出的最优规模却是因时因地而异的。在实际操作中，财政支出规模的确定通常应考察以下三个方面问题：一是合理的公共需求能否有效反映到财政支出之中；二是财政支出的成本与效益权衡关系如何；三是财政支出是否可持续。就财政制度建设层面而言，中国应探索建立公共选择与政府治理相结合的公共产品供需响应机制，以保证公共需求能够有效反映到财政支出中来；应建立具有独立监督权利的财政支出成本效益评价部门，通过预算管理与决算评价保证财政支出的必要性和支出效率；还应探索建立财政支出规模与潜在经济增长变化关系的阶段性评估机制，防止财政支出规模的过度扩张，危机财政整体可持续性。

在逐步建立财政支出规模形成与保障机制的基础上，面对当前中国城镇化发展现状及未来发展趋势，在财政支出规模上应注重以下三个方面。一是当前中国仍处于城镇化快速发展时期，全国各地区普遍存在公共产品供给不足问题，因此应根据公共产品供需紧张程度适度扩大财政支出规模，鼓励有条件的地区实行公共产品适度"超前"供给，以提升劳动力的空间配置效率。二是中国各地区之间发展差异较大，财政支出规模应与地区经济发展阶段相适应，既要防止财政支出规模不足导致经济与城镇化发展滞后，也要防止因财政支出规模过度扩张产生挤出效应而对城镇化发展产生负面影响。三是当前及未来一段时期是推动农民工市民化的高潮期，城镇公共产品供需矛盾将会更加突出；因此，在此期间应鼓励各级政府有计划扩大财政支出规模，明确农民工市民化成本分担机制，降低农民工市民化成本；并通过发行长期国债等方式平抑财政压力，以保障该时期财政支出规模的有序扩张。

第二，从日本经验来看，城镇化与财政支出结构服务化之间存在正向相关关系，即随着城镇化的发展，财政支出结构中服务性财政支出的占比会逐渐提高。中国长期面临较为严重的"半城镇化"问题，巨大规模的农民工群体游离在城市"边缘"。导致这一问题的原因之一有财政支出规模不足原因，但更重要的原因在于财政支出结构失衡，具体表现为更能满足城市居民公共需求偏好的服务性财政支出（如教育、医疗、公共设施等）水平相对较低。从财政支出结构角度改善该状况，中国需重点关注以下四个方面。一是提高公共产品公共选择机制在财政支出结构决策中的地位，使由财政支出结构决定的公共产品供给结构能够较好地匹配居民公共产品需求结构，以改善因部分公共产品拥挤所导致的政府对农民工市民化的抵触。二是鉴于中国地方政府财政支出具有明显的生产性倾向，中央政府及相关部门应根据全国与地方实际制定各类服务性财政支出类目的目标任务，并通过财政手段鼓励实施与行政手段监督实施，推动地方政府优化财政支出结构，提升城镇化质量水平。三是合理的财政支出结构应与经济发展水平相适应，过早或过晚的财政支出结构服务化都将对经济与城镇化发展带来负面影响；中国地区发展差异较大，所处的经济社会发展阶段有所不同，不同的发展阶段所需的最优财政支出结构也不同，如对中西部落后地区较高的生产性财政支出有助于城镇化水平的提升，尽管可能对城镇化质量的影响并不积极；而东部发达地区过高的生产性财政支出对城镇化水平提升的边际贡献会越来越小，应适时增加服务性财政支出水平。四是通过增加服务性财政支出降低农民工落户成本，以鼓励农民工在城镇落户，从而推动城镇化水平与质量的同步提升。

第三，财政资源是城市经济或地区经济发展要素禀赋的重要组成部分，尤其对于中国而言，财政资源的分配会在较大程度上影响城市空间体系的构建和区域经济发展的平衡，并深刻影响城镇化的空间布局与推进效率。在中国独特的政治制度与行政管理体制下，各级政府倾向于将（广义）财政资源投向有助于整个地区发展水平提升的区域，结果是城市间或地区间发展差距拉大，地区大城市集聚效应下降、拥挤问题突出，地区小城市集聚水平较低、发展落后；这种城镇空间布局的不协调会导致城镇化效率下降。因此，从财政分权角度提升城镇化效率需关注以下几个方面。一是将明确且具体的事权划分作为厘定各级政府财政支出责任的标准；中央在关乎社会普遍公平与宏观经济方面负有支出责任，以保证央地协同效率和维持全域均衡发展；其余支出责任应尽可能下沉至基层政府，以提高地区性公共产品供给效率。二是在经济较为发达的中东部地区，应提高地级市、县级市、县及镇的财政分权水平，加大低层级城镇政府财政自主性，提升其在大城市辐射带动下实现自我发展的能力，进而吸引更多的劳动力向中小城镇流动；在维持城市间协同发展的同时，降低因人口过度集中而导致的大城市集聚效益下降问题。三是与支出责任下沉相对应的是财政资金的下沉；一方面需明晰与稳定地方财政税收范围，另一方面应建立规模较大且规范、稳定的转移支付制度，以保证县级及以下城镇获得符合支出责任的、稳定的财政资金来源。四是与土地相关的财政收入是地方财政的重要来源，在用地指标的分配上应注重重点开发与全域发展相结合，防止过多的用地指标集中在地区行政级别较高的大城市而削弱了较低级别小城镇的财政收入能力。五是对于西部不发达地区而言，由于人口密度较小，劳动力大量流向中东部地区，因此有必要提高省会等核心城市财政分权水平，建立一个"反虹吸"锚点，以促进地区经济自我发展能力，提升地区城镇化水平。

第四，财政支出是促进城乡融合发展的主要政策手段。面对当前中国城镇化进程中城乡关系现状及城乡融合发展的政策目标，从财政支出角度应注重以下几个方面。一是加大财政对农业主产区与高标准农田的建设支出，以多种财政支持政策保障核心地区大规模农业生产的高效进行，积极实施非粮食主产区农业社会服务组织财政补贴政策，降低社会服务成本，增加农民对专业服务的可及性，以提升小规模农业的经营效率。二是扩大县级以下政府财政自主权，并加大上级财政转移支付水平，增加县级以下政府引导经济发展的能力；注重乡村和毗邻乡村的中小城镇的基础设施建设，并通过税收优惠、产业资金引导及土地政策等，实现城乡区域性综合开发，为农民就近兼业经营提供更多非农就业机会。三是通过财政资金引导高知人群下乡及乡贤回乡开发农村多样化资源，推动农村发展由现代化农业生产向现代化农村经营转变。四是严格划定"城乡均等公共服务"标准，在厘清各级财政事权与财权安排的基础上，确保农村地区获得足额的财政转移支付资金来提高公共服务水平。五是通过规范的财政资金投入，积极培育能够实现自我循环的农村经济合作组织，以提升农村公共服务基层供给能力，防止农村公共服务供给"内卷化"。

附 录

年份	省份	*urb*	*gdp*1978	*nonagri*	*fe*1978	*fegdp*
1982	北京市	0.6507	140.97	0.933264	15.29	0.108429
1983	北京市	0.6568	164.81	0.929831	17.65	0.107082
1984	北京市	0.6605	185.68	0.931444	23.27	0.12534
1985	北京市	0.6653	200.01	0.930733	25.66	0.128306
1986	北京市	0.6708	211.68	0.932809	32.9	0.15541
1987	北京市	0.681	231.18	0.925617	35.13	0.15198
1988	北京市	0.6865	258.86	0.909634	33.4	0.129028
1989	北京市	0.6876	264.88	0.915497	34.57	0.130494
1990	北京市	0.6885	275.19	0.912384	36.55	0.132822
1991	北京市	0.7028	308.46	0.923993	35.01	0.11351
1992	北京市	0.7058	337.55	0.931364	34.15	0.10117
1993	北京市	0.7121	366.19	0.940037	33.47	0.091389
1994	北京市	0.7201	392.41	0.941684	33.76	0.086029
1995	北京市	0.7257	454.45	0.952139	46.54	0.102408
1996	北京市	0.7332	506.38	0.958998	53.05	0.104767
1997	北京市	0.7417	578.48	0.962842	73.02	0.126234
1998	北京市	0.7365	668.02	0.967247	78.87	0.118073
1999	北京市	0.7563	762.45	0.970752	101.1	0.132592
2000	北京市	0.7764	881.7	0.974934	123.54	0.140116
2001	北京市	0.7884	1013.35	0.978214	152.8	0.150786
2002	北京市	0.8003	1172.16	0.980895	170.69	0.14562

---

①　由于各章节数据量较大，在此仅列示财政支出规模相关的部分数据，还包括财政支出结构、财政支出分权及城乡关系方面的数据没有列示，若需要可与笔者联系。

财政支出对城镇化发展的影响研究

年份	省份	urb	gdp1978	nonagri	fe1978	feglp
2003	北京市	0.8123	1325.65	0.983202	194.54	0.146748
2004	北京市	0.8242	1493.43	0.98552	222.36	0.143889
2005	北京市	0.8362	1660.4	0.987276	252.13	0.151848
2006	北京市	0.8432	1860.86	0.989061	297.28	0.159753
2007	北京市	0.8449	2094.88	0.989716	350.93	0.167516
2008	北京市	0.8492	2193.75	0.989849	386.7	0.176274
2009	北京市	0.85	2403.68	0.990267	458.74	0.190847
2010	北京市	0.8598	2611.73	0.991189	502.84	0.192532
2011	北京市	0.8618	2782.72	0.991615	555.66	0.199683
2012	北京市	0.8618	2991.52	0.991599	616.61	0.20612
2013	北京市	0.8629	3242.93	0.991938	683.55	0.210782
2014	北京市	0.8634	3457.82	0.992546	733.47	0.212119
2015	北京市	0.865	3730.89	0.993908	930.14	0.249307
2016	北京市	0.8652	4103.46	0.994944	1024.19	0.24959
2017	北京市	0.865	4296.56	0.995702	1046.66	0.243603
2018	北京市	0.8649	4905.76	0.996358	1107.14	0.225682
1982	天津市	0.6879	103.82	0.938656	19.45	0.187363
1983	天津市	0.6918	111.08	0.938422	18.44	0.166018
1984	天津市	0.7009	126.46	0.924558	16.11	0.127364
1985	天津市	0.7036	136.74	0.926328	20.98	0.15343
1986	天津市	0.7015	144.71	0.91522	25.9	0.178957
1987	天津市	0.6993	155.7	0.910821	22.04	0.141559
1988	天津市	0.7081	163.89	0.89908	22.08	0.134727
1989	天津市	0.7084	164.69	0.905288	22.81	0.138488
1990	天津市	0.7085	170.86	0.91214	22.09	0.129281
1991	天津市	0.7088	176.48	0.914607	24.45	0.138538
1992	天津市	0.7076	195.67	0.926382	22.14	0.113176
1993	天津市	0.7078	222.7	0.934316	21.19	0.095131
1994	天津市	0.7077	251.11	0.936484	24.78	0.098678
1995	天津市	0.7083	280.92	0.934762	28.13	0.100143
1996	天津市	0.7117	317.53	0.939684	32.04	0.100906
1997	天津市	0.7122	352.2	0.945027	34.19	0.097088

年份	省份	*urb*	*gdp*1978	*nonagri*	*fe*1978	*fegdp*
1998	天津市	0.7141	386.28	0.946064	38.76	0.100342
1999	天津市	0.7183	427.2	0.952603	44.8	0.104874
2000	天津市	0.7202	474.61	0.956701	52.16	0.109908
2001	天津市	0.7264	524.47	0.958975	64.13	0.122282
2002	天津市	0.7327	584.25	0.960846	72.04	0.12331
2003	天津市	0.7389	682.53	0.965125	82.62	0.121054
2004	天津市	0.7452	770.07	0.966158	92.83	0.120548
2005	天津市	0.7514	930.47	0.971226	105.33	0.1132
2006	天津市	0.7572	1023.01	0.976842	124.5	0.121701
2007	天津市	0.7632	1117.51	0.979022	143.46	0.128376
2008	天津市	0.7721	1326.12	0.981756	171.26	0.129144
2009	天津市	0.7801	1487.71	0.98287	222.37	0.149469
2010	天津市	0.7954	1707	0.984218	254.79	0.14926
2011	天津市	0.805	1936.07	0.985875	307.57	0.158865
2012	天津市	0.8153	2157.36	0.986691	358.59	0.166219
2013	天津市	0.82	2365.28	0.987054	417.5	0.176514
2014	天津市	0.8227	2549.4	0.987289	467.62	0.183424
2015	天津市	0.8261	2681	0.987373	524	0.195448
2016	天津市	0.8291	2859.16	0.987687	591.39	0.206841
2017	天津市	0.8292	2844.83	0.990891	503.43	0.176964
2018	天津市	0.8314	1980.16	0.986882	459.84	0.232222
...	...	...	...	...	...	...

注：*urb* 表示城镇化率，*gdp*1978 表示以 1978 年为基期的 GDP 数据，*nonagri* 表示非农产业产出占 GDP 比重，*fe*1978 表示以 1978 年为基期的财政支出数据，*fegdp* 表示财政支出占当年 GDP 的比重。

参 考 文 献

［1］艾小青：《交通基础设施、生产性服务业发展与经济集聚》，载于《中南财经政法大学学报》2020年第1期。

［2］［日］岸田俊辅：《日本财政》，李建昌译，财政部财政科学研究所1980年版。

［3］白重恩、杜颖娟等：《地方保护主义及产业地区集中度的决定因素和变动趋势》，载于《经济研究》2004年第4期。

［4］［日］浜野洁等：《日本经济史》，彭曦等译，南京大学出版社2015年版。

［5］财政部《税收制度国际比较》课题组：《日本税制》，中国财政经济出版社2000年版。

［6］蔡昉：《城乡收入差距与制度变革的临界点》，载于《中国社会科学》2003年第5期。

［7］蔡昉：《二元经济作为一个发展阶段的形成过程》，载于《经济研究》2015年第7期。

［8］蔡昉：《为处理好政府和市场的关系贡献中国智慧》，载于《理论导报》2019年第1期。

［9］蔡欣怡、魏名：《发展型国家理论和市场保护型联邦主义模型在中国缘何没有解释力？》，载于《经济社会体制比较》2011年第1期。

［10］曹爱军：《民生的逻辑：基本公共服务均等化研究》，南开大学，2014年。

［11］陈安平、杜金沛：《中国的财政支出与城乡收入差距》，载于《统计研究》2010年第11期。

［12］陈鸣、赵凯、罗成翼：《中国科技兴农效应的影响因素及门限特征》，载于《科技管理研究》2019 年第 2 期。

［13］陈昕、蔡秋宇：《地方财政支出与城乡收入差距——基于广西 14 个设区市的面板数据研究》，载于《经济研究参考》2016 年第 17 期。

［14］陈彦光、周一星：《中国城市化过程的非线性动力学模型探讨》，载于《北京大学学报（自然科学版）》2007 年第 4 期。

［15］丁嵩：《在经济集聚中兼顾效率与平衡》，华东师范大学，2017 年。

［16］杜辉：《财政涉农资金整合视域下现代农业发展路径探究》，载于《学术交流》2019 年第 6 期。

［17］杜鹰：《日本的农业政策改革及其启示》，载于《中国农村经济》2000 年第 12 期。

［18］范逢春、谭淋丹：《城乡基本公共服务均等化制度绩效测量：基于分省面板数据的实证分析》，载于《上海行政学院学报》2018 年第 19 期。

［19］高佩义：《中外城市化比较研究》，南开大学出版社 2004 年版。

［20］高彦彦：《城市偏向、城乡收入差距与中国农业增长》，载于《中国农村观察》2010 第 5 期。

［21］耿明斋、村上直树：《中日城镇化比较研究》，社会科学文献出版社 2017 年版。

［22］龚明远：《要素禀赋、配置结构与城乡收入差距》，载于《农业技术经济》2019 年第 6 期。

［23］郭平、卢玲玲：《地方财政支出调节城乡收入差距的效率评价——基于三阶段 DEA 模型的实证分析》，载于《财经理论与实践》2015 年第 6 期。

［24］郭小聪：《国内近五年基本公共服务均等化研究：综述与评估》，载于《中国人民大学学报》2013 年第 1 期。

［25］郭永清、徐云帆：《财政支农力度与农业产业结构优化的关系研究——以安徽省为例》，载于《上海管理科学》2019 年第 1 期。

［26］国务院发展研究中心课题组：《农民工市民化进程的总体态势与战略取向》，载于《改革》2011 年第 5 期。

［27］何艳玲、赵俊源：《差序空间：政府塑造的中国城市空间及其属性》，载于《学海》2019 年第 5 期。

［28］何志扬：《城市化道路国际比较研究》，武汉大学，2009 年。

［29］贺俊、吴照奕：《财政分权、经济增长与城乡收入差距——基于省际面板数据的分析》，载于《当代财经》2013 年第 5 期。

［30］侯力、秦熠群：《日本工业化的特点及启示》，载于《现代日本经济》2005 年第 4 期。

［31］胡晶晶、黄浩：《二元经济结构、政府政策与城乡居民收入差距——基于中国东、中、西部地区省级面板数据的经验分析》，载于《财贸经济》2013 年第 4 期。

［32］胡宗义、刘亦文：《金融非均衡发展与城乡收入差距的库兹涅茨效应研究》，载于《统计研究》2010 年第 5 期。

［33］黄麟：《促进城乡公共服务均等化的地方财政体制改革研究》，载于《改革与战略》2011 年第 12 期。

［34］黄先海、宋学印等：《中国产业政策的最优实施空间界定——补贴效应、竞争兼容与过剩破解》，载于《中国工业经济》2015 年第 4 期。

［35］贾俊雪、晁云霞等：《财政分权与经济增长可持续性——基于情势转换与聚类视角的分析》，载于《金融研究》2020 年第 10 期。

［36］贾俊雪：《中国财政分权、地方政府行为与经济增长》，中国人民大学出版社 2015 年版。

［37］简新华、黄锟：《"十四五"规划时期中国需要开展农民工市民化攻坚战》，载于《经济与管理研究》2020 年第 10 期。

［38］简新华、黄锟：《中国城镇化水平和速度的实证分析与前景预测》，载于《经济研究》2010 年第 3 期。

［39］江瑞平：《日本农业》，农业出版社 1990 年版。

［40］姜晓萍、肖育才：《基本公共服务供给对城乡收入差距的影响机理与测度》，载于《中国行政管理》2017 年第 8 期。

［41］解垩：《财政分权、公共品供给与城乡收入差距》，载于《经济经纬》2007 年第 1 期。

［42］金芳：《财政支农影响农业产业结构变迁的空间效应分析》，载于《财经问题研究》2020 年第 5 期。

［43］金戈：《长期经济增长中的公共支出研究》，格致出版社 2014 年版。

［44］金戈、赵海利：《公共支出分析》，浙江大学出版社 2019 年版。

［45］靳涛、李明昕：《财政分权及支出结构促进了城乡收入均衡化水平吗?》，载于《经济与管理研究》2014 年第 6 期。

［46］［英］科林·克拉克：《经济进步的条件》，张旭昆等译，中国人民大学出版社 2020 年版。

［47］赖小琼、黄智淋：《财政分权、通货膨胀与城乡收入差距关系研究》，载于《厦门大学学报（哲学社会科学版)》2011 年第 1 期。

［48］雷根强、蔡翔：《初次分配扭曲、财政支出城市偏向与城乡收入差距——来自中国省级面板数据的经验证据》，载于《数量经济技术经济研究》2012 年第 3 期。

［49］雷根强、黄晓虹、席鹏辉：《转移支付对城乡收入差距的影响——基于我国中西部县域数据的模糊断点回归分析》，载于《财贸经济》2015 年第 12 期。

［50］李丹、裴育：《城乡公共服务差距对城乡收入差距的影响研究》，载于《财经研究》2019 年第 4 期。

［51］李恩平：《城市化时间路径曲线的推导与应用——误解阐释与研究拓展》，载于《人口研究》2014 年第 3 期。

［52］李焕章、钱忠好：《财政支农政策与中国农业增长：因果与结构分析》，载于《中国农村经济》2004 年第 8 期。

［53］李凯、刘涛：《中国省区城镇化空间格局与驱动力演变》，载于《城市发展研究》2018 年第 6 期。

［54］李伶俐、谷小菁、王定祥：《财政分权、城市化与城乡收入差距》，载于《农业技术经济》2013 年第 12 期。

［55］李猛：《人口城市化的财政代价及其形成机理——1960 年以来的大国经验》，载于《中国工业经济》2016 年第 10 期。

［56］李雪松、冉光和：《财政分权、农业经济增长与城乡收入差距》，载于《农业技术经济》2013 年第 1 期。

［57］［美］理查德·A. 马斯格雷夫等：《财政理论史上的经典文献》刘守刚等译，上海财经大学出版社 2015 年版。

［58］刘成奎、龚萍：《财政分权、地方政府城市偏向与城乡基本公共服务均等化》，载于《广东财经大学学报》2014 年第 4 期。

［59］刘生龙、胡鞍钢：《基础设施的外部性在中国的检验：1988 － 2007》，载于《经济研究》2010 年第 3 期。

［60］刘玮：《公共支出结构的生成研究》，陕西师范大学，2012 年。

［61］卢洪友：《政府预算学》，武汉大学出版社 2006 年版。

［62］吕承超：《中国社会保障支出缩小了城乡收入差距吗？》，载于《农业技术经济》2017 年第 5 期。

［63］吕炜：《民生财政：中国财政改革的新坐标》，中国社会科学出版社 2012 年版。

［64］吕炜、许宏伟：《土地财政、城市偏向与中国城乡收入差距》，载于《财贸经济》2015 年第 6 期。

［65］罗楚亮：《城乡收入差距的变化及其对全国收入差距的影响》，载于《劳动经济研究》2017 年第 1 期。

［66］罗艳：《民生财政支出对城乡居民收入差距的影响研究》，中南财经政法大学，2018 年。

［67］罗知、万广华等：《兼顾效率与公平的城镇化：理论模型与中国实证》，载于《经济研究》2018 年第 7 期。

［68］［德］马克思、恩格斯：《马克思恩格斯全集（20）》，人民出版社 1971 年版。

［69］马红旗、黄桂田、王韧：《物质资本的积累对我国城乡收入差距的影响》，载于《管理世界》2017 年第 4 期。

［70］欧阳强斌：《财政农业支出研究》，中国财政科学研究院，2018 年。

[71] 庞德良、夏子敬：《日本财政支出结构对经济增长影响的回归分析（1969－2011）》，载于《现代日本经济》2014年第3期。

[72] 平新乔、白洁：《中国财政分权与地方公共品的供给》，载于《财贸经济》2006年第2期。

[73] 齐燕：《过度教育城镇化：形成机制与实践后果——基于中西部工业欠发达县域的分析》，载于《北京社会科学》2020年第3期。

[74] 乔宝云、范剑勇等：《中国的财政分权与小学义务教育》，载于《中国社会科学》2005年第6期。

[75] 乔宝云：《增长与均等的取舍》，人民出版社2002年版。

[76] 乔文怡、李玏等：《2016－2050年中国城镇化水平预测》，载于《经济地理》2018年第2期。

[77] ［日］山田浩之：《都市的经济分析》，东洋经济新报社出版社1980年版。

[78] ［日］山田佐武郎：《农业和非农业之间的不平等》，农业经济译丛1986年版。

[79] 宋洁、徐建斌等：《基于"三经普"数据的中国城市群职能特征研究》，载于《经济地理》2018年第11期。

[80] 宋丽颖、张伟亮：《财政支出对经济增长空间溢出效应研究》，载于《财政研究》2018年第3期。

[81] 苏红键：《城镇化质量评价与高质量城镇化的推进方略》，载于《改革》2021年第1期。

[82] ［日］速水佑次郎、神门善久：《发展经济学》，李周译，社会科学文献出版社2009年版。

[83] 孙斌栋、金晓溪、林杰：《走向大中小城市协调发展的中国新型城镇化格局——1952年以来中国城市规模分布演化与影响因素》，载于《地理研究》2019年第1期。

[84] 孙华臣、焦勇：《制度扭曲与中国城乡收入差距：一个综合分解框架》，载于《财贸经济》2019年第3期。

[85] 孙文基：《关于我国农业现代化财政支持的思考》，载于《农业

经济问题》2013 年第 9 期。

［86］孙文杰、薛幸：《财政支出、空间溢出效应与城乡收入差距演变》，载于《当代经济科学》2016 年第 2 期。

［87］覃成林：《高速铁路发展与铁路沿线城市经济集聚》，载于《经济问题探索》2014 年第 5 期。

［88］陶然、陆曦等：《地区竞争格局演变下的中国转轨：财政激励和发展模式反思》，载于《经济研究》2009 年第 7 期。

［89］［日］藤田昌久等：《集聚经济学：城市、产业区位与全球化》，石敏俊等译，格致出版社 2017 年版。

［90］［日］藤田昌久等：《空间经济学：城市、区域与国际贸易》，梁琦译，中国人民大学出版社 2011 年版。

［91］童健：《中国财政支出结构优化的经济效应研究》，清华大学，2017。

［92］王放：《"四普"至"五普"间中国城镇人口增长构成分析》，载于《人口研究》2004 第 3 期。

［93］王放：《"五普"至"六普"期间中国城镇人口的增长构成》，载于《人口与发展》2014 年第 5 期。

［94］王建军、吴志强：《城镇化发展阶段划分》，载于《地理学报》2009 年第 2 期。

［95］王能、李万明：《财政分权、城市化与城乡收入差距动态关系实证分析》，载于《农业经济问题》2016 年第 9 期。

［96］王全景：《所有制结构、地方财政支出与城乡收入差距——基于双重二元结构视角的分析》，载于《商业研究》2018 年第 4 期。

［97］王晓丽：《从市民化角度修正中国城镇化水平》，载于《中国人口科学》2013 年第 5 期。

［98］王悦、霍学喜：《财政支农、涉农贷款对农业发展的影响——基于河北省数据的实证研究》，载于《河北经贸大学学报》2014 年第 4 期。

［99］［美］威廉姆·A. 尼斯坎南：《官僚制与公共经济学》，王浦劬译，中国青年出版社 2004 年版。

[100] ［美］维托·坦茨：《政府与市场：变革中的政府职能》，王宇等译，商务印书馆 2016 年版。

[101] ［美］维托·坦齐等：《20 世纪的公共支出》，胡家勇译，商务印书馆 2005 年版。

[102] 魏后凯：《中国城镇化进程中两极化倾向与规模格局重构》，载于《中国工业经济》2014 年第 3 期。

[103] 魏后凯：《走中国特色的新型城镇化道路》，社会科学出版社 2014 年版。

[104] 温桂荣、莫廷程：《财政支出规模、结构对城乡收入差距影响的实证研究》，载于《系统工程》2015 年第 4 期。

[105] 温涛、何茜：《新时代中国乡村振兴战略实施的农村人力资本改造研究》，载于《农村经济》2018 年第 12 期。

[106] 温涛、王永仓：《中国的金融化对城乡收入差距施加了怎样的影响》，载于《农业技术经济》2020 年第 4 期。

[107] 吴业苗：《城乡公共服务一体化的理论与实践》，社会科学文献出版社 2013 年版。

[108] ［美］西蒙·库兹涅茨：《各国的经济增长》，常勋等译，商务印书馆 2015 年版。

[109] 夏子敬：《日本财政支出及其对经济增长的影响分析（1969 – 2011）》，吉林大学，2014 年。

[110] 肖育才、钟大能：《基本公共服务供给对城乡收入差距影响：基于不同收入来源的视角》，载于《西南民族大学学报（人文社科版)》2020 年第 3 期。

[111] 谢小蓉、李雪：《农业基础设施与粮食生产能力的实证研究——吉林省例证（1989 –2012 年）》，载于《学术研究》2014 年第 7 期。

[112] 许庆明、胡晨光等：《城市群人口集聚梯度与产业结构优化升级——中国长三角地区与日本、韩国的比较》，载于《中国人口科学》2015 年第 1 期。

[113] ［英］亚当·斯密：《国富论》，郭大力等译，译林出版社 2011

年版。

[114] 严立贤：《工业化模式的转换与日本帝国主义的形成》，载于《世界历史》1998 年第 3 期。

[115] 阎川：《政府间财政收支责任分配会影响产业集聚吗?》，载于《会计与经济研究》2018 年第 1 期。

[116] 杨林、薛琪琪：《财政分权、社会保障资源配置与城乡收入差距——基于岭回归分析与调节效应方程》，载于《贵州社会科学》2018 年第 2 期。

[117] 杨其静、聂辉华：《保护市场的联邦主义及其批判》，载于《经济研究》2008 年第 3 期。

[118] 杨小凯：《发展经济学》，社会科学文献出版社 2003 年版。

[119] 杨迎亚、汪为：《城乡基本公共服务均等化的减贫效应研究》，载于《华中科技大学学报（社会科学版)》2020 年第 2 期。

[120] 姚林香、张维刚：《农业供给侧结构性改革与财政支农政策选择》，载于《改革》2017 年第 8 期。

[121] 叶林、杨良伟：《财政分权与城市扩张——基于省级面板数据的实证研究》，载于《城市发展研究》2018 年第 3 期。

[122] 余长林：《财政分权、公共品供给与中国城乡收入差距》，载于《中国经济问题》2011 年第 5 期。

[123] 余壮雄、张明慧：《中国城镇化进程中的城市序贯增长机制》，载于《中国工业经济》2015 年第 7 期。

[124] 俞雅乖：《基本公共服务城乡差距及均等化的财政机制》，载于《经济体制改革》2009 年第 1 期。

[125] 曾淑婉：《财政支出对全要素生产率的空间溢出效应研究——基于中国省际数据的静态与动态空间计量分析》，载于《财经理论与实践》2013 年第 1 期。

[126] 曾淑婉、刘向东等：《财政支出对区域经济差异变动的时空效应研究——基于动态空间面板模型的实证分析》，载于《财经理论与实践》2015 年第 1 期。

［127］［美］詹姆斯·M. 布坎南：《民主过程中的财政》，唐寿宁译，上海三联书店出版社 1992 年版。

［128］张红宇：《城乡居民收入差距的平抑机制：工业化中期阶段的经济增长与政府行为选择》，载于《管理世界》2004 年第 4 期。

［129］张季风：《浅议日本资本原始积累及其特点》，载于《外国问题研究》1990 年第 3 期。

［130］张凯煌、千庆兰：《中国城市土地城镇化多层级影响因素分析》，载于《地理学》2020 年第 1 期。

［131］张林、温涛：《财政金融服务协同与农村产业融合发展》，载于《金融经济学研究》2019 年第 5 期。

［132］张培刚：《农业与工业化》，中国人民大学出版社 2016 年版。

［133］张五常：《经济解释》，中信出版社 2017 年版。

［134］张晏、龚六堂：《分税制改革、财政分权与中国经济增长》，载于《经济学（季刊）》2005 年第 4 期。

［135］张又文、刘富华：《财政支出结构对城乡收入差距的影响——基于结构性收入差距视角的实证研究》，载于《西安财经学院学报》2014 年第 3 期。

［136］赵娜、王博：《城市群、集聚效应与"投资潮涌"》，载于《中国工业经济》2017 年第 11 期。

［137］郑强、杨果、苏燕：《民生财政支出与新型城镇化：理论与实证》，载于《生态经济》2020 年第 8 期。

［138］郑世林、周黎安等：《电信基础设施与中国经济增长》，载于《经济研究》2014 年第 5 期。

［139］郑有国、高文博：《中日工业化道路比较分析及其启示》，载于《亚太经济》2016 年第 3 期。

［140］周牧之：《城市化：中国现代化的主旋律》，湖南人民出版社 2001 年版。

［141］周强：《国家治理现代化视角下的央地财政关系》，首都经济贸易大学，2019 年。

［142］周业安、章泉：《财政分权、经济增长和波动》，载于《管理世界》2008 年第 3 期。

［143］朱盛艳、李瑞琴：《基本公共服务可获得性的农村贫困效应检验：基于增长效应与分配效应的双重审视》，载于《农村经济》2019 年第 8 期。

［144］朱宇：《51. 27% 的城镇率是否高估了中国城镇化水平：国际背景下的思考》，载于《人口研究》2012 年第 2 期。

［145］朱云飞、赵宁：《城乡基本公共服务均等化的省域布局及财政对策》，载于《税收经济研究》2020 年第 1 期。

［146］Alan P. and Wiseman J. , *The Growth of Public Expenditure in the United Kingdom*. Princeton：Princeton University Press，1961.

［147］Andrew R. , Decentralization and Small Cities：Towards More Effective Urban Disaster Governance?. *Habitat International*, Vol. 52, March 2016, pp. 35 –42.

［148］Anu M. and Sunita M. , Decentralization and Urban Development in India. *International Journal of Advanced Research in Management and Social Sciences*, Vol. 7, No. 12, 2018, pp. 14 –21.

［149］Arrow K. J. and Kurz M. , *Public Investment*, *the Rate of Return*, *and Optimal Fiscal Policy*. Baltimore：Johns Hopkins Press，1970.

［150］Avinash K. D. and Joseph E. S. , Monopolistic Competition and Optimum Product Diversity：Reply. *The American Economic Review*, Vol. 83, No. 1, 1993, pp. 302 –304.

［151］Bai Chongen and Qian Yingyi, Infrastructure Development in China：The Cases of Electricity, Highways, and Railways. *Journal of Comparative Economics*, Vol. 38, No. 1, 2009, pp. 34 –51.

［152］Barro R. , Economic Growth in Across Section of Countries. *Quarterly Journal of Economics*, Vol. 106, No. 2, 1991, pp. 407 –443.

［153］Barro R. J. , Government Spending in a Simple Model of Endogenous Growth. *Journal of Political Economy*, Vol. 98, No. 5, 1990, pp. 103 –126.

[154] Baumol W. J. , Macroeconomics of Unbalanced Growth: The Anatomy of Urban Crisis. *The American Economic Review*, Vol. 57, No. 3, 1976, pp. 415 – 426.

[155] Black D. and Henderson V. , A Theory of Urban Growth. *Journal of Political Economy*, Vol. 107, No. 2, 1999, pp. 252 – 284.

[156] Boarnet M. G. , Spillovers and the Locational Effects of Public Infrastructure. *Journal of Regional Science*, Vol. 38, No. 3, 1998, pp. 381 – 400.

[157] Brad R. H. and Li Zhou. Sports Facilities, Agglomeration and Public Subsidies. *Regional Science and Urban Economics*, Vol. 54 (C), 2015, pp. 60 – 73.

[158] Brennan G. and Buchanan J. M. , *The Power to Tax: Analytical Foundations of a Fiscal Constitution*. New York: Cambridge University Press, 1980.

[159] Brülhart M. and Simpson H. , Agglomeration Economies, Taxable Rents and Government Capture: Evidence from a Place-based Policy. *Journal of Economic Geography*, Vol. 18, No. 2, 2018, pp. 319 – 353.

[160] Buchanan J. M. , An Economic Theory of Clubs. *Economica*, Vol. 32, No. 125, 1965, pp. 1 – 14.

[161] Cai Hongbin and Treisman D. , Dose Competition for Capital Discipline Governments? Decentralization, Globalization, and Public Policy. *American Economic Review*, Vol. 95, 2005, pp. 817 – 830.

[162] Ciccone A. and Hall R. , Productivity and the Density of Economic Activity. *American Economic Review*, Vol. 86, No. 1, 1996, pp. 54 – 70.

[163] Cremer H. , Residential Choice and the Supply of Local Public Goods. *Journal of Urban Economics*, Vol. 27, No. 2, 1990, pp. 168 – 187.

[164] Cuberes D. , A Model of Sequential City Growth. *The B. E. Journal of Macroeconomics*, Vol. 9, No. 1, 2009, pp. 1 – 41.

[165] David A. and Kristian B. et al. , The Optimal Distribution of Population Across Cities. *Journal of Urban Economics*, Vol. 110, No. C, 2019,

pp. 102 – 113.

[166] David L. , Spending in the States: a Test of Six Models. *Political Research Quarterly*, Vol. 37, No. 1, 1984, pp. 48 – 66.

[167] Davis J. C. and Henderson J. V. , Evidence on the Political Economy of the Urbanization Process. *Journal of Urban Economics*, Vol. 53, No. 1, 2003, pp. 98 – 125.

[168] Ehdaie J. , *Fiscal Decentralization and the Size of the Government: an Extension with Evidence from Cross-country Data*. Washington: The World Bank, 1994.

[169] Fariha K. and Asha S. , Do Institutions Determine Economic Geography? Evidence from the Concentration of Foreign Suppliers. *Journal of Urban Economics*, Vol. 110, 2019, pp. 89 – 101.

[170] Fenge R. and Meier V. Why Cities should not be Subsidized. *Journal of Urban Economics*, Vol. 52, No. 3, 2002, pp. 433 – 447.

[171] Francisco J. B. T. and Alfonso D. M. et al. , Tracing the Evolution of Agglomeration Economies: Spain, 1860 – 1991. *The Journal of Economic History*, Vol. 78, No. 1, 2018, pp. 81 – 117.

[172] Fredrik A. and Rikard F. , Tax Competition and Economic Geography. *Journal of Public Economic Theory*, Vol. 5, No. 2, 2003, pp. 279 – 303.

[173] Fujita M. and Krugman P. , When is the Economy Monocentric?: Von Thünen and Chamberlin Unified. *Regional Science and Urban Economics*, Vol. 25, No. 4, 1995, pp. 505 – 528.

[174] Fujita M. and Ogawa H. , Multiple Equilibrium and Structural Transition of Non-monocetric Urban Configurations. *Regional Science and Urban Economics*, Vol. 12, No. 2, 1982, pp. 161 – 196.

[175] Gabriele G. , Redistribution and Government Tactical Behaviour: An Analysis of Local Public Expenditure in China after the 1994 Tax Reform. *The World Economy*, Vol. 34, No. 3, 2011, pp. 404 – 423.

[176] Gao Song and Meng Xiangyi et al. , Fiscal Decentralization and Life

Satisfaction: Evidence from Urban China. *Social Indicators Research*, Vol. 119, No. 3, 2014, pp. 1177 – 1194.

[177] Grossman P. J. , Fiscal Decentralization and Government Size: An Extension. *Public choice*, Vol. 62, 1989, pp. 63 – 69.

[178] Hanai K. and Tajika E. et al. , Financing Growth and Local Governments in Japan: Why Does the Government Keep Growing? *Hitotsubashi Journal of Economics*, Vol. 41, No. 2, 2000, pp. 153 – 162.

[179] Hansen N. , Impacts of Small and Intermediate-sized Cities on Population Distribution: Issues and Responses. *Regional Development Dialogue*, Vol. 11, No. 1, 1990, pp. 60 – 76.

[180] Henderson J. V. and Hesham A. R. , Urban Diversity and Fiscal Decentralization. *Regional and Urban Economics*, Vol. 21, No. 3, 1991, pp. 491 – 509.

[181] Henderson J. V. and Venables A. J. , The Dynamics of City Formation. *Review of Economic Dynamics*, Vol. 12, No. 2, 2009, pp. 233 – 254.

[182] Henderson J. V. , The Sizes and Types of Cities. *The American Economic Review*, Vol. 64, No. 4, 1974, pp. 640 – 656.

[183] Huang Jian and Chen Longjin et al. , Expenditure Decentralization and Citizen Satisfaction with Healthcare: Evidence from Urban China. *Social Indicators Research*, Vol. 133, No. 1, 2017, pp. 333 – 344.

[184] Jin Hehui and Qian Yingyi et al. , Regional Decentralization and Fiscal Incentives: Federalism, Chinese Style. *Journal of Public Economics*, Vol. 89, No. 9 – 10, 2005, pp. 1719 – 1742.

[185] Joanis M. , Shared Accountability and Partial Decentralization in Local Public Good Provision. *Journal of Development Economics*, Vol. 107, 2014, pp. 28 – 37.

[186] Krugman P. , Increasing Returns and Economic Geography. *Journal of Political Economy*, Vol. 99, No. 3, 1991, pp. 483 – 499.

[187] Krugman P. , Scale Economies, Product Differentiation, and the Pat-

tern of Trade. *The American Economic Review*, Vol. 70, No. 5, 1980, pp. 950 – 959.

[188] Kumbhakar S. C., Do Urbanization and Public Expenditure Affect Productivity Growth? The Case of Chinese Provinces. *Indian Economic Review*, Vol. 52, No. 1 – 2, 2017, pp. 127 – 156.

[189] Lee D., Fiscal Decentralization and Regional Development. *The Korean Journal of Local Government Studies*, 2017, Vol. 20, No. 4, 2017, pp. 69 – 88.

[190] Lesley L., Value for Money in Urban Transport Public Expenditure: The Case of Light Rail. *Public Money & Management*, Vol. 13, No. 1, 1993, pp. 27 – 33.

[191] Lewis W. A., Economic Development with Unlimited Supplies of Labour. *The Manchester School*, Vol. 22, No. 2, 1954, pp. 139 – 191.

[192] Li Huiping and Wang Qingfang et al., Local Public Expenditure, Public Service Accessibility, and Housing Price in Shanghai, China. *Urban Affairs Review*, Vol. 55, No. 1, 2019, pp. 148 – 184.

[193] Lin Yifu and Liu Zhiqiang, Fiscal Decentralization and Economic Growth in China. *Economic Development and Cultural Change*, Vol. 49, No. 1, 2000, pp. 62 – 74.

[194] Ludema R. D. and Wooton I., Economic Geography and the Fiscal Effects of Regional Integration. *Journal of International Economics*, Vol. 52, No. 2, 2000, pp. 331 – 357.

[195] Ma Jun, *Intergovernment Relations and Economic Management in China*. England: Macmillan press, 1997.

[196] Michael W. M. R., Agglomeration and the Public Sector. *Regional and Urban Economics*, Vol. 34, No. 4, 2004, pp. 411 – 427.

[197] Montinola G. and Qian, Yingyi et al., Federalism, Chinese Style: The Political Basis for Economic Success in China. *World Politics*, Vol. 48, No. 1, 1995, pp. 50 – 81.

[198] Musgrave R. A., *Fiscal Systems*. New Haven: Yale University Press, 1969.

［199］ Oates W. E. , An Essay on Fiscal Federalism. *Journal of Economic Literature*, *Vol.* 37, No. 3, 1999, pp. 1120 – 1149.

［200］ Oates W. E. , *Fiscal Federalism*. New York: Harcourt Brace Jovanovich, 1972.

［201］ Pack J. R. , Poverty and Urban Public Expenditures. *Urban Studies*, Vol. 35, No. 11, 1998, pp. 1995 – 2019.

［202］ Pflüger M. and Tabuchi T. , Comparative Advantage, Agglomeration Economies and Trade Costs. *Journal of Urban Economics*, Vol. 109, 2019, pp. 1 – 13.

［203］ Qian Wenqiang and Cheng Xiangyu et al. , Fiscal Decentralization, Local Competitions and Sustainability of Medical Insurance Funds: Evidence from China. *Sustainability*, Vol. 11, No. 8, 2019, pp. 1 – 21.

［204］ Qian Yingyi and Roland G. , Federalism and the Soft Budget Constraint. *The American Economic Review*, Vol. 88, No. 5, 1998, pp. 1143 – 1162.

［205］ Qian Yingyi and Weingast B. R. , Federalism as a Commitment to Preserving Market Incentives. *Journal of Economics Prespectives*, No. 11, 1997, pp. 83 – 92.

［206］ Qian Yingyi and Xu Chenggang, The M-form Hierarchy and China's Economic Reform. *European Economic Review*, Vol. 37, No. 2 – 3, 1993, pp. 541 – 548.

［207］ Rodden J. and Eskeland J. S. et al. , *Fiscal Decentralization and the Challenge of Hard Budget Constraints*. Cambridge: The MIT Press, 2003.

［208］ Roland G. , The Political Economy of Transition. *Journal of Economic Perspectives*, Vol. 16, No. 1, 2002, pp. 29 – 50.

［209］ Roland G. , *Transition and Economics: Ploitics, markets, and Firms*. Cambridge: The MIT Press, 2000.

［210］ Romp W. and Haan D. , Public Capital and Economic Growth: A Critical Survey. *Perspektiven Der Wirtschaftspolitik*, Vol. 8, No. S1, 2007, pp. 6 – 52.

［211］ Rostow W. W. , *Politics and the Stages of Growth*. Oxford: Cambridge University Press, 1971.

[212] Samuelson P. A. , The Pure Theory of Public Expenditure. *Review of Economics and Statistics*, Vol. 36, No. 4, 1954, pp. 387 – 389.

[213] Shah A. , *Balance, Accountability and Responsiveness: Lessons about Decentralization*. Washington: World Bank Policy Research Working Paper, 1998.

[214] Stigler C. J. , The Tenable Range of Function of Local Governments. Washington: Federal Expenditure Policy for Economic Growth Stability, 1957.

[215] Teitz M. B. , Cost Effectiveness: A Systems Approach to Analysis of Urban Services. *Journal of the American Planning Association*, Vol. 34, No. 5, 1968, pp. 303 – 311.

[216] Tiebout C. M. , A Pure Theory of Local Expenditures. *Journal of Political Economy*, Vol. 64, No. 5, 1956, pp. 416 – 424.

[217] Tiebout C. M. , Intra-Urban Location Problems: An Evaluation. *The American Economic Review*, Vol. 51, No. 2, 1961, pp. 271 – 278.

[218] Weingast B. R. , The Economic Role of Political Institutions: Market-Preserving Federalism and Economic Development. *Journal of Law, Economics and Organnisation*, Vol. 11, No. 1, 1995, pp. 1 – 31.

[219] Williamson J. , Regional Inequality and the Process of National Development. *Economic Development and Cultural Change*, Vol. 13, No. 4, 1965, pp. 3 – 45.

[220] Wu A. M. and Ye Lin et al. , The Impact of Fiscal Decentralization on Urban Agglomeration: Evidence from China. *Journal of Urban Affairs*, Vol. 41, No. 2, 2019, pp. 170 – 188.

[221] Xie Danyang and Zou Hengfu et al. , Fiscal Decentralization and Economic Growth in the United States. *Journal of Urban Economics*, Vol. 45, No. 2, 1999, pp. 228 – 239.

[222] Yang X. and Robert. R. , An Equilibrium Model Endogenizing the Emergence of a Dual Structure Between the Urban and Rural Sectors. *Journal of*

Urban Economics, Vol. 35, No. 3, 1994, pp. 346 – 368.

[223] Zhang Weibin, Agglomeration and Returns to Scale with Capital and Public Goods in a Multi-regional Economy. *International Economic Journal*, Vol. 23, No. 1, 2009, pp. 81 – 109.

参
考
文
献